思想的・睿智的・獨見的

經典名著文庫

學術評議

策劃　楊榮川

五南圖書出版公司 印行

經典名著文庫

學術評議者簡介（依姓氏筆畫排序）

經典名著文庫035

美學 第二卷

Vorlesungen über die Ästhetik II

【德】黑格爾 著
（Hegel, G. W. F.）
朱光潛 譯

經典永恆・名著常在

五十週年的獻禮・「經典名著文庫」出版緣起

總策劃 楊榮川

五南，五十年了。半個世紀，人生旅程的一大半，我們走過來了。不敢說有多大成就，至少沒有凋零。

五南忝爲學術出版的一員，在大專教材、學術專著、知識讀本已出版逾七千種之後，面對著當今圖書界媚俗的追逐、淺碟化的內容以及碎片化的資訊圖景當中，我們思索著：邁向百年的未來歷程裡，我們能爲知識界、文化學術界做些什麼？在速食文化的生態下，有什麼值得讓人雋永品味的？

歷代經典・當今名著，經過時間的洗禮，千錘百鍊，流傳至今，光芒耀人；不僅使我們能領悟前人的智慧，同時也增深我們思考的深度與視野。十九世紀唯意志論開創者叔本華，在其「論閱讀和書籍」文中指出：「對任何時代所謂的暢銷書要持謹慎的態度。」他覺得讀書應該精挑細選，把時間用來閱讀那些「古今中外的偉大人物的著作」，閱讀那些「站在人類之巔的著作及享受不朽聲譽的人們的作品」。閱讀就要「讀原著」，是他的體悟。他甚至認爲，閱讀經典原著，勝過於親炙教誨。他說：

> 「一個人的著作是這個人的思想菁華。所以，儘管一個人具有偉大的思想能力，但閱讀這個人的著作總會比與這個人的交往獲得更多的內容。就最重要的方面而言，閱讀這些著作的確可以取代，甚至遠遠超過與這個人的近身交往。」

爲什麼？原因正在於這些著作正是他思想的完整呈現，是他所有的思考、研究和學習的結果；而與這個人的交往卻是片斷的、支離的、隨機的。何況，想與之交談，如今時空，只能徒呼負負，空留神往而已。

三十歲就當芝加哥大學校長、四十六歲榮任名譽校長的赫欽斯（Robert M. Hutchins, 1899-1977），是力倡人文教育的大師。「教育要教眞理」，是其名言，強調「經典就是人文教育最佳的方式」。他認爲：

> 「西方學術思想傳遞下來的永恆學識，即那些不因時代變遷而有所減損其價值

的古代經典及現代名著，乃是眞正的文化菁華所在。」

這些經典在一定程度上代表西方文明發展的軌跡，故而他爲大學擬訂了從柏拉圖的「理想國」，以至愛因斯坦的「相對論」，構成著名的「大學百本經典名著課程」。成爲大學通識教育課程的典範。

歷代經典．當今名著，超越了時空，價值永恆。五南跟業界一樣，過去已偶有引進，但都未系統化的完整舖陳。我們決心投入巨資，有計畫的系統梳選，成立「經典名著文庫」，希望收入古今中外思想性的、充滿睿智與獨見的經典、名著，包括：

- 歷經千百年的時間洗禮，依然耀明的著作。遠溯二千三百年前，亞里斯多德的「尼各馬科倫理學」、柏拉圖的「理想國」，還有奧古斯丁的「懺悔錄」。
- 聲震寰宇、澤流遐裔的著作。西方哲學不用說，東方哲學中，我國的孔孟、老莊哲學，古印度毗耶娑（Vyāsa）的「薄伽梵歌」、日本鈴木大拙的「禪與心理分析」，都不缺漏。
- 成就一家之言，獨領風騷之名著。諸如伽森狄（Pierre Gassendi）與笛卡兒論戰的「對笛卡兒『沉思』的詰難」、達爾文（Darwin）的「物種起源」、米塞斯（Mises）的「人的行爲」，以至當今印度獲得諾貝爾經濟學獎阿馬蒂亞・森（Amartya Sen）的「貧困與饑荒」，及法國當代的哲學家及漢學家余蓮（François Jullien）的「功效論」。

梳選的書目已超過七百種，初期計劃首爲三百種。先從思想性的經典開始，漸次及於專業性的論著。「江山代有才人出，各領風騷數百年」，這是一項理想性的、永續性的巨大出版工程。不在意讀者的眾寡，只考慮它的學術價值，力求完整展現先哲思想的軌跡。雖然不符合商業經營模式的考量，但只要能爲知識界開啓一片智慧之窗，營造一座百花綻放的世界文明公園，任君遨遊、取菁吸蜜、嘉惠學子，於願足矣！

最後，要感謝學界的支持與熱心參與。擔任「學術評議」的專家，義務的提供建言；各書「導讀」的撰寫者，不計代價地導引讀者進入堂奧；而著譯者日以繼夜，伏案疾書，更是辛苦，感謝你們。也期待熱心文化傳承的智者參與耕耘，共同經營這座「世界文明公園」。如能得到廣大讀者的共鳴與滋潤，那麼經典永恆，名著常在。就不是夢想了！

二〇一七年八月一日

目　錄

第二部分　古典型藝術

第二卷　理想發展爲各種特殊類型的藝術美

序論

我們在第一卷裡所研究的固然已涉及作爲藝術理想的美的理念的實在情況，但是我們儘管從多方面闡明了理想的藝術作品的概念，所得到的一切定義畢竟只一般地涉及理想的藝術作品。美的理念正如一般理念一樣，也是一些重要差異面的整體，這些差異面本身也必須顯現出來或實現出來。我們可以把這些差異面叫做藝術的各種特殊的類型，它們都是從理念這個概念的內容發展出來的，這內容通過藝術才得到具體存在。我們有時也把這些藝術類型說成理想的不同的種類，不過不是用「種類」這一詞的習慣意義，即不是把理想作爲總類，而把各特殊種類附屬到它上面去，使它因此受到了改變。我們所說的「種類」是指美的理念，即藝術理想的理念本身中各種互相差異的，因而是具體的定性。所以藝術表現的普遍性並不是由外因決定，而是由它本身按照它的概念來決定的，因此正是這個概念才自發展或自分化爲一個整體中的各種特殊的藝術表現方式。❶

說得更確切些，由美的理念所發展和分化成的各種藝術類型，在這個意義上是以這個理念本身爲其根源的：這個理念要藉助於這些類型才達到表現，成爲現實的作品；至於這個理念所藉以實現的類型之所以不同，是由於類型所表現的有時是理念的抽象定性，有時是理念的具體的整體❷。因爲理念只有憑自己的活動來獨立發展時，它才是眞正的理念；而且理念作爲理想既然是直接的顯現，也就是與它的顯現同一的美的理念，所以在理念發展過程中的每一特殊階段上，就有一種不同的實在的表現方式和該階段的內在定性緊密地結合在一起。所以我們既可以把這種發展過程看作理念本身的內在的發展過程，也可以把它看作體現理念的具體形象的發展過程，結果都是一樣，因爲這兩方面本來就是密切聯繫在一起的。所以理念或內容的完整同時也就顯現爲形式的完整；反過來說，藝術形象的缺陷也就顯出理念的缺陷，因爲理念本來就是外在形象的內在意義，理念在這外在形象裡才把自己實現出來。所以我們如果遇見某些藝術類型還不符合眞實的理想，這種欠缺並不是像一般失敗的藝術作品所現出的那種欠缺，即不是沒有表現出什麼，或是表現得不夠恰當。我們所指的是對於每一次所用的內容意義來說，在各種特殊藝術類型中它所用來體現自己的那種確定的形象，在每一次都必須符合理念，這裡缺陷或完整就只取決於理念所代表的那種定性是眞實的還是虛僞的。因爲內容必須首先本身是眞實和具體的，然後才可以找到眞正的美的形象。

我們在第一卷總序論中已經見到，關於藝術類型要討論的主要有三種。❸第一是象徵型藝術。這裡理念還在摸索它的正確的藝術表達方式，因爲理念本身還是抽象的、未受定性的，所以不能由它本身產生出一種適合的表現方式，而是要在它本身以外的自然界事物和人

---

❶ 整體是美的理念或藝術理想，各種特殊的藝術類型或表現方式是這個理念或理想在不同歷史階段的發展，如象徵型、古典型和浪漫型。這些都是由美的理念自分化出來的。

❷ 例如象徵型藝術所表現的是理念的抽象定性，古典型藝術所表現的是理念的具體的整體，浪漫型藝術片面地強調人的內心生活，又有些抽象性。

❸ 見卷一（商務印書館一九七八年版，下同）「序論」（四）「題材的劃分」部分。

類事蹟中去找它的表現方式。理念既然要用這種客觀事物隱約暗示出它自己的抽象概念，或是把它的尚無定性的普遍意義勉強納入一個具體事物裡，它對所找到的形象就不免有所損壞或歪曲。因爲它只是隨意任性地把握這些形象，不能使自己和這些形象融成一體，而只達到意義與形象的遙相呼應，乃至僅是一種抽象的協調。在這種既不是已經完滿的又不是可以弄得完滿的彼此嵌合之中，意義和形象雖然顯出一些親屬關係，卻仍然顯出彼此外在❹、異質和互不適合。

其次，按照它的概念（本質）來說，理念不能始終只是抽象的不確定的普泛的思想，它本身就是一種自由的無限的主體性❺，這主體性既作爲實際存在也作爲精神來理解的。精神作爲自由的主體，是由自己確定自己的，由於這種自確定，它在本身的概念裡就已具有符合它的外在形象，它就可以把這個形象作爲自在自爲（絕對）地適合於它的實際存在而與它融成一體。這種內容與形式的完全適合的統一，就是第二種藝術類型即古典型的基礎。但是要實現這種完滿的統一，精神就其成爲藝術對象來說，還不能只是純然絕對的精神（這只能在精神性和內心生活裡存在），而是本身還是特殊的因而也還不免是抽象的❻精神。所以古典型藝術所表現的自由主體固然顯出本質的普遍性，因而擺脫了內心世界和外在世界的一切偶然性和單純的特殊性，另一方面卻也顯出它是由充實它的那種普遍性分化出來的。因爲外在形象，就其爲外在的而言，一般是受到定性的特殊的形象，它只能把本身也是一種受到定性的因而也是有局限的內容表現得完全吻合，而從另一方面來看，也只有本身特殊的精神才能完全納入一種外在形象裡和它結成一種不可分割的統一體。

到了古典型，藝術就已達到它所特有的概念，就能把理念作爲精神的個性，很完滿地納入它的肉體的實際存在裡，使外在的東西第一次才不再和它所應表現的意義相對立而保持自己的獨立；從另一方面來說，內在的東西在它爲提供觀照而造成的形象裡也只顯出它自己，肯定它自己。

第三，如果美的理念被理解爲絕對精神，也就是獨立自由的精神，它就不再能完滿地實現於外在界，因爲絕對精神只能在它本身上存在，即作爲精神而存在。因此，它就喪失了古典型藝術的內在意義與外在形象的吻合，精神就離開外在世界而退回到它本身。這就產生了浪漫型藝術。由於它的自由的精神性的內容意蘊，所要求的超過了用外在形體的表達方式所能提供的，所以對於浪漫型藝術，形象就變成一種無足重輕的外在因素，這就使浪漫型藝術帶來內容與形式的一種新的分裂，不過與象徵型的分裂情況相反。❼

總之，象徵型藝術在摸索內在意義與外在形象的、完滿的統一，古典型藝術在把具有實

---

❹ 黑格爾所用的「外在」往往指「不相干」或互不依存。

❺ 參看卷一，序論注❽。

❻ 「抽象的」指片面的、與具體的（即完整的）對立。

❼ 象徵型藝術中形式溢出內容，浪漫型藝術中內容溢出形式，都是分裂而方向不一致。

體內容的個性表現爲感性觀照的對象之中，找到了這種統一，而浪漫型藝術在突出精神性之中又越出了這種統一。❽

❽ 以上說明象徵的古典的和浪漫的三種藝術類型的差別，在內容本身和用來表現內容的形式的關係上見出。

第一部分　象徵型藝術

序論　總論象徵型藝術

按照我們在這裡所用的字義，「象徵」無論就它的概念來說，還是就它在歷史上出現的次第來說，都是藝術的開始，因此，它只應看作藝術前的藝術❶，主要起源於東方，經過許多轉變、改革和調和，才達到理想的真正的實現，即古典型藝術。所以我們首先就應把兩種不同的象徵分辨清楚，一種有獨立的特性，產生了一個特定階段的藝術觀照和表現的基本類型，另一種卻降到僅是一種不能獨立的外在形式。這第二種意義的象徵在古典型藝術和浪漫型藝術裡也可以看到，正如象徵型藝術在某些方面也露出了古典型理想的形象或是浪漫型藝術的萌芽。但是這種較晚階段向較早階段的越界，或是較早階段向較晚階段的越界，一般只涉及次要的方面和個別的細節，並不能形成整個藝術作品的靈魂和特定的性格。

至於按照自己的特殊形式獨立發展的象徵型卻不如此，它一般具有崇高這一特性。一般地說，在象徵型裡，本來應該表現於形象的那種理念本身還是漫無邊際的、未受定性的，所以它無法從具體現象中找到受到定性的形式，來完全恰當地表現出這種抽象的普遍的東西。這種不適合就使得理念越出它的外在形象，不能完全和形象融成一體。這種理念越出有限事物的形象，就形成崇高的一般性格。

首先要研究的是形式方面，我們現在還只能就象徵的意義作一種概括的說明。

象徵一般是直接呈現於感性觀照的一種現成的外在事物，對這種外在事物並不直接就它本身來看，而是就它所暗示的一種較廣泛、較普遍的意義來看。因此，我們在象徵裡應該分出兩個因素，第一是意義其次是這意義的表現。意義就是一種觀念或對象，不管它的內容是什麼，表現是一種感性存在或一種形象。

1. 象徵作為符號

象徵首先是一種符號。不過在單純的符號裡，意義和它的表現的聯繫是一種完全任意構成的拼湊。這裡的表現，即感性事物或形象，很少讓人只就它本身來看，而更多地使人想起一種本來外在於它的內容意義。例如在語言裡，某些聲音代表某些思想情感，就是如此。一種語言裡絕大部分語音和它們所代表的觀念，在意義上都是任意結合在一起的，儘管語言發展史說明了語音與語義的聯繫在起源時和現在並不一樣；不同語言之間的差別，首先就在於同一觀念是用不同的語音來表現的。符號的其他例子是徽章或旗幟上用來標誌人或船的國籍的顏色。顏色本身並不具有什麼性質，能把它聯繫到它所代表的意義，即國籍。在藝術裡我們所理解的符號就不應這樣與意義漠不相關，因爲藝術的要義一般就在於意義與形象的聯繫和密切吻合。

2. 形象和意義之間部分的協調

作爲象徵來用的符號是另一種，例如獅子象徵剛強、狐狸象徵狡猾、圓形象徵永恆、三角形象徵神的三身一體。其中獅子和狐狸都有作爲符號時所要表達的性質。圓形也不代表一

---

❶ 原文是 Vorkunst，可以和「史前史」類比，或譯「藝術的準備階段」。

條有終點或不回頭和本身相交的直線或其他線形，即不代表某一個有限的時間段落；三角形作爲一個整體具有同樣數目的邊和角，如果用數目把宗教所理解的神的觀念表達出來，三角形就可以勝任。

在這些符號例子裡，現成的感性事物本身就已具有它們所要表達出來的那種意義。在這個意義上象徵就不只是一種本身無足輕重的符號，而是一種在外表形狀上就已可暗示要表達的那種思想內容的符號。同時，象徵所要使人意識到的卻不應是它本身那樣一個具體的個別事物，而是它所暗示的普遍性的意義。

3. 形象和意義之間部分的不協調

第三，我們還應指出，象徵雖然不像單純的符號那樣不能恰當地表達出意義，但是既然是象徵，它也就不能完全和意義相吻合。因爲從一方面看，內容意義和表示它們形象在某一個特點上固然彼此協調；而從另一方面看，象徵的形象卻還有完全與所象徵的普遍意義毫不相干的一些其他性質；至於內容也可以不只是像剛強、狡猾之類抽象的性質，而是一種具體的東西，包含用象徵所表現的那個性質以外的許多其他性質，與象徵的意義毫不相干。例如獅子除剛強以外、狐狸除狡猾之外，都還有其他性質，特別是神除三身一體之外還有許多其他特性，不是用一個數字、一個幾何圖形，或是一種動物形象所能表達的。所以內容對表現它的形象畢竟有些不相干，內容的抽象意義可以用無窮無盡的其他事物和形象來表達。一種具體的內容也同樣有許多意義，只要其他形象具有這些意義，也就可以用來表達它們。這番道理也適用於用來象徵某種內容意義的事物。既是具體的事物，它們也具有許多用作象徵的性質。例如剛強用獅子來象徵固然頂好，但是用牛或牛角也未嘗不可，而從牛那方面看，它也還有可以象徵剛強以外的許多其他意義。至於用來標誌神的形象更是無窮無盡的。

從此可知，象徵在本質上是雙關的或模稜兩可的。

A.象徵的曖昧性

我們乍看到一個象徵，總不免要懷疑到一個形象究竟是否可以看做一個象徵，儘管我們暫時不管已確定的內容還有其他雙關意義，也不管用來表示這內容的形象也可能還有許多其他意義，而這些意義又可以用許多依稀隱約有關聯的事物來象徵。

象徵一般總是一個形象或一幅圖景，本身只喚起對一個直接存在的東西的觀念。例如一隻獅子、一隻鷹，或是一種顏色所呈現的是它本身，它單憑它本身就足以發生效力。所以人們就要問：呈現形象給我們看的這隻獅子是只表現獅子本身？還是此外還應表現或暗示別的東西？還有某種抽象的意義？比如說剛強，或是更具體一點，某個英雄、某個季節或農業呢？換句話說，我們應該怎樣對待這個形象，取它的本義呢？兼取它的本義和暗寓意呢？還是只取它的暗寓意呢？語言的象徵意義就只取暗寓意，例如「了解」、「下結論」兩詞❷在

---

❷「了解」在德文是Begreifen，本義是「掌握」；「下結論」在德文是 Schliessen，本義是「關閉」。作爲「了解」和「下結論」用時，這兩詞不取本義而取暗寓意。

用來只指心靈活動時，它們就只直接使我們想起它們所指的那兩種心靈活動，並不同時想起「掌握」和「關閉」那兩種感性動作。但是獅子的圖形就不然，它不僅令人想起它所象徵的意義，而且還令人看到這種有形可見的形象和存在本身。

只有在意義和表現意義的形象以及二者之間的關係都明白說出時，才沒有上文所說的曖昧性。但是這裡所表示出的具體事物就不再是眞正的象徵，而是通常所謂比喻。在比喻裡有兩個因素要浮現在我們眼前，首先是一般性的觀念，其次是表現這觀念的具體形象。但是如果思考活動還沒有來得及把那一般性的觀念獨立地掌握住，因而還不能把它獨立地表現出來，這樣也就還沒有把表現一般意義的那個感性形象和這個一般意義本身分別開來，而是混而爲一。❸我們將來還會看到，象徵和比喻的分別就在於此。例如卡爾．慕爾❹看到夕陽西下的景致時歎道：「一個英雄也就這樣死去！」這裡意義和感性形象本來是明白區別開來的，但是慕爾在看到夕陽那一頃刻卻把二者聯繫在一起。在其他的事例裡，比喻中意義和形象的區別和關聯並沒有這樣明確地提出，而是還緊密地融成一片，這時就要從上下文的關聯或其他情況才能看出，形象並不是單靠它本身而使人滿足，而是因爲它還表示出某一種明確的意義，對這意義是不容懷疑的。例如路德所說的：

「我們的上帝是一個堅固的堡壘。」

或是他的另一句話：

「青年人豎起成千的檣桅駛向海洋，
老年人卻撐著遇險得救的小船悄悄駛進港灣。」

這裡我們毫不懷疑堡壘指保護，海洋和成千的檣桅指希望和計畫中的世界，而小船和港灣則暗指狹小的目的和財產，或卑微而安全的棲身之所。再如《舊約》裡的一句話：「上帝，把它們嘴裡的牙齒打碎，把那隻小獅子的臼齒拔掉吧！」人們也馬上就會懂得小獅子們的嘴，牙齒和臼齒都不指本義，而是用作形象來暗示其他意義，只有它們的暗寓意才是重要的。

在單純的象徵裡，曖昧性就更顯著，因爲一個具有意義的形象之所以稱爲象徵，主要只是由於這個意義不像在比喻裡那樣明白表出，顯而易見。眞正的象徵當然也可以變得不曖昧，如果正因爲曖昧、感性形象和它所表達的意義之間已建立了習慣的或約定俗成的聯繫（這對於單純的符號是絕不可少的）；至於比喻則不然，它是臨時想出的適用於這一次的聯

❸ 這就是象徵，前者是比喻。

❹ 席勒的劇本《強盜》中的主角。

繫，本身就已明顯，因爲本身就已含有意義。不過熟悉某一象徵的約定俗成的觀念聯想的人們，固然憑習慣就能清楚地看出它所表示的意義，對於不熟悉這種習慣的聯繫，或是過去雖熟悉而現在已不熟悉的人們，情況就不如此，他們乍看到當前的感性形象，就拿不穩是否應按形象本身來了解，還是按照它所暗示的另外的意思來了解。例如在教堂牆壁上一個顯著的地方看到一個三角形，我們就會知道這個形狀不應看作只是一個三角形，而是暗示神的三身一體這個意義。但是我們如果在教堂以外的地方看到這種三角形，我們也會懂得它就不應該看作神的三身一體的符號或象徵。如果看到這三角形的不是基督教徒，沒有這種約定俗成的聯想，那麼無論是在教堂以內還是在教堂以外，他們對這三角形的意義就難免茫然了。就連我們基督教徒也不能在一切場合都能很有把握地斷定一個三角形，究竟是單代表它本身，還是另有象徵的意義。

B. 神話和藝術中象徵表現方式的曖昧性

這種沒有把握的情況並不限於一些局部個別事例，而是要涉及範圍很廣的藝術領域，涉及擺在我們面前的一大堆材料的內容，即幾乎全部東方藝術的內容。所以當我們初次走進古代波斯、印度和埃及的形象和圖形的世界裡，就不免茫然不知所措，好像闖進一個到處都是難題的領域。這些圖形單從直接使我們觀照到的方面看並不能滿足我們，還迫使我們越過這方面向更遠的方向去看，去探索它的意義，而這意義比起圖形本身是較深遠的。其他作品卻使人一眼就看出它們就像童話一樣，只是單純形象和偶然的稀奇聯想的遊戲，兒童所愛好的，正是形象的表面以及不費心思的閒散的遊戲，和令人耳昏目眩的離奇拼湊。但是一個民族即使在童年期也不滿足於此，還要求一種眞實的內容意義，我們在印度和埃及的藝術表現裡就確實可以找到這種內容意義，儘管他們的祕奧的圖形只隱約暗示出它們的意義，要猜出往往很難。意義與直接的藝術形象之間的這種不吻合，究竟在多大程度上要歸咎於藝術的貧乏和想像的蕪雜和空洞呢？還是由於比較純美和恰當的形象不足以表達出比較深刻的意義，非求助於光怪陸離的形象不可呢？在很大範圍之內，這種問題乍看是很難解答的。

就連在古典型藝術領域裡，我們往往也碰到類似的沒有把握的情況，儘管古典型藝術不是象徵性的而是通體透明的。古典理想之所以是透明的，正由於它抓住了藝術的眞正內容，即具有實體性的主體性❺，才找到了恰好只表現這內容的眞正的形象，因此，意義也就恰由這形象表現出來，雙方欣合無間。至於在象徵型藝術和比喻裡，形象除掉它所指的意義之外，還代表一些其他東西。但是就連古典型藝術也還是有它的曖昧的一面，因爲古代神話的領域也往往令人捉摸不定，很難說究竟只注意外在形象本身，只把它們當作巧妙想像的巧妙遊戲來欣賞（本來神話一般都好像只是一些無意義的虛構故事），還是應該追問一種更深遠

❺ 代表某種重要理想的人物性格。

的意義，特別是在故事內容涉及神的生平事蹟時，我們不免要追問更深遠的意義，因爲流傳下來的故事，有些簡直和作爲絕對神的身分不相稱，簡直是些不恰當的低級趣味的虛構。舉例來說，談到海克力士所做出的十二奇蹟，或是聽到天神宙斯把火神從奧林匹斯山峰抛到勒姆諾斯島上，使他跌成跛子時，我們當然要認爲這種故事不過是一種幻想的虛構。就是朱彼特的許多風流事也只能說是任意想像出來的。但是從另一方面來看，這些故事既然是關於最高天神的，人們就同樣有理由相信，在神話所揭示的東西後面還隱藏著一種較深刻的意義。

所以關於希臘神話有兩種相反的看法。一種看法以爲神話只應就故事的字面去看，這些故事雖和神們的身分不相稱，而本身卻雋妙可愛、引人入勝，甚至具有高度的美，沒有理由要進一步去推求更深刻的意義。所以神話應該看作純粹歷史性的，按照它的本來實際形象來描繪的。從藝術方面來看，神話在所描繪的形象、圖形、神們及其活動和事蹟等方面，都是獨立自足、無待外求的，或者說，它們本身自有意義、本身就是解釋。其次，從歷史起源方面看，神話有些是土生土長的，也有些是根據歷史事件、外來故事和傳說而造成的，並不只是起於巫師、藝術家和詩人們的任意幻想。另一種看法卻不滿足於單從字面去理解神話的形象和故事，而是堅持要找出它們後面的更普遍、更深刻的意義，並且認爲研究神話的科學就要以揭示這種隱藏的意義爲它的任務。所以神話必然是要看作象徵性的。所謂「象徵性」只是說：不管神話看來多麼妄誕無稽，夾雜著幾多幻想的偶然的任意的成分，歸根到底，它總是由心靈產生的，總要含有意義，即關於神性的普遍的思想，亦即神學。

在後一種看法的代表之中，在近代以克洛伊佐❻爲最顯著。在他的關於象徵和古代各民族神話觀念的著作裡，他拋棄了流行的看法，不從散文的字面去看，也不從藝術價值去看，而是要探索神話中的意義所含的內在的理性。他的出發點或前提是神話和傳說故事都起源於人類心靈，人類心靈固然可以就關於神的種種觀念進行遊戲，卻不止於此，它還帶著宗教的旨趣，走到較高的領域，其中形象的創造者是理性，儘管理性還不免有缺陷，還不能把它的內在的東西充分闡明出來。克洛伊佐的這個假說本來是正確的：宗教的源泉確實在於心靈，心靈探索著它的眞理，隱約窺見它，於是用多少與這眞理內容有些關聯的形象把它看成認識的對象。但是創造形象的如果是理性，就有必要去認識這種理性。只有對理性的認識才眞正配得上人的身分。誰如果拋開這種認識，誰就只能獲得一大堆膚淺的一知半解，此外就別無所得。反之，如果我們既探索神話觀念的內在眞理，又不忽略另一方面，即幻想的偶然性和任意性以及地方影響等等，我們就能找出各種神話體系之所以存在的道理。就人類心靈所創造的圖形和形象來找出人之所以爲人的道理，這是一種高尚的事業，比起堆砌浮面史實的勾當要高尚得多。當然也有人指責克洛伊佐說，他所追尋的是新柏拉圖派的故轍，在神話裡找較深遠的意義，而所謂較深遠的意義其實只是他自己擺進神話裡去的，沒有歷史根據能證

❻ 克洛伊佐（Creuzer, 1771-1858），德國學者，著有《古代各民族特別是希臘民族的象徵和神話》。

明它們是實際存在的；反之，歷史所能證明的只是人們先把那些思想擺進神話裡去，然後才能在神話裡找到那些思想。儘管人們從另外的觀點常談到古代巫師們的玄祕的智慧，古代的人民、詩人和巫師其實並沒有這些深遠的思想，因爲這些思想和當時的整個文化背景不相適應。這些指責當然也很有道理。古代的人民、詩人和巫師們，確實並不曾先認識到作爲神話根源而隱藏在神話裡的那些帶有普遍性的思想，不曾先就普遍性形式[7]把那些思想掌握住，然後才有意識地把那些思想放在象徵的形象裡隱藏起。實際上連克洛伊佐自己也並不這樣想。但是儘管我們近代人在神話裡所見到的東西古人原不曾想到，我們並不能從此得出結論說，古代的神話表現根本不是象徵性的，因此就不能當作象徵的東西去了解。因爲古人在創造神話的時代，就生活在詩的氣氛裡，所以他們不用抽象思考的方式而用憑想像創造形象的方式，把他們的最內在最深刻的內心生活變成認識的對象，他們還沒有把抽象的普遍觀念和具體的形象分割開來。這個確鑿的事實就是我們在本書中所要承認和堅持的，儘管我們並不否認對神話作象徵方式的解釋也可能引起一些穿鑿附會，正如字源學對字的解釋一樣。

C.界定象徵型藝術的概念

我們儘管承認，神話和其中關於神的故事，以及由創造的想像陸續不斷地創造出來的大量形象，都包含一種理性的內容意義和深刻的宗教觀念，我們也覺得關於象徵型藝術還可以有這樣一個問題：是否應該把一切神話和藝術都要按照象徵的方式去了解呢？例如弗·施萊格爾❽就認爲在每一個藝術作品裡都應該找出一個寓意。因此，所謂「象徵的」或「寓意的」就是指，每一件藝術作品和每一個神話形象後面都有一個普遍性的思想作爲基礎，因此在進行解釋時就要把這種抽象的思想指點出來。這種處理方式在近代頗流行。例如但丁的《神曲》確實有許多寓意，而近代評註家卻往往把其中每一章詩都說成是寓意。赫涅❾所編的古代詩集也是如此，他在注裡對每個隱喻的抽象意義都作了憑知解力的抽象的解釋。抽象的知解力特別容易傾向於找象徵和寓意，因爲它把意義和形象割裂開來了，因而也就把象徵方式的解釋所不過問的藝術形式消滅掉，只顧把抽象的普遍意義指點出來。

我們在本書裡討論象徵型藝術，不採取這種把象徵推廣到一切神話和藝術領域的辦法。因爲我們的任務並不在於——發現藝術形象在多大程度上可以用這種廣義的象徵或寓意去解釋，而是要探求象徵本身在多大程度上可以算作一種藝術類型。我們要確定意義和形象之間的藝術關係，以及這種藝術關係在象徵型藝術裡和在古典型藝術與浪漫型藝術裡，究竟有什麼不同。因此，我們的任務不在於把象徵推廣到一切藝術領域，而在明白地把它局限於用象

---

❼ 即抽象形式。古代詩人並非先有抽象思想，然後用形象把它表達在神話裡。

❽ 參看第一卷全書序論注❽❼。

❾ 赫涅（Heyne, 1729-1812），德國學者，編註過荷馬、維吉爾和品達等古典詩人的作品。中國過去對詩的評釋（例如屈原作品中美人香草之類）特別有這裡所說的傾向。

徵爲其特有的表現方式，因而可以用象徵方式去看待的那個藝術範圍。就是本著這個意思，我們在上文討論藝術理想的序論裡把藝術類型分爲象徵的、古典的和浪漫的三種。

所以一旦到了構成藝術內容意義和表現形式的，不再是未受定性的抽象的普遍觀念而是自由個性時，我們所理解的象徵也就不再存在。這時主體本身就自有獨立的意義，無待另外的解釋。主體就等於他的思想感情，他的行動事蹟和他的特殊的性格，等於他的精神生活和感性生活[10]的全部表現，此外別無其他意義。主體在他的這種擴張和展現[11]之中，不過是把自己是全部客觀世界的主宰這一事實表現出來，成爲觀照的對象。在這種情況裡，意義和感性表現、內在的和外在的、題旨和形象，就不再是彼此割裂開來的，不再像在眞正的象徵型藝術裡那樣只有依稀隱約的聯繫，而是二者融成一個整體，其中現象在本身以外別無本體，本體在本身以外也別無現象。顯現者和被顯現者都轉化爲具體的統一體。在這個意義上，希臘的神們，由於希臘藝術把他們表現爲一些自由的、獨立自足的個體，就不能看作象徵性的，而是本身就已完滿、無待外求的。例如從藝術觀點看，天神宙斯、日神阿波羅和智慧女神雅典娜就只是一些個別的神，他們的行動就只表現他們的威力和情慾，不表現什麼其他意義。假如要從這些自由的主體身上抽得出一些普遍概念作爲他們所體現的意義，用來解釋特殊個別的形象，那就不免把這些形象的藝術方面拋開而且毀掉了。因此，一般藝術家們都不喜歡人對一切藝術作品，及其神話性的人物形象作象徵性的解釋。在上述古典型藝術表現方式裡，眞正可以看作象徵或寓意的只是一些次要的東西，往往是明確地用一種標誌或符號來代表的，例如鷹代表宙斯，牡牛常跟著聖路加，埃及人用阿匹斯[12]來代表神。

在表現自由主體性的藝術作品裡，困難在於辨別兩種不同的方式：一種是作爲主體來表現的東西具有眞正的個性和主體性，一種是只有個性和主體性的空洞的外表，這就是人格化。[13]如果是人格化，人格就只是一種膚淺的形式，無論在具體動作還是在軀體形狀上，都表現不出人格所特有的內心生活，因而所表現的全部外在方面顯不出受到這個人格的生氣貫注，還需有不屬於這個人格和主體性的另一種內心生活作爲外在現實[14]的意義。

以上就是界定象徵型藝術所要依據的基本觀點。

所以我們研究象徵型藝術所要注意的是藝術的內在的發展過程，即從理想概念發展爲眞正藝術的過程，也就是說，我們要把象徵型藝術看作是過渡到眞正藝術的準備階段。不管宗教和藝術的關係多麼緊密，我們現在所要做的，並不是把象徵本身和宗教看作廣義的象徵的

---

⑩ 感性生活即肉體生活或物質生活。

⑪ 指思想、感情、行動等等。

⑫ 阿匹斯（Apis），埃及神牛，兩角夾著太陽。

⑬ 「人格化」（Personifikation），即把抽象概念加以人格化，例如用一個人物代表抽象的英勇或正直。

⑭ 即上文的「外在方面」，亦即外在形象，這外在形象如果是人格化的，可能表現人格化的概念以外的一種性格，例如一個人物本是「英勇」概念的人格化，而他的言行可能有不表現英勇而表現殘暴或奸詐的部分，因此意義與形象不完全一致。

感性的表現方式的領域，而加以分析，而只是研究象徵中有關藝術的那一方面，至於有關宗教的那一方面則需留給神話史去研究。

4. 題材的劃分

要就象徵型藝術細加劃分，首先就要劃定它向前發展的前後分界點。

上文已經說過，象徵型的整個領域一般都屬於藝術前的藝術，因爲它所表現的還只是一些基本上還未經個性化或具體化的抽象意義，直接和這個意義相結合的形象可能恰當，也可能不恰當。因此，象徵型藝術的界限一邊是藝術觀照和藝術表現的醞釀階段，另一邊就是眞正的藝術，象徵型藝術上升到眞正的藝術才達到它的眞實性。

如果從主體方面來談象徵型藝術的最初出現，我們不妨重提一句舊話：藝術觀照、宗教觀照（毋寧說二者的統一），乃至於科學研究一般都起於驚奇感。人如果還沒有驚奇感，他就還是處在蒙昧狀態，對事物不發生興趣，沒有什麼事物是爲他而存在的，因爲他還不能把自己和客觀世界以及其中事物分別開來。從另一個極端來說，人如果已不再有驚奇感，他就已把全部客觀世界都看得一目了然，他或是憑抽象的知解力對這客觀世界作出一般人的常識的解釋，或是憑更高深的意識而認識到絕對精神的自由和普遍性；對於後一種人來說，客觀世界及其事物已轉化爲精神的自覺的洞見明察的對象。驚奇感卻不然。只有當人已擺脫了原始的直接和自然聯繫在一起的生活，以及對迫切需要的事物的慾念了，他才能在精神上跳出自然和他自己的個體存在的框子，而在客觀事物裡只尋求和發現普遍的，如其本然的、永住的東西；只有到了這個時候，驚奇感才會發生，人才爲自然事物所撼動，這些事物既是他的另一體，又是爲他而存在的，他要在這些事物裡重新發現他自己，發現思想和理性。這時人一方面還沒有把對一種更高境界的預感和對客觀事物的意識割裂開來⑮，而另一方面人也現出自然事物和精神之間畢竟有一種矛盾，使客觀事物對人既有吸引力，又有抗拒力。正是在克服這種矛盾的努力中所獲得的對矛盾的認識才產生了驚奇感。⑯

這種驚奇感的直接結果是這樣：人一方面把自然和客觀世界看作與自己對立的，自己所賴以生存的基礎，把它作爲一種威力來崇拜；另一方面人又要滿足自己的要求，把主體方面所感覺到的較高的眞實而普遍的東西化成外在的，使它成爲觀照的對象。在這兩方面的統一中就出現了這樣的情況：個別自然事物，特別是河海山嶽星辰之類基元事物，不是以它們的零散的直接存在的面貌而爲人所認識，而是上升爲觀念⑰，觀念的功能就獲得一種絕對普遍存在的形式。

---

⑮ 理想與現實尚未分裂。

⑯ 這段話的大意：人與自然一體時還沒有驚奇感；人完全認識自然時已不復有驚奇感。只有在這兩階段之中，即主體與客體尚未完全分裂而矛盾已開始顯露的時候，人才有驚奇感。

⑰ 觀念（Vorstellung）指意象，即對於一類事物所獲得的一種總的印象，但還不是抽象的概念。這個詞也可譯爲「表象」。

藝術就是從這裡開始：它就是按照這些觀念的普遍性和自在本質把它們表現於一種形象，讓直接的意識[18]可以觀照，使它們以對象的形式呈現於心靈。所以對自然事物的素樸的崇拜，即拜自然和拜物的習俗，還不是藝術。

從客體或對象方面來看，藝術的起源與宗教的聯繫最密切。最早的藝術作品都屬於神話一類。在宗教裡呈現於人類意識的是絕對，儘管這絕對是按照它的最抽象、最貧乏的意義來了解的。這種絕對最初展現爲自然現象。從自然現象中人隱約窺見絕對，於是就用自然事物的形式來把絕對變成可以觀照的。這種企圖就是最早的藝術起源。但是即使從這方面來看，藝術也只有在下列情況下才會出現：人不是只從現成的現實事物中，直接見到絕對而就滿足於神性的這種實際存在，而是要由意識本身既產生出從本身外在的事物中所得到的對絕對的認識，又產生出或多或少地符合這種認識的客觀形象。因爲藝術必須有一種通過心靈來理解的內容意義，這種內容意義固然直接顯現於外在事物，而這外在事物卻不是現成的、俯拾即是的，而是由心靈創造出來，既能用以認識那內容而又能用以表現那內容的。所以只有藝術才是最早的對宗教觀念的形象翻譯，因爲只有到了人成爲精神方面的自覺者，擺脫了生活的直接性[19]，從而獲得了自由，認識到客觀世界是外在的，和自己對立的時候，人才會對客觀世界有散文性的看法[20]。不過這種主體與客體的辨別是比較晚的事。對眞實界的最初的認識卻處在完全沉沒在自然中的無心靈性（不自覺性），和完全從自然中解放出來的心靈性這二者之間。在這種中間狀態裡，心靈（精神）之所以只能用自然事物形象去表現它的觀念，是因爲它還沒有取得一種較高的形式，但是已在企圖使觀念與形象在這種結合中互相適合。正是這種中間狀態形成詩和藝術的立場，與散文性的知解力相對立。因此，只有在主體精神自由的原則實現於它的抽象的和眞正具體的形式時，也就是只有在羅馬時代和近代基督教世界裡，完全散文性的意識才能出現。

其次，象徵型藝術所努力追求的，而且一旦達到，它就不再是象徵的那個最後分界點就是古典型藝術。古典型藝術雖然找到了眞正的藝術表現，卻不是最早的藝術類型，它需有象徵型藝術的許多轉化，和過渡階段作爲它的先行條件。因爲適合古典型藝術的內容意義是精神的個性，而精神的個性，作爲絕對與眞實的內容和形式，只有在經過許多轉化和過渡之後，才能呈現於意識。藝術在起源時在內容意義上總是抽象的、未受定性的，精神的個性卻需本身是眞正具體的。它是由自確定的概念（本質）體現在適合它的實際存在裡，這概念只有在把它所調解的兩個抽象方面的片面性消除（否定）掉之後，它才能變成可以掌握的。如果這一點做到了，概念既已按照它的本質現爲整體了，上述那些抽象的方面也就消除

---

⑱ 即不用思考的感性認識能力。

⑲ 即擺脫了自然蒙昧狀態的生活方式。

⑳ 即抽象的憑知解力的看法，與上文「形象翻譯」對立，人到認識自己是主體而外物是對象時，對客觀世界才開始有較客觀的反映，也才有散文意識。

了。[21]這就是古典型藝術的情況。古典型藝術結束了藝術象徵和崇高的趨向，因爲精神的主體性既然本身就帶有適合它的形象，正如自確定的概念也從它本身裡產生出適合它的具體的實際存在。到了藝術找到了這種眞正的內容因而也就找到了它的眞正的形式時，它對這兩方的追求與掙扎（這就是象徵型藝術的缺陷）自然也就停止了。

如果我們追問在上述兩個分界點之內，能否找到更精確的原則作爲劃分象徵型藝術階段的根據呢？回答可以是這樣：象徵型藝術既然對眞正的內容意義和適合它的表現形式還在掙扎追求，我們所要找的原則就可以說是還與眞正藝術相對抗的內容，和對內容不適應的形式二者之間的鬥爭。因爲內容和形式儘管結成一體，卻仍然互不符合，而且也不符合眞正的藝術概念，因而仍在掙扎著要拆散這種還有缺陷的結合。從這個觀點看，一切象徵型藝術都可以看作對內容意義和形象的互不適應所進行的繼續不斷的鬥爭，而象徵型藝術的不同階段並不是不同種類，而只是這同一個矛盾的不同階段和不同方式。

不過這種鬥爭起初還只是自在的，這就是說，內容和形式勉強結成一體的互不適應性還沒有呈現於藝術意識，因爲藝術意識還不能認識到它所抓住的內容意義所具有的普遍性，也還不能掌握住眞正的獨立自足的形象，因此它看不出這二者之間的差異，而只從二者的直接統一的假定出發。所以象徵型藝術的起點，就是藝術內容意義和所追求的象徵表現形式之間的雖未分裂而在結合之中卻仍有矛盾的那種帶有神祕意味的不鞏固的統一，這是一種地道的不自覺的原始的象徵方式，所用的形象還沒有被定作象徵（符號）。

象徵型藝術的終點就是它的消失和自瓦解，前此意義與形象之間的自在或自發的鬥爭現在已爲藝術意識所察覺到，因此象徵過程終於變成內容意義與和它聯繫在一起的感性形象之間的一種有意識的割裂，不過這種割裂之中仍然有一種有意識的聯繫，這種聯繫還顯不出緊密的統一，而只是意義與形象之間的一種比喻，還現出前此未經意識察覺到的那種差異。到了這個階段，象徵就成爲意識到的象徵：其中意義是就它的普遍性來認識和領會的，它的具體顯現是有意地擺在意義下面的一個單純的形象，和意義比較，顯出某種類似的。

在上述起點和終點之間的就是崇高的藝術，其中意義是獨立的精神的普遍性，第一次和它的具體客觀存在分裂開來，具體客觀存在顯得是意義的否定面，對意義是外在的而又要爲意義服務的，所以意義如果要藉這種客觀存在來表現自己，就不能讓它保持獨立，而要把它看作本身有缺陷，尚待消除或否定的——儘管意義除掉這種對它是外在的否定的方面之外，別無可以表現自己的材料。所以按照概念來說，意義方面的崇高光輝需出現在眞正的比喻之前，因爲對自然現象和其他現象的具體個性先以否定的或消極的方式來處理，使它對絕對意義的高不可攀的威力只是一種裝飾，然後才能對那些向意義提供形象的，與意義既有關聯而

㉑ 古典型藝術表現精神的個性，精神的個性消除了內容與形式，內在方面與外在方面各自的抽象性和片面性，才達到這兩方面協調一致的整體。

又有區別的現象進行明確的區分和有所選擇的比擬。㉒

上述三個主要階段又可細分如下：

A. 不自覺的象徵㉓

(1) 第一階段還不能稱爲眞正意義的象徵，也還不能列入藝術。它只是替象徵和藝術鋪平道路。它還只是用作精神意義的絕對和還沒有和絕對分開的感性客觀存在，這二者之間的在一種自然形象中的直接的實體性的統一。

(2) 第二階段是到眞正象徵的過渡。在這個階段上述原始的統一開始分解，一方面普遍的意義溢出於零散的自然現象之外，而另一方面意義的普遍性又要通過具體自然事物的形式才能呈現於意識。在這種力求轉化自然事物爲精神事物，和轉化精神事物爲感性事物的雙重努力之中，暴露出象徵型藝術在這個意義和形象還見出差異的階段的離奇幻想，掙扎醞釀以及顚倒錯亂的拼湊。這種象徵型藝術雖然也隱約感覺到所用的形象不適應，卻無法彌補這個缺陷，只能藉助於歪曲形象，使它變成漫無邊際地巨大，來產生一種單是數量方面的崇高印象。因此在這個階段裡我們所見到的世界，充滿著純粹的虛構和難以置信的使人驚奇的東西，我們還見不到眞正美的藝術作品。

(3) 第三，通過意義和它的感性表現之間的這種鬥爭，我們才達到眞正的象徵，才見到具備藝術特性的象徵的藝術作品。現在形式和形象已不再像在第一階段那樣，由現成的感性的自然事物和絕對直接地結合在一起，把自然事物當作絕對的實際存在，並不經過藝術加工；也不像第二階段那樣，只憑幻想對個別自然事物加以誇張放大，來補救它們與所表現的普遍意義之間的差異或互不適應；在現在這個階段，凡是作為象徵的形象而表現出來的，都是一種由藝術創造出來的作品，一方面見出它自己的特性，另一方面顯出個別事物的更深廣的普遍意義，而不只是展示這些個別事物本身。因此，這個階段的象徵的形象仿佛是一種課題，要求我們去探索它背後的內在意義。

關於這種雖尚原始而已具有比較明確形式的象徵，我們暫時可以先作一點概括的說明：象徵的各種形式都起源於全民族的宗教的世界觀；因此我們在這部分需提到它們的歷史背景。但是嚴格的劃分在這方面也不容易，因為在藝術類型方面，各民族的構思方式和表現方式往往彼此相混，使得我們認為特屬於某一民族世界觀的那種基本類型，在時代較早或較晚的民族中也一樣可以發現，儘管對於這些較早或較晚的民族它只是次要的類型，只零星地出現。但是如果根據本質去找這三個階段的具體例證，我們可以說，第一階段的例子是古波斯

㉒ 這段大意：象徵型藝術在起點時意義和形象的結合和割裂都還是自在的，未經意識察覺的；在終點時意義與形象的結合是自覺的，是一種有意識的比擬。在起點與終點的中間是崇高，其中形象不能完全表現意義，外在於意義而且是意義要加以否定的東西。

㉓ 這是象徵型藝術的第一章的概論。

宗教，第二階段的例子是印度宗教，第三階段的例子是埃及宗教。

B. 崇高的象徵方式[24]

通過上述發展過程，前此被個別感性形象所掩蓋，或多或少的含糊不清的內容意義就終於掙得自由，因而能獨立地明顯地呈現於意識。從此眞正的象徵關係就消失了，由於絕對意義既已被理解成爲滿布於全部現象世界中的普遍的實體[25]，崇高的象徵就作爲表現實體性的藝術而出現了，它代替了前此單純象徵的幻想性的暗示、歪曲和謎語。

這裡主要的要區別兩種觀點，這兩種觀點是從實體（了解爲絕對和神）和有限現象世界之間關係的不同而來的。這種關係可以是雙重的，即肯定的（積極的）和否定的（消極的），不過在這兩種關係中要顯現出來的都是普遍的實體，所以呈現於觀照的都不是事物的特殊形象和特殊意義，而是事物的普遍的靈魂和它們在實體中所占的地位。

(1)第一階段的情況是這樣：實體是擺脫一切特殊性的渾然太一，作爲有限現象世界的創造者和灌注生氣的靈魂，它就內在於一切有限現象中。在這種內在關係中，實體就被人認識爲一種肯定的（積極）因素出現；一個人（主體）如果能忘卻自己，以欣喜愛戴的心情沉浸到這種滿布於萬事萬物中的精髓裡去，他就能領悟這實體而且把它表現出來。這就產生了崇高的泛神主義的藝術，在印度已露出萌芽，接著在伊斯蘭教的神祕主義的藝術裡大放光芒，最後在基督教的某些神祕主義的藝術表現裡以較深刻化的主體的方式再度出現。

(2)眞正崇高的否定的或消極的情況，卻要從希伯來的詩歌中去找。這種詩歌所要頌揚的天地主宰本來是無形可見的，所以要頌揚他，就只得把他所創造的一切都看作他的威力的偶然顯現、他的光榮的資訊、他的偉大性格的見證。在這種服從地位，就連最莊嚴的事物也被看作是否定的或消極的，因爲這種詩歌無法找到恰當的充分肯定的表現方式，去表現上帝的威力與莊嚴，被創造的事物就只有通過屈服順從才獲得一種肯定的或積極的欣慰，只有在感覺到和承認自己渺小卑微時才符合自己的身分和意義。㉖

C. 比喻的藝術形式：自覺的象徵㉗

內容意義既已作爲一個純然獨立的因素而被意識到了，這種獨立性就造成了意義與已假定對它不適應的表現形式之間的分裂；不過在實際割裂之中，形象與意義仍然要現出一種內在聯繫，如象徵型藝術所要求的。但是這種內在聯繫並不是意義和形象本身所固有的，而是

㉔ 這是象徵型藝術的第二章的概論。要了解「崇高」的意義，需看第二章的詳述。

㉕ 實體（Substanz），已屢見，指宇宙中原則大法，特別是帶有普遍性的推動人物行動的倫理的理想，有時亦稱「普遍力量」，也就是黑格爾所了解的「神」。

㉖ 崇高的象徵方式無法以有限事物表現無限的造物主，只能使人從有限事物的渺小中體會出造物主的偉大。崇高感以自卑感爲基礎，所以有否定的或消極的一面。

㉗ 這是象徵型藝術的第三章的概論。

由一個第三者即主體外加上的，主體憑他個人的見識，在形象與意義之間發現到某些類似點，於是就信任這些類似點，用似有關聯的個別形象去闡明本身原已明晰的意義。

但是在這種情況之下，形象已不像前此那樣是唯一的表現，而只是一種裝飾。這就不符合美的概念，因爲形象與意義彼此對立，不像在眞正的象徵型藝術裡那樣融成一體，儘管眞正的象徵型藝術在這方面也還不夠完善。因此，用比喻這種形式爲基礎的藝術作品只能是次要的，它的內容還不是絕對本身，而只是一種有限的情境或事蹟。所以這種形式大半只偶爾用來作爲一種輔助。

總之，這一章可以分成三個主要階段：

屬於第一階段的有寓言、隱射和道德故事[28]之類表現方式。在這些形式裡，這整個領域裡的共同特徵，即形象與意義的分裂，還不顯著，比喻的主體性也還不很突出，因此，藉以說明普遍意義的個別具體現象的描繪還占主要的地位。

屬於第二階段的卻不然，這裡普遍意義本身占了統治的地位，凌駕於起說明作用的形象之上，形象變成一種單純的符號或是任意選來的圖形。屬於這類的有寓意體作品[29]，以及隱喻和顯喻。

最後是第三階段，前此意義和形象的兩種結合（一種是象徵的結合，儘管還有些勉強；另一種是由意義的獨立化而造成結合的分裂，但雙方仍有關聯）到現在就已完全瓦解了。於是就發生兩種情況：一種是藝術形象對於單就抽象普遍意義來了解的內容，完全是外在的或不相干的，例如教科詩；另一種是外在的事物單就它們的外在方面來了解和描繪，例如所謂描寫詩。[30]從此象徵型藝術所應有的意義與形象的結合與聯繫就消失了，我們也就要另找一種比較深廣的，眞正符合藝術概念的形式和內容的統一了[31]。

---

[28] 寓言（Fabel），藉動植物生活來說明人生道理的故事，例如《伊索寓言》；隱射（Parabel）實際還是一種寓言，但用作比喻的不限於動植物生活；道德故事（Apolog）藉一個故事說明一個道德教訓，例如《愚公移山》。

[29] 寓意體作品（Allegorie）用假想的具體人物象徵某一抽象觀念，例如《西遊記》中孫悟空據說是象徵人心；隱喻（Metaphor）是暗含的比喻，近似《詩經》中的「興」；顯喻（Gleichnis）是明說出的比喻，近似《詩經》中的「比」。

[30] 教科詩（Lehrgedicht），用韻文來傳授知識或宣揚教義，中外都很多；例如封建時代的「三字經」、「千字文」之類描繪詩（beschreibende Poesie）的對象大半是自然風景。

[31] 指古典型藝術。

第一章　不自覺的象徵

現在我們進一步來研究象徵藝術的各個發展階段，就要用藝術起源作爲起點，藝術起源是藝術理念本身所產生的結果。上文已經說過，藝術是從象徵型開始的，在開始時象徵所用的形象還是直接的，還不是有意識地作爲單純的圖形和比喻來處理的，這就是說，它還是不自覺的象徵。但是要想認識這種象徵的眞正的象徵性質（無論是單就它本身來看，還是就對於我們的觀察來看，它都應有眞正的象徵性質），我們首先就要研究由象徵概念本身決定的一些前提。

我們的出發點可以界定如下：

從一方面來看，象徵的基礎是普遍的精神意義和適應或不適應的感性形象的直接結合，這種結合的不完滿卻是還沒有意識到的。但是從另一方面來看，這種結合又必須是由想像和藝術來造成的，而不是作爲一種純然直接的現成的具有神性的實際情況來理解的。因爲藝術所用的象徵，只有在把普遍的意義和直接的自然現狀區分開來，而絕對是後來由想像來看作是實際即寓於自然事物中的條件下，才會產生出來[1]。

所以象徵型藝術所由形成的第一個前提就是不由藝術造成的，在實際自然事物和人類活動中，就可以看到的那種絕對及其實際存在在現象世界中的直接的統一[2]。

一、意義和形象的直接統一

在這種觀照到的神性的東西的直接的統一（即神性的東西和它的實際存在，在自然與人裡作爲統一體而呈現於意識）之中，自然不是單就它本身來看的，絕對也不是和自然分開而變成獨立自足的，所以還談不上內在的和外在的、意義與形象，這兩方面的分別，因爲內在的還不是本身獨立的，和直接的現成的現實事物分開的意義。我們在這裡仍用「意義」這個詞，只是指我們的思考的產物，對於我們來說，這種思考出於一種需要，要把精神的內在的東西，在成爲觀照對象時所現出的那種形式一般看作外在的。通過這外在的，我們窺見內在的靈魂和意義，才能了解它。因此我們在研究這種一般的觀照方式之中，必須見出兩種情況的本質上的分別：一種是最初起這種觀照的那些民族，原來就已清楚地認識到那內在的就是內在的，就是意義；另一種是我們現在看到那些民族用來表現他們觀感的外在形象，才從其中看出他們原來不曾看出的意義。

總之，在這種最早的統一體裡還沒有靈魂和肉體的分別，還沒有概念和實在的分別；

---

❶ 藝術的象徵先要認出普遍意義和個別自然事物的區別，然後要想像到這普遍意義（即「絕對」）即寓於個別自然事物之中。

❷ 即用現成的自然事物來象徵絕對或普遍意義。「直接的」即「現成的」、「自然的」，不是由藝術造成的。

「肉體的」和「感性的」以及「自然的」和「人類的」這些詞所表達的意義，並不是和被形容的實際對象本身分開的。還不僅此，現象界事物本身就被看作絕對的直接的實際存在或體現，這絕對本身還沒有獲得另外的獨立的存在，它只有在某一種對象裡直接出現，這種對象就是神或神性的東西。例如在喇嘛教的崇拜儀式裡，現實界個別的人就直接被看作神（活佛）而受崇拜，而在其他自然宗教裡，太陽、山、河、月以及牛和猴之類個別的動物，也被視為神而受崇拜。就連基督教在許多方面也有類似的情形，儘管採取了比較深刻化的形式。例如按照天主教義，聖餐禮所用的麵包就眞正是上帝的身體，酒就眞正是上帝的血，而基督就直接在這種麵包和酒裡出現；就連路德派新教也相信這種麵包和酒由虔誠的信徒吃了、喝了，就變成眞正的身體和血。在這種神祕的統一❸裡，純粹的象徵還沒有出現，後來教義經過改革，把精神和肉體分開，使精神獨立，才把外在的東西看作只是指引到內在意義的一種標誌，從此才有純粹的象徵。再如聖母像原來也不是看作象徵神力的一種形象，而是看作和神力是直接處在統一體的。

但是上述那種完全直接的統一，只有在古波斯民族的生活和宗教中才得到最澈底、最廣泛的發展，古波斯人的觀念和制度由古波斯教的經典留傳下來了。

1. 古波斯教❹

古波斯教把自然界的光，即發光的太陽、星辰和火，看作絕對或神，不把神和光分別開來，不把光看作僅僅是神的表現、寫照或感性形象。神（意義）和光（神的實際存在）是統一的。如果把光看作善、正義、福氣、生命的支援者和傳播者，那也並不是把光看作只是代表善的形象，而是把光和善看作一回事。光的反面也是如此，例如黑暗就等於污濁、禍害、惡、毀滅和死亡。

這種觀照方式又可細分如下：

(1)第一，神，本身純潔的，和他的對立面黑暗，本身不純潔的，固然都經過了人格化，神叫做歐馬茲特，黑暗叫做阿利曼❺，不過這種人格化還完全是表面的。歐馬茲特既不像猶太教的上帝那樣是獨立自由的非感性的主體，又不像基督教的上帝那樣表現為具有人身的有自意識的（自覺的）眞正精神。他儘管被稱為王，偉大的精神和法官，卻沒有和光與發光體這種感性事物分開。他只是一切特殊具體事物的一般性，在這些具體事物中，光，亦即神性的和純潔的東西實際存在著，他還不能作為精神的普遍性及其自為的存在而離開一切

---

❸ 即麵包和酒與基督的血肉的統一，基督和信徒的統一，在基督教聖餐禮中信徒各分得一分麵包和酒，認為吃下去自己就有了基督的血肉。

❹ 查拉圖斯特拉（Zcroastra，即Zarathustra）是古波斯教即拜火教的始祖，大約生於西元前六世紀，原文是「查拉圖斯特拉的宗教」，為簡明起見，下文一律譯為「古波斯教」。

❺ 歐馬茲特（Ormuzd，即Ahura Mazda），波斯教的光神；阿利曼（Ahriman），波斯教的惡魔。

現實界事物獨立自在❻。他就像物種存在於各類個體裡那樣存在於個別具體事物裡。作爲一般，他固然高於一切個別具體事物，所以被稱爲「至高至上的」、「放金光的王中之王」、「最純潔的」、「最善的」等等，但是他畢竟只能存在於具體的光明的和純潔的事物裡。阿利曼也是如此，他也只能存在於黑暗、兇惡、死亡、疾病的具體事例裡。

(2) 因此，這種看法推廣到光的整個領域和黑暗的整個領域，以及它們之間的鬥爭。在歐馬茲特的領域裡，首先是天空中的七大星受到崇拜，因爲它們代表光的幾種重要的特殊存在，作爲一個偉大而純潔的天上神族，就形成了神本身的實際存在。每一個大星，包括歐馬茲特在內，都各有固定的日子出來主宰世界、施福和行善。往下數就是一些小星，伊則德星族和費爾福星族❼，像歐馬茲特一樣，也受到人格化，不過沒有看得見的人的形體。它們對於觀照，既沒有精神的主體性，也沒有肉體的主體性，它們只作爲光的各種現象而存在。此外一些在外表上並不作爲發光體或照明體而存在的個別的自然事物，例如動物、植物乃至於人類的精神的和肉體的面貌，個別的動作和情境，整個政治生活，國王和他周圍的七大臣，階級以致城市和區域的劃分，以及它們的首領，最好地最純潔地向人民提供保護和模範的人物，總之，整個現實界，無一不被看成歐馬茲特的一種化身或實際存在。凡是具有生命和幸福而又能促進生命和幸福的東西，都是體現光明和純潔的，因而也就是體現歐馬茲特的；每一種眞、善、愛、正義和溫和的表現，以及每一個有生命的，做好事的保護人和施福於人的事物，都被查拉圖斯特拉看作光和神本身。歐馬茲特所統治的領域就是實際存在的純潔和光明，因此沒有自然現象和精神現象的區別，而是像在歐馬茲特本身上一樣，光和善、精神的性質和感性的（物質的）性質都是結成一體的。所以在查拉圖斯特拉看來，一個被創造的事物的光輝就是精神，力量和每一種生命活動的總和或結晶❽，只要它們能保持積極的東西，消除本身就壞和有害的東西。在動植物和人身上，凡是眞和善的就是光，一切事物的光輝大小之別就取決於它所體現的那種光的量和質。

在阿利曼的領域裡也有類似的高低等級的劃分，所不同者在這個精神的惡和自然災禍領域裡，得到實現和占統治地位的，是些起破壞作用和消極作用的東西。但是阿利曼的威力是不應得到擴張的；所以整個世界的目的就在於消滅阿利曼所統治的領域，從而使一切地方只有歐馬茲特才是有生氣的，出現在面前的，占統治地位的。

(3) 全部人類生活都指向這個唯一目的。每個人的任務就只在追求自己的精神和肉體的淨化，廣造福澤，在人和自然的一切情境和活動中，都和阿利曼及其在現實界的表現進行鬥爭。最高的、最神聖的職責就在於在一切被創造的事物中都要崇敬歐馬茲特，敬愛一切來自光的純潔的東西，取得它的喜悅。歐馬茲特是一切崇拜的起點和終點。所以古波斯教信徒

---

❻ 波斯教的神還和光（物質的）混爲一體，還不是獨立的純粹精神，還不能自覺。

❼ 伊則德（Izeds）和費爾福（Ferwers）都是次於七大星神的星神體系。

❽ 「總和」原文是Inbegriff，英法俄譯均作「實體」，不確。

在思想和言語中要首先想到和提到歐馬茲特，要向他祈禱。在禮贊這世界的光源之後，古波斯教信徒還向個別具體事物祈禱，按照它們的崇高，莊嚴和完善的程度而向它們表示虔敬。古波斯教信徒說，只要這些事物是善良的和光明的，它們身上就有歐馬茲特，歐馬茲特就把它們當作親生兒子寵愛，他喜愛它們，因爲他是它們生命的始源，它們自從從他身上派生出來時就是新鮮純潔的。祈禱的對象首先是七大星，因爲它們是歐馬茲特的最精確的摹本，它們圍繞著他的寶座，協助他統治世界。對這些天上精靈的祈禱都按照它們的特性和職權，如果是星辰，還要按照它們出現的時刻。例如對太陽的祈禱，早中晚方式不同，在清晨與正午之間就祈禱歐馬茲特漸增光輝，在晚間就祈禱太陽在歐馬茲特和群星的保佑之下完成它的行程。但是崇拜的主要對象是密特拉斯[9]，他被尊爲使大地和沙漠豐產的主宰，整個自然界的營養來源，抗擊爭鬥、戰爭、混亂和毀滅之類凶神的戰士，和平的締造者。

此外，古波斯教信徒在很單調的頌禱中也崇拜人類的理想，最純潔、最眞實的人，人類純潔心靈的泰斗，不管他們屬於哪個時代和哪個區域。查拉圖斯特拉的純潔心靈特別受到祈禱，其次則是各社會階層、各城市和各區域的首腦。一切人的靈魂都被看作緊密聯繫在一起的，因爲都是光所統治的有生氣的社會成員，這個社會將來在高洛特曼[10]裡還會團結得更緊密。最後，動物、山嶽和樹木之類也沒有被人忘記，它們都作爲指向歐馬茲特的標誌而成爲祈禱的對象，它們對人類的效用和功績，特別是出類拔萃的，都作爲歐馬茲特的一種體現而受到尊敬。在這種祈禱之外，古波斯教經典還勸人在實踐中行善，在思想、語言和行動中都篤守純潔，信徒在外表和內心兩方面都要像光，像歐馬茲特、七大星和伊則德星族，在生活和行動中要像查拉圖斯特拉和一切善人們。因爲這些人在光裡生活著或生活過，他們的行爲都是光，所以每個人都應仿效他們的榜樣。一個人在生活和成就中所表現的光的純潔和善愈多，他也就愈接近天上的精靈。就像伊則德星族用善行去施福和灌注生氣於一切事物，使它們豐產和歡樂一樣，人也應努力使自己純潔化和高尚化，到處促進生活的光和快樂的豐產。就是本著這個目的，波斯教信徒賑救饑渴、治療疾病、留遊丐住宿，在地上播優良的種子、開濬水渠，在沙漠裡栽樹、竭力培育，照料一切生物的營養和繁殖以及火光的純潔，把不潔的和死的動物移到沒有人煙的地方去，建立婚姻制度。神聖的薩般多瑪德⓫，大地上的伊則德，對人的這些舉動感到欣慰，保佑他不受凶神和魔鬼忙著要施加給他的災禍。

2. 古波斯教的非象徵性

在上述這種基本看法裡，我們所說的象徵還完全不存在。光一方面固然是一種自然存在物，另一方面卻也有善、福澤和支援的意義，所以人們可以說：光的實際存在只是一種見出

---

❾ 密特拉斯（Mithras），波斯光神的另一名稱，他成爲波斯教的主神，與原始農業社會有關。

❿ 高洛特曼（Gorotman），待考。

⓫ 薩般多瑪德（Sapandomad），待考。

聯繫的形象，用來表達周流於自然界和人類世界的普遍意義。但是從波斯教信徒自己的觀點看，存在物和它的意義的劃分是錯誤的。因爲對於他們來說，光本身就是善，就應作爲善來理解，在一切個別的善的、有生命的和積極的東西之中存在和發生作用的正是光。普遍的神性的東西固然貫串在現實世界中特殊事物的差異裡，但是在它的這種特殊個別存在裡，意義與形象之間的具有實體性的不可分割的統一仍然是常住不變的，而這種統一中的區別並不是意義本身和它的表現之間的差異，而只是存在物與存在物之間的差異，例如星辰、植物、人的思想和行動（之間的差異），而在這些存在物之中，神性的東西都作爲光或黑暗而顯現在人的眼前。

在其他一些觀念裡當然也有一些象徵的萌芽，但是並不使整個觀照方式成爲在本質上是象徵型的，而只是一些運用象徵的個別事例。例如歐馬茲特有一次稱讚他的寵兒德沁錫德說：「維文噶姆的兒子德沁錫德在我面前顯出高度的熱忱。他的手從我這裡接受了一把劍，刃和柄都是黃金的。他用這把劍在大地劃出三百個區來。他用這把金劍把大地劈開來時說：『願地神歡慶！』他說出這句神聖的話向家畜和野獸禱祝，也向人們禱祝。他這一劈就替這一地區帶來了幸福，於是家畜野獸和人都成群結隊地在一起奔跑。」這裡的劍和劈地是一種形象，它的意義可能是指農業。農業在當時基本上還不是一種精神活動，但也不只是一種純粹自然的活動，而是來自思考，理解和經驗的一種帶有普遍性的人類勞動，貫串到全部人類生活關係裡。用劍劈地是暗指農業，這在德沁錫德翻土的故事裡固然沒有明白說出，他並不曾把劈地和耕種生產聯繫在一起來說；但是這一個動作顯然除掉翻土鬆土之外還有更多的意義，不免令人從中去找象徵的意義。這話也可以應用到其他近似的觀念，特別是出現在建立較晚的密特拉斯祭典裡的，其中密特拉斯被表現為一個青年，在一個陰暗的岩洞裡高舉一把劍對著一條牡牛的頭，向牛頭戳去，一條蛇於是吸飲流下來的血，而一條蠍子則在咬牛的生殖器。人們曾用天文學的觀點或其他觀點來解釋這種象徵的圖形。但是這裡可以見出一種更普遍更深刻的意義，那條牡牛就代表一般大自然的原則，人作為精神的存在，戰勝了它，儘管可能還附帶地具有天文學的意義。這裡含有精神戰勝自然這一變革的意義，從密特拉斯這名字的原義是「中間人」⓬這個事實中也可以見出，特別是在晚期，戰勝自然已成為全民族的需要。

但是像上文已經說過的，這種象徵只是偶爾出現在古波斯教徒的觀照裡，不能成為他們的全部觀照方式中的普遍適用的原則。

古波斯教經典所規定的祭典裡還很少有象徵性。我們在這裡看不出慶祝或摹仿星辰錯綜運行的象徵性的舞蹈，也看不出用一個形象來表示某種普遍觀念的動作；波斯教信徒規定要在宗教儀式中採取的一切動作，都旨在宣揚維持內心與外表的純潔，都要實現一個目的，那

⓬「中間人」（Mittler）在基督教中指基督，據說他是上帝和人的中間人，這裡可能也有類似的意義。

就是實現歐馬茲特對一切人和自然事物的統治，所以用不著藉這種動作來暗示這個目的，這個目的在這種動作本身中就已充分實現了。

3. 古波斯教的掌握方式和表現方式的非藝術性

這整套觀照方式都不是象徵型的，也就沒有眞正的藝術性。泛泛地說，我們當然也可以把波斯教信徒的想像方式稱爲詩的，因爲其中無論是個別自然事物，還是人類的個別的思想、情況、事蹟和行動，都不是就它們的直接的因而是偶然的、散文氣的無意義的狀態來看的，而是按照它們的本質在於光，把光就作爲絕對來看的；另一方面，自然和人的具體現實情況所含的普遍性的本質，也不是就它的不具體的無形狀的普遍性來理解的，而是把一般和特殊看作緊密的統一體，而且也表現爲統一體。這樣一種觀照可以說有它的美，有它的深度和廣度。比起粗劣妄誕的偶像，光，作爲本身純潔而普遍的東西，確實配得上善和眞。不過詩在這裡還完全停留在一般上，沒有把這一般造成藝術和藝術作品。因爲善和神性本身既沒有明確化（或得到定性），而這種內容的形象和形式也不是由心靈產生的；像上文已經說過，現存事物本身，例如太陽、星辰、實際的植物、動物和人，以及火之類，在直接狀態（自然狀態）中就已被理解爲符合絕對的形象。這些感情表現就不是由心靈創造和發明的，而只是把直接存在的事物原形作爲符合絕對的表現方式。從另一方面看，這種個別特殊事物固然是由想像看成和它們的眞實本質劃分開來而獨立的，例如伊則德、費爾福，以及個別人物的護神就是如此。但是這種初步的劃分卻見不出多少詩的創造，因爲個別特殊事物和它們的眞實本質的差別還完全是形式的，因而護神，伊則德和費爾福之類都沒有獲得而且也無法獲得恰當的具體形狀，而是時而複述同樣的內容，時而用實在人物主觀方面的空洞形式。因此，想像既沒有創造出另一種更深刻的意義，也沒有創造出一種個性較豐富的獨立形式。縱使我們在這裡見出有關個別特殊事物是綜合成爲某種普遍觀念或類概念，而由想像賦予同類事物以一種實際存在，也就是把雜多提升到一種相容並包的本質上的統一，作同類中的個別成員的胚胎和基礎，這種活動也只是在不明確的意義上才是想像，而不是詩和藝術的作品。[13]例如伯朗（Behram）聖火被看作火的本質，在一切種類的水之上也還有一種水中之水。在一切樹之中霍姆（Hom）是最原始、最茁壯的樹，是樹的始祖，它流出長命不朽的生命之液。在一切山之中阿爾包希（Albordsch）聖山代表整個大地的最初根，它立在那裡，支撐著日月星辰，凡是認識光而爲人類造福的人們都是從這座聖山裡生出來的。但是就全體看，一般是看作和特殊事物的實際存在處於緊密的統一體中的，至於用特殊形象去使一般觀念得到感性化，卻只是偶爾見到的事。

[13] 這段原文晦澀，英、法、俄譯文互有懸殊，大意是古波斯教的一些迷信把某些個別事物代表某些普遍概念，見不出明確的內容和形式的聯繫和區分，既不算是象徵，更不能算是藝術，因爲見不出心靈的創造活動。

這種宗教崇拜還以更散文氣的方式去達到它的目的，即在一切事物中實現歐馬茲特的統治，它所要求於每一事物的只不過是對這種目的的符合和純潔性，並不曾根據這種觀念來創造出一件生動鮮明的藝術作品，比不上希臘人那樣會把戰士和角鬥士之類人物的魁梧身體刻畫出來。

從以上這一切方面來看，精神方面的普遍性和感性方面的現實存在之間的初步統一，只是藝術中象徵作用的始基，還不眞正是象徵性的，還沒有能力產生出藝術作品。要達到這個目標，就要由上述初步的統一轉到意義與形象之間的差異和鬥爭。

二、幻想的象徵

意識一旦脫離了絕對及其外在存在之間的直接的統一[14]，我們所遇見的（下一階段的）基本定性，就是過去已統一的兩方面的分裂，即意義和形象之間的鬥爭，這種鬥爭又立即迫使人努力去用幻想的方式，去把已分裂的兩方面交織在一起，以挽救這種破裂。

有了這種努力，才開始有眞正的藝術需要。因爲想像力一旦把直接從現存事物裡看到的內容（意義）和它的客觀存在分開來看，這就向精神提出一個課題，要用更新的從精神創造出來的方式，把普遍性的觀念以幻想的方式表現出來，讓人觀照和認識，而在這種活動中就創造出藝術形象。但是在目前所談的這個藝術開始階段，上述課題只能以象徵的方式去解決，這樣看來，我們彷彿已站在眞正的象徵型藝術的領域裡了，但其實不然。

我們開始碰到的是一種在醞釀中的幻想所形成的東西，從它們的幻想在馳騁中的動盪不寧的狀態裡，只能指出向象徵型藝術的中心點前進的道路。這就是說，當意義和表現形式之間的區別和聯繫初次呈現於意識時，對這兩方面，即分裂和結合，都還是認識得很模糊的。這種模糊是必然的，因爲差異的雙方都還沒有達成其中每一方本身已內含另一方的基本定性的那種整體，而只有這樣才能達到眞正恰當的統一與調和。正如精神憑它的整體，就應由自己決定它的外在顯現方面的定性，這外在顯現也就應憑它的整體恰當地表現出精神。但是在這種由精神掌握的意義和現象界現成事物之間的開始分裂之中，意義還不是具體化的精神性而只是些抽象品，而它們的表現也還不是受到精神貫注的而只是同樣抽象的外在的感性事物。因此，既要分裂又要結合的衝動，只造成一種暈頭轉向的狂亂跳舞，從未受定性的渙散的個別感性事物，就直接跳到普遍意義，對由意識掌握的內在意義只能找到一些雜亂的感性形象。正是這種矛盾才能把互相衝突的因素統一起來，但是從這一方面推向另一方面，又從另一方面推回到這一方面，弄得左右搖擺、神魂顚倒，這樣力求解決矛盾的方式，就是想在左右搖擺中達到騷動的平息。實際上所得到的結果不是眞正的心滿意足，而只是把矛盾本身

⑭ 即離開古波斯教的觀照方式而前進一步。

當作解決或眞正的統一，因而把最不完備的統一當作是眞正符合藝術要求的統一。所以我們不能在這種騷動混亂中找到眞正的美。因爲在這種從一極端到另一極端的動盪不寧的跳躍之中，我們一方面看到現象界個別感性因素和普遍深廣的意義，完全不相稱地拼湊在一起，另一方面又看到當作出發點的最普遍的意義，從相反的方向肆無忌憚地塞入最感性的現成事物裡去；如果這種不相稱的感覺也呈現於意識，想像力也只能憑歪曲去求解救，把個別的形象推到它們本來的界限以外，加以誇張，把它們改變成爲無定性的、漫無邊際的、支離破碎的，因而在調和矛盾的努力之中，把兩對立面的不可調和性弄得更明顯。

想像和藝術的這種最初的也最妄誕的嘗試，主要地是在古印度進行的。它的主要缺點（這是符合本階段的本質的）在於既不能掌握本身明晰的意義，又不能就它們所特有的形象和意蘊去掌握當前的現實事物。所以印度人顯得不能對人物和事件達到一種歷史的認識，因爲歷史的認識需要有清醒的頭腦，去實事求是地觀察和理解事件，考慮到這些事件在經驗界的聯繫、理由、原因和結果。這種散文氣的審愼態度是和印度人的衝動不相容的，他們所努力追求的是把一切事物和每一件事物都還原到絕對和神性，在最尋常最感性的事物裡也看到一種由幻想造成的神的現實存在。由於他們把有限事物和絕對混雜在一起所造成的混亂，他們終於完全不理睬日常意識的秩序、知解力和固定性以及生活的散文方面，儘管在他們的令人昏眩的五花八門的幻想中也顯出豐富多彩和大膽，他們的幻想總不免從最深湛的內在生活一跳就跳到最庸俗的現實事物上去，從一個極端跳到另一個極端，把雙方都歪曲了，弄得顚倒錯亂了。

爲著抓住這種持續不斷的酣醉狀態，這種恍惚癲狂的較明確的特徵，我們在這裡無須就宗教觀念而談宗教觀念，只需指出其中有關藝術的一些要點如下：

1. 印度人對梵天⑮的理解

印度意識的一個極端，就是把絕對看作本身完全無差別的，因而完全沒有得到定性的普遍性的那種意識。這種極端的抽象品既沒有特殊內容，又不表現爲具體的人格，所以無論從哪一個方面看，都不是供觀照去形成任何形象的材料。因爲梵天這位最高的神一般是完全不可感覺、不可認識的，甚至是永遠不可思議的對象。因爲自意識需靠思想，是自己把自己定作對象，以便在這對象中發現自己。每一個知解活動都是自我與對象的一種同一，也就是說，如果沒有這個知解活動，自我與對象這兩項之間的調和即需分裂爲二，因爲凡是我所不理解、不認識的東西對於我就是陌生的另一體。但是印度人統一人的自我與梵天的方式，只不過是把抽象化的螺旋不斷地向上扭轉，以便達到這個極端的抽象品，在這抽象品裡，不但全部具體內容，就連自意識本身也都要消失掉，然後人才可以達到梵天。所以印度人所理

⑮ 梵天（Brahman）亦可譯作「梵」，亦稱「婆羅門」，印度教（即婆羅門教）的最高主宰。婆羅門又是印度的最高等級，即僧侶等級。

解的自我與梵天的和解與同一，並非指人意識到這個統一體，而是指意識與自意識以及世界內容和人格內容都消失掉。這種絕對無知無覺的冥頑空無境界才是最高的境界，到了這種境界，人就變成最高的神，即變成婆羅門。

這種可以想像到的最空洞的抽象品，無論作爲梵天來看，還是作爲絕欲棄知的內心修養來看，都不是想像和藝術的對象，想像和藝術至多也只有在描繪達到這種境界路途上的經歷方面，才有可能施展創造想像的能力。

2. 感性，漫無邊際性和人格化的活動

與上面所說的相反，印度人的觀照方式，也很容易馬上從這種超越感性的抽象活動跳到最粗俗的感性事物中去，這是由於抽象內容與感性事物的直接的平靜的同一既被消除了，成爲基本類型留下來的，就不是這種同一而是同一中所含的差異。這種矛盾就把我們從最有限的事物直接拋到神性，然後又從神性拋回到最有限的事物；我們所見到的就是這種輾轉拋擲所產生的形形色色，簡直是一種巫婆世界，沒有什麼能維持固定的形狀，等你想把它抓住，它就立刻變成相反的東西，或是膨脹成爲龐大離奇的怪物。

印度藝術的一般表現方式有以下幾種：

(1) 一種是想像把絕對尊神的極大內容，塞入個別的直接的感性事物裡去，要它以原封不動的形狀完全代表這種內容，使這種內容成爲可以目睹的。例如在《羅摩衍那》史詩裡[16]，

主角是羅摩的朋友，猴王哈努曼，他做出了許多最英勇的事蹟。在印度，猴子被尊爲神，還有一個猴子城。絕對尊神的無限內容，就在猴子這種個別動物身上受人瞻仰和崇拜。牡牛也是如此，在這部史詩裡維斯瓦米特拉贖罪那段故事裡也顯得具有無限威力。此外，在印度還有一些家族，其中某一個別成員儘管是簡單愚昧，像植物一般過著生活的，卻被認爲是絕對的體現，作爲神而受到崇拜。我們在喇嘛教裡也看到一個凡人作爲活佛而享受最高的敬神禮。不過在印度這種崇拜的對象卻不限於某一個人，每一個婆羅門自從出生在婆羅門等級裡之日起就是一婆羅門，由於肉體出生這一自然事實，他在精神上就獲得人和神同一的再生，這就使得最高的神性體現在一個最平凡的感性現實存在（肉體）裡。儘管婆羅門教徒按照規定應把誦吠陀經典從而洞察神理深處看作最神聖的職責，他卻可以極端漫不經心地完成這個職責而不致損害他的神性。此外，印度人所描繪的最平凡的事情之一就是生殖，正如希臘人把愛神奉作最古的神一樣。生殖這種神聖的活動在許多描繪的形象裡是很感性的，男女生殖器是看作最神聖的東西。每逢神降臨到現實世界時，他也以很庸俗的方式參與日常生活的活動。例如在《羅摩衍那》的開始部分，梵天降臨到神話的歌唱家瓦爾密基家裡。瓦爾密基用道地的印度方式接待他，向他說些奉承話，搬一個凳子請他坐，拿出水和鮮果款待他，梵天

⓰ 印度兩大史詩之一，過去有中文譯本。

就坐下來，拉主人也坐下來，他們坐了很久，梵天才命令瓦爾密基創作《羅摩衍那》這部詩。

這也還不是眞正的象徵方式的構思，因爲這裡儘管形象是從現成事物取來而且運用到較爲普遍的意義上去，如象徵所要求的，卻還缺乏一個因素，那就是對於觀照，個別具體事物並不就是絕對意義，而只是暗指那絕對意義。在印度人的幻想裡，猴子、牡牛，個別的婆羅門教徒等等，並不是一種聯繫到神的象徵（符號），而是神本身，是作爲一種對神適合的存在而看待和表現的。

這裡有一個矛盾，它迫使印度藝術採取另一種構思方式。一方面完全非感性的東西，絕對本身，亦即意義，是當作眞正的神來了解的，另一方面現實界個別具體事物在它們的感性存在狀態，也就直接被幻想看作神的顯現。這些事物當然只是用來部分地代表絕對的某些個別方面，但是直接存在的個別事物，並不能充分表達要它來表達的那種普遍意義，而是和那種普遍意義處於很尖銳的矛盾，因爲意義在這裡是已就它的普遍性來理解的，卻由幻想把它和最感性、最個別的事物看作是同一的。

(2) 印度藝術設法彌補這種分裂的另一個辦法，上文已經指出，就是依靠形象的漫無邊際性。爲著使普遍性體現於感性形象，這些形象就被擴大成爲光怪陸離的龐然大物。因爲這種個別形象所應表現的，不是它自己和它作爲一種特殊現象所特有的屬性，而是一種外在於它的普遍意義，就只有把自己伸延成無邊無際的龐大怪物，然後才可以滿足觀照。於是人們便採用最浪費的誇大手法，在空間形狀和時間的無限上都是如此。還有一種辦法就是按倍數去擴大同一定性或因素，例如一座像可以有許多身體或許多手，藉此去勉強表達意義的廣度和普遍性。再如卵是蘊含著鳥的，這個特殊對象就被誇大成爲世界卵這一漫無邊際的觀念，這世界卵殼據說包含世間一切生命在內，作爲生殖神的梵天在卵裡寂然不動地度過一年孕育期，然後單憑他的思想活動，卵就分裂成爲兩半。除掉自然界事物之外，個別的人和事件也提高到表示一種眞實的神的行動，但是所用的方式使神和人都不能保持固定的地位，神可以忽然變成人，人也可以忽然變成神。神的化身特別是如此，主要是護持神毗濕奴的化身事蹟形成偉大史詩的主要內容。在這些化身裡神就直接轉化爲現實世界中的一些現象。例如羅摩本身就是毗濕奴神的第七個化身（羅摩旃陀羅Râmatschandra）。從所描寫的那些需要、行動、情況以及儀表風度來看，這些史詩的內容有一部分是從眞實的事蹟中採取來的，往往是古代國王的事蹟，他們有足夠的威力來奠定一種新秩序或是頒布一種新法律，這些事蹟使人們感覺到自己仿佛置身於人類社會和現實世界。但是頃刻之間，一切都放大了、推廣了，轉到雲霧中進行普遍概念的遊戲了，人們又感覺到自己腳下的土地仿佛垮下去了，不知自己置身何所了。劇本《沙恭達羅》就有這種情況。開始我們所看到的是一個溫柔芬芳的愛情世界，其中一切都是按照人的方式在進行著，可是突然間我們發現這個具體現實界煙消雲散了，我們被轉運到因陀羅（Indra）天空的雲霄裡，那裡一切都變了，都失去明確的界限，放大成爲自然生活與梵的關係，以及人憑刻苦修持所掙得的駕御自然神的威力之類普遍意義了。

這種表現方式也還不能稱爲眞正象徵的。因爲眞正的象徵應使它所運用的確定的形象，保持它原有的確定的狀態，它並不是要在形象裡按照意義的普遍性而直接顯出那意義，而只是用對象的某些相關聯的性質去暗示那意義。但是印度藝術儘管把普遍性和它的特殊存在分割開來，卻仍要求這二者之間的由幻想造成的直接的統一，因此就勢必要把客觀事物所固有的界限打破，按它們的感性狀態把它們擴大到無限，這總不免使它們受到改變和歪曲。在這種確定性的消失以及它所帶來的混亂裡，最高的意蘊總是納入事物、現象、事蹟和行動裡，而這些對象本來各有局限，並沒有力量在本身上自在自爲地具有這種內容，也沒有能力去表達它。在這種情況裡我們所看到的與其說是眞正的象徵，不如說是崇高風格的一種同調的東西。我們將來還會看到，在崇高裡有限現象表達絕對，使它成爲觀照的對象，只能跳出現象本身而還夠不上表達出那內容。例如表達永恆這個概念的許多觀念會變成崇高的，如果要用數字來表達它，而同時任何一個最大的數字也不能把它表達出，縱使就這個數字加而又加，也加不到底。像人們歌頌神所說的，在「您的眼裡，千年如一日」，類似這樣的例子在印度藝術裡是很多的。我們從這些例子裡開始聽到崇高的調子。但是它和眞正的崇高畢竟還有很大的差別，這就在於印度人的幻想所造成的想入非非的形象裡，對它所拿出來的那些現象並沒有完成否定[17]，而是相信只憑上文所說的那種漫無邊際性就足以調解和消除絕對和它的形象之間的矛盾。我們既不能把這種誇大看作是眞正象徵的和崇高的，也不能把它看作是眞正美的。它固然也有許多優點：主要是在單就人而描寫人方面，其中很多的溫柔和藹的人物，許多可喜的圖景和恩愛的情緒，最鮮明的自然描繪以及愛情與純潔天眞的最動人的最孩子氣的特質，而同時也寫出許多偉大和高貴的東西；但是另一方面，涉及普遍的基本的意義處，它總不免把精神性的東西寫成完全感性的，讓最枯燥的和最高尚的東西混在一起把事物的定性消滅掉，使崇高變成僅僅是沒有界限的，使凡是屬於神話體系的東西，大半只是一種動盪不寧的漫無節制的想像力和缺乏知解力的創造形象的才能，所產生的妄誕離奇的產品。

(3) 最後，我們在這一階段所見到的最純粹的表現形式，是人格化和人的一般形象。但是由於這裡意義還不是理解爲精神的主體性，它只是就普遍性來看的某種抽象的定性，或是像河、山、日、星之類單純的自然生活，所以用人的形象來表達這種內容實在有損人類形象的尊嚴。因爲人體以及人的活動和事蹟的形式，在本質上都只能表現具體的精神和它的內在意蘊，所以這種精神和意蘊在它們的這種實在[18]裡是獨立自在的，而不是一種象徵或外在符號。所以從一方面看，人格化所要表達的意義，既然應該是既屬於精神又屬於自然的[19]，由

---

[17] 「否定」原文是 Negativsetzen，有限現象不足以表達無限或絕對，才產生崇高感；在崇高感中感到這種不足，就是對有限現象的否定。

[18] 「這種實在」即指人體及其活動，與所表現的精神意蘊融成一體，不可分割，形並不是神的符號。

[19] 因爲形（自然）與神（精神）融成一體。

於意義在這一階段的抽象性，這種人格化就還只是表面的，如果要使人認識得較清楚，就還要用許多其他形象，而這許多形象既和它（人格化）夾雜在一起，就弄得混亂不清。從另一方面看，在人格化裡起顯示特徵作用的並不是主體性及其形狀，而是主體的行動和事蹟之類外在表現，因爲只有在行動和事蹟裡，我們才可以找到明確具體個別因素來和普遍意義中某種明確具體內容聯繫起來。但是這裡又有一個缺點：起顯示特徵作用的內容，既然不是主體而只是主體的外在表現，就不免造成一種混亂，即所採用的行動和事蹟並不表現主體的眞實本質，而是從一些和主體毫不相干的事物獲得它們的內容和意義。這樣一系列的事蹟，單就它們本身來看，儘管也能顯出由它們所要表現的那種內容來決定的因果關係，但是這種因果關係又會由於人格化和擬人作用，而遭到破壞乃至部分地被消滅，因爲人格化使被人格化的事物起主體作用，也會導致行動之類外在表現的任意虛構，把有意義的東西和無意義的東西雜亂無章地混在一起來起交互影響。如果想像沒有使意義和形象緊密結合的能力，這種混亂情況也就會愈糟。如果用作內容的是單純的自然事物，它就不配披上人的形象。人的形象既然只宜於表現精神，也就不能表現單純的自然事物。

從這一切方面看，這種人格化都不是眞實的，因爲藝術中的眞實，像一般眞實一樣，要求內外的一致，概念與實在的一致。希臘神話也曾把黑海和斯卡曼德河[20]加以人格化，它有河神、沼澤女神和森林女神，它用多樣的方式把自然用作許多具有人性的神的內容。但是希臘神話卻不讓人格化只是形式的和表面的，而是用它來塑造成有個性的形象，其中單純的自然意義退居背景，而占住首要地位的是這種自然內容本身所具有的人的意義。印度藝術卻不然，它只是人與自然這兩個因素的怪誕的混合，結果這兩個因素都沒有得到正當的權利，每方都對對方起歪曲的作用。

一般地說，這類人格化也還不是眞正的象徵，因爲它們既是形式的和表面的，它們和應該用象徵方式去表達的那種既定的內容意義，並沒有本質的聯繫和緊密的親屬關係。此外還有一些形象和標誌顯然和這種人格化聯繫在一起，而且是要用來把神的一些較明確的屬性工作表現得較具體些，這裡開始現出追求象徵表現的意圖，對於這種象徵表現，人格化就成爲統攝一般的一種形式。

屬於這一類的主要的想像表現，首先就應提到屈里繆爾提斯（Trimûrtis），即三神一體。第一個神是梵（Brahmâ），代表生產和生殖的活動，他是世界的創造者、神中之王等等。他一方面和梵天（Brahman，中性詞）這種最高存在有別，他是這最高存在的長子；但是另一方面又和這個抽象的神合爲一體，這是印度人的通病，總是不能嚴格遵守兩差異面的界限，時而把它們混在一起，時而讓它們互相侵犯。梵的較明確的形象帶有不少的象徵意味，他是由四個頭和四隻手形成的，還有一個笏和一個戒指；他的膚色是紅的，這顯然是暗

⑳ 古特洛伊國裡一條有名的河，河神叫做桑都斯。

指太陽，因爲這些神總是同時帶有一些自然意義，就是這些自然意義的人格化。三神一體中的第二個神是毗濕奴（Wischnus），即護持神。第三個神是濕婆（Siwa），即大自在天或破壞神。用來表現這些神的符號多至不可勝數。因爲他們所代表的意義具有普遍性，他們所涉及的各色各樣的活動是無數的，其中有一部分與自然現象有關，特別是基元的自然現象，例如毗濕奴具有火的性質（參看威爾遜的詞典，卷五第二頁），也有一部分與精神現象有關；這兩種現象以五花八門的方式混在一起，所形成的形象往往是令人起反感的。

從這種具有三身的神可以看得很清楚，精神形象在這裡還不能按照它的眞實性顯現出來，因爲形成眞正普遍意義的還不是精神性的東西。這就是說，如果要使這三神一體成爲精神，第三個神就必須是一個具體的整體，是從差異和一分爲二返回到他本身的結果[21]，因爲按照正確的觀念，神作爲這種活動的絕對的對立和統一才是精神，精神的概念一般就是由這種對立和統一形成的。但是在三神一體裡，第三個神並不是具體的整體，而是另外兩方面之外的一個方面，所以仍是一種抽象品：不是返回到本身，而只是一種侵越到其他方面的轉變，一種變形、生殖和破壞。所以我們應謹防在這種原始的知解力的摸索裡去找最高的眞理，誤認爲在這種三神一體裡已含有基督教的神的三身一體的基本觀念了。

從梵天和三神一體出發，印度人的幻想和藝術還臆造出無數多種形狀的神。因爲作爲在本質上是神性的東西來理解的那些普遍意義，可以重複出現於千千萬萬的現象，而這些現象又作爲神而受到人格化和象徵化。由於幻想的不明確性和不穩定性，它對所發現的事物並不按照它們的本質來處理，而是把一切都弄得顛倒錯亂，我們如果想把它們懂透，就會遇到極大的障礙。在這些次要的神之中最高的是因陀羅（Indra），代表大氣和天空；他們的主要內容是一般自然的力量，例如星辰、河流和山嶽在不同情況下的作用、變遷，以及施福或降禍、護持或破壞的影響。

但是印度幻想和藝術的主要題材之一就是神和萬物的起源，即神譜和宇宙譜。因爲這種幻想總是不斷地把最沒有感性（最抽象）的東西納入外在現象裡，反過來又使最自然、最感性（最具體）的東西消失在極端抽象的處理方式裡。就是用這種方法，印度人既把神的起源追溯到最高的神，又把梵天、毗濕奴和濕婆的作用和存在，描繪爲就在山川人事之類個別具體事物裡。所以這樣的內容可以一方面容納一系列的個別的神的形象，而另一方面這些個別的神又消失在最高神的普遍意義裡。印度有許多這樣的神譜和宇宙譜，它們的花樣多到無限。所以如果有人斷言印度對世界的創造，以及萬物的起源的看法就是這樣或那樣，這種斷言也只能適用於某一派或某一部著作，因爲隨時隨地都可以碰到不同的看法。這個民族的幻想所創造的圖景和形象是無窮無盡的。

貫串在這些起源史裡的一個基本觀念不是精神創造的觀念，而經常複現的是自然生殖的

㉑ 即第三神應是第一神和第二神的矛盾的統一（具體的整體）。

描繪。我們只有在熟悉了這種觀照方式之後，才能獲得打開許多描繪的祕密的鑰匙。這些描繪簡直要攪亂我們的羞恥感，因爲其中不顧羞恥的情況達到了極端，肉感的氾濫也達到難以置信的程度。《羅摩衍那》裡有一段有名的故事，叫做「恒娥（Gangâ）的降臨」，對這種構思方式提供了一個鮮明的例子。這故事是在羅摩偶然來到恒河時講述的。據說山中之王，寒冬積雪覆蓋的喜瑪凡峰（Himavân）和嬌弱的麥娜（Menâ）結了婚，生下兩個女兒，長女叫做恒娥，幼女是美麗的烏瑪（Umâ）。天神們，特別是因陀羅，命令喜瑪凡把恒娥送給他們，讓她完成神聖的典禮。喜瑪凡很樂意照辦，於是恒娥就升天到了神們那裡。接著就是烏瑪的故事。她完成了刻苦的修行之後，就和樓陀羅（Rudras），也就是濕婆，結了婚，生下了一些不長草木的荒山。濕婆和烏瑪交媾，一次就達一百年之久，中間從不間斷，使得眾神對濕婆的生殖力感到驚懼，替將來的嬰兒擔憂，就央求濕婆把他的生殖力（精液）傾瀉到大地上去。英國翻譯者沒有敢照字面把這段話譯出，因爲這段描繪把一切貞潔和羞恥都拋到九霄雲外了。濕婆聽從了眾神的央求，不再進行生殖，以免破壞了整個宇宙，就把精液傾瀉到地上；經過火煉之後，這堆精液就長成了白山，把印度和韃靼隔開。烏瑪對此勃然大怒，就詛咒世間一切當丈夫的。這些故事往往是些離奇可怕的畫面，對我們的想像和理解簡直是引起反感的；它們不是在表現什麼，只是令人猜測它們背後的意義。施萊格爾把這部分故事刪掉不譯，只約略敘述了恒娥再度降到地上的經過如下。據說羅摩有一位祖先，叫做莎伽拉（Sagaras），生下一個壞兒子，後來再娶，第二個婦人卻生下六萬個兒子，生下時都藏在一個葫蘆裡，但是他們都在瀝淨的黃油瓶裡長成魁梧奇偉的男子漢。有一天莎伽拉想宰一匹馬祭神，但是毗濕奴化身成一條蛇，把這匹馬搶走。於是莎伽拉就遣他的六萬個兒子去追。他們經過許多艱難困苦，搜尋了許久，才發現毗濕奴，毗濕奴向他們吹了一口氣，就把這六萬人全都燒成灰。等了很久之後，莎伽拉的孫子，叫做安蘇曼（Ansumân），放光明者，才動身去尋他的六萬個叔伯和做祭供的馬。他居然找到了那匹馬、濕婆和那堆骨灰。這時鳥中之王迦魯達（Garudas）就告訴他：除非恒娥的水從天上流下來，流灌到這堆骨灰，他的叔伯們就無法起死回生。於是這位勇敢的安蘇曼就登上喜瑪凡峰，刻苦修行了三萬二千年，但是不見效。接著他的兒子竺裡巴（Dwilipas）又苦修了三萬二千年，仍毫不見效。最後，竺里巴的兒子，雄偉的巴吉拉陀（Bhagîrathas）又苦修了一千年，才完成了這件偉大的事業。於是恒娥從天上奔流而下。爲著不致使水沖碎大地，濕婆就垂頭讓水從他頭髮上流過。要使恒娥的水在這頭髮上暢通無阻，巴吉拉陀還得再進行一番刻苦修行。最後，恒娥的水分成六條河流，巴吉拉陀費大力把第七條河流引灌六萬人的骨灰，於是這六萬人就升了天，而巴吉拉陀本人則統治了他的民族許久，做到國泰民安。

其他民族的神譜，例如斯堪地那維亞的和希臘的，也和印度的相類似。在這些神譜裡主要的範疇都是生殖，但是其他民族的神譜都不像印度的那樣放蕩恣肆，在塑造形象方面那樣隨意任性，不顧體統。特別是赫西俄德的神譜就比較清楚明確，使人不致茫然不知所措，而是很容易認出它的意義，因爲這意義表現得很明顯，它的外在形象就足以把它顯現出來。赫西俄德的神譜從渾沌神、黑暗神、愛神和地神開始，地神單靠她自己就產生了天神，於是和天神交配，產生了山嶽、河、海等等；還產生了庫若諾斯[22]、獨眼巨人們和韌提曼人們[23]，這兩者的後裔從出生時就被天神關進陰曹地府裡。地神於是慫恿克羅那斯把天神的生殖器閹掉，血流到地上，就產生了復仇女神們和巨人們。閹掉的生殖器落到海裡，從海沫裡就生出女愛神阿芙羅狄特。這一切都是很清楚，很融貫一致，而且不限於純然自然神的體系。

3. 淨化與懺悔的觀念

我們現在如果要找過渡到眞正象徵的轉捩點，在印度幻想裡也就可以找到它的萌芽。儘管印度幻想忙於把感性現象提升爲許多神，而這些神在漫無邊際和幻變無常這兩點上是在其他民族神話中所見不到的。從另一方面看，在這些多種多樣的看法和敘述裡，印度幻想總是經常想到最高神那個精神的抽象品，與這最高神相對立的個別具體感性現象卻是非神性的、不適合的，因而是應作爲消極的或反面的東西來看待而加以否定的。我們一開始就說過，正是這種（精神與物質之間的）交互轉變形成了印度觀照方式的基本特點，使矛盾得不到和解。因此，印度藝術總是不憚煩地用最多樣的方式去表現感性方面的自否定[24]和凝神默想、收心內視的力量。屬於這類的有關於長期懺悔和深刻內省的描述，不但最古的史詩如《羅摩衍那》和《摩訶婆羅多》，以及其他許多詩篇都描述了這種最嚴重的考驗。這種懺悔確實往往受榮譽感的指使，或至少是祈求某種確定的目的，這種目的並不導致懺悔者與梵天的最高最終的統一或對塵世事物的拋捨；例如目的之一就是達到一個婆羅門教僧侶的威權，同時還有一種想法，就是堅信懺悔以及日漸離開一切具體有限事物的長久默想，可以使人越過自己所出生的等級，還使人不受制於自然和自然的神。因此，神中之王因陀羅很反對嚴峻的懺悔者，總要設法誘導他們放棄這種修行，如果誘導不成功，就要呼籲最高的神們來支援他，免得天上完全陷於混亂。

在描繪這種懺悔及其不同的方式、步驟和等級方面，印度藝術是很富於創造力的，不亞於它在描繪神的體系方面，而且以極端認眞的態度從事於這種創造。

這就提供了一個出發點，從此我們可以對這問題作進一步的考察。

三、眞正的象徵

無論是象徵還是美的藝術，都有必要使它所要表現的意義，不像在印度藝術裡那樣和它的外在存在處於原始的直接的統一㉕，還沒有見出什麼區分和差異，而是要使這意義離開直

㉒ 後來的農神。

㉓ Zentiman待考。

㉔ 即禁慾苦行。

㉕ 例如直接用自然界的猴子表示最高神。

接的感性形象而自由獨立。只有當感性的自然的事物是作爲應該否定，而且已經否定的反面來理解和看待的時候，這種自由獨立才能實現。

此外還要求自然事物自否定和消逝的這種否定過程達到顯現，作爲一般事物的絕對意義即神性的方面來理解和表現出來。這樣，我們也就已超出了印度藝術的範圍。印度人的幻想也並非沒有看到否定面，例如濕婆是生產神也是破壞神，因陀羅神也死亡，時間這個毀滅者人格化爲迦拉（Kâla）這樣可怕的巨人，將全世界和全體神都毀滅了，就連三神一體中的三神也消逝在梵天（最高神）裡，正如個人在和最高神達到同一時也就拋開了他的全部認識和意志一樣。但是在印度人的這種觀念裡，否定面有時只是一種轉化和改變，有時只是一種抽象，拋開了具體的定性，以便勉強納入一種無定性的，因而是空洞的無形象的普遍性裡。另一方面，神性的實體卻永遠不變，儘管經過許多形狀的改變、轉化，發展爲許多神的體系，然後這許多神的體系又在最高神裡被否定掉。這神性的實體並不是這樣的唯一的神；他作爲唯一的神，就必然要包含否定面爲它的定性，才符合他的概念（本質）。在波斯教的觀念裡也有類似的情況，破壞的和有害的因素是被看作處在於歐馬茲特和阿利曼兩神的，因而就只能造成一種對立和鬥爭，而歐馬茲特這個唯一的神並不以這對立和鬥爭作爲他本身所固有的一個方面。

所以我們現在所要邁進的一步，就在於一方面要通過意識把對立面本身定作絕對，另一方面又要把它看作神性的一個方面——不過這一個方面不只是外在於眞正的絕對，出現在另一個神身上，而是要歸原到絕對裡，使得眞正的神作爲他本身的否定而顯現出來，因而這否定面也就是他所固有的定性。

通過這種前進一步的觀念，絕對才首次變爲具體的，才是由自己確定自己，因而本身就是一個統一體，其中各個方面，對於觀照來說，形成同一個神的不同的定性。因爲絕對意義本身需具有定性這個要求，正是這個階段要首先滿足的。前此意義都有雙重缺陷，或是由於抽象而完全沒有定性，因而沒有形象，或是雖然前進一步，得到了定性，又直接和自然事物疊合起來，否則就是落到形象與形象的鬥爭，達不到平靜與和解，這雙重缺陷正是現在要消除的，無論是按照內在的思想過程，還是按照民族觀照方式的外在演變，消除的方式如下：

第一，由於絕對的每一定性本身，就已經是轉化到外在顯現的起點，內與外之間就已形成了一種更緊密的聯繫。因爲每一個定性本身就是一種差異[26]；但是外在的東西，作爲外在的，總是得到定性和見出差異的，因而具有一種條件，使這外在的東西對所要表現的意義，比起在前此談到的那些階段中較爲切合。絕對本身最初的自確定和自否定，還不能是精神自由地確定自己爲精神，而只是對自己的直接的[27]否定。這種直接的因而就是自然的否定在最

[26] 一般中的特殊就是使一般見出差異或對立面的東西。一件事物得到了一個定性，這個定性也就使它與其他事物顯出差異，這就是「界定即否定」。

[27] 沒有通過精神作用的。

廣泛的意義上就是死亡。因此，絕對現在被理解爲應進入這種否定面裡去，按照它的概念，這否定面就是它所應達到的一種定性，這就是說，應進入到消逝和死亡的路上去。因此，我們看到對死亡和悲痛的讚揚首次進入一個民族的意識，是就可死的感性事物的死亡而發的；自然事物的死亡是作爲絕對生活中一個不可少的部分而被人意識到的。但是絕對一方面需獲得一種客觀存在，才能經過死亡過程，另一方面它也不能在死亡的消滅上停留住，而是要從此上升到較高的肯定或正面的統一裡，重新恢復到自己。所以死亡在這裡不是被看作全部意義而只是被看作意義中的一個方面，而就絕對來說，絕對固然是被理解爲一種對本身的直接存在的否定，一種經歷和消逝，但是另一方面也被理解爲一種返回到本身，一種再生和通過這種否定過程而達到的本身永恆和神性的存在。死亡本來具有雙重意義：首先是自然事物的直接的消逝；其次是死亡的只是自然事物，通過自然事物的死亡，就有了一種更高的精神的東西產生，從這種更高的東西之中自然的部分消逝了，這是就精神（更高的東西）本身就已包含這一方面（自然的部分）爲其必要的組成部分這個道理來說的。

其次，自然形象因此就不再單從它的直接性和感性存在而理解爲和它所表示的意義疊合在一起，因爲外在事物的意義就在於它需在實際存在中死亡和否定自己。

第三，由於同樣的道理，在印度由幻想所產生的那種意義，與形象之間的鬥爭以及幻想的醞釀就消失了。意義固然還不是完全清楚地被認識爲一種離開當前現實事物而自由獨立的純粹的統一體，還沒有作爲意義而被認識到，也就是說，還不是和它所由顯現的那個形象處於對立地位；但是從另一方面看，個別具體的形象，例如個別動物的圖形、人格化、事蹟和動作之類，也還不能作爲絕對的一種恰恰適合的外在存在而呈現於觀照。上述那種完全的自由獨立既然還沒有達到，這種不純粹的統一也就無法克服或越過。我們在上文所說的眞正的象徵，就是要彌補這兩種缺陷的一種表現方式。一方面這種眞正的象徵現在能夠出現，因爲作爲意義來理解的內在因素，已不再像在印度觀念裡那樣來去反覆無常，時而直接沉沒在外在事物裡，時而又從外在事物回到抽象性的孤獨狀態裡，而是開始堅持住自己的獨立地位，和單純自然的現象相對立。另一方面象徵現在也必須達到形象化，因爲完全恰當的意義雖然包含自然事物這個對立面爲其內容的一方面，眞正的內在因素現在卻開始要從這自然事物中掙扎脫身出來，它還是被淹沒到外在顯現方式裡去的，所以它就不能不靠形象而單憑自己的明晰的普遍性來呈現於意識。

在象徵型藝術裡一般形成基本意義的概念是和它的形象化方式相適應的，所以具體的自然形式和人類動作在它們的零散的各自獨特的情況裡，既不應只代表它們自己，或只就它們本身而具有意義，也不應把在它們身上存在的神性直接提供給意識。它們的具有定性的客觀存在，在它的特殊形象裡只應具有某些性質，足以暗示出一種和它們相聯繫的較廣泛的意義。所以正是一般的生命辯證過程，即出生、成長、死亡以及從死亡中再生，向眞正的象徵形式提供了適合的內容；因爲在一切自然生活和精神生活的領域裡，都有一些現象以這種辯證過程爲它們的存在的基礎，因而可以用來闡明和暗示這種意義，因爲在這兩方面（現象和意義）之間實際上常有一種實在的關聯。例如植物從種子裡生出來，就發芽、抽苗、開花、結果；果子爛了，又出現一些新種子。太陽也以同樣的方式在冬天升得很低，在春天就升得高些，直到夏天就升到天頂，它就在這一季中分布它的最大的福澤，或是施展它的破壞力；此後它又下降。人的各個生命階段，童年、幼年、壯年和老年也表現出這種普遍的過程。還有一些特別的地區，例如尼羅河流域，也顯出這種向特殊分化過程。單憑這種較基本的特徵之間的關聯以及意義，和它的表現形式之間的較緊密的一致，純然幻想式的表現方式就被拋棄了，於是就出現了對象徵形象合式與否的考察和經過思考的選擇，而過去提到的那種動盪不寧的酣醉狀態也就平靜下來，變爲一種較便於理解的深思熟慮了。

因此，我們現在看到比在最初階段[28]所看到的調和得較好的統一體再現出來了，所不同者意義和它的實際客觀存在之間的同一不再是直接的同一，而是一種從差異中見出來的同一，因而不是現成的，而是由心靈創造出來的協調一致。內在方面一般從此開始達到獨立和自覺，要在自然事物中找到自己的副本（或反映），而自然事物從它那方面也在精神的生活和命運裡找到它的副本。正是迫使在另一方面裡認出這一方面，迫使內在意義與外在形象的結合，內在意義和外在形象互相憑藉而得呈現於觀照和想像的這種壓力，在現階段成了追求象徵型藝術的巨大推動力。只有在內在方面既變爲自由的而又帶有一種動力，要按照它的本質，把自己變成可以表現於實在的形象，而這種表現又需成爲一種看得見的作品時，眞正藝術（特別是造型藝術）的動力才算開始出現。只有到了這個時候，才有必要去使出自精神活動的內在因素獲得一種顯現形式，而這種顯現形式不是在自然中原已存在的，而是由心靈發現出來的。這時想像造成了一個第二種形象[29]，這第二種形象本身並不就是目的，而只是用來闡明一個與它相關聯的意義，因而依存於那個意義。

人們對上述關係或許會這樣想：意識先從意義出發，然後才去尋找有關聯的形象來表達它。但是眞正的象徵型藝術所走的道路並不如此。因爲象徵型藝術的特點在於它還沒有深入到把意義理解爲自在自爲的，不依存於任何外在因素的。與此相反，它用作出發點的是自然界和精神界的現成的具體的客觀存在，然後把這種客觀存在推廣到一些普遍的意義，而這樣一種實際存在雖然也包含這些意義的內容，卻只是其中比較窄狹的一部分而且也只是仿佛近似的[30]。於是它就抓住這個對象，憑幻想用它來造成一個形象，想用這個形象的特殊實在去表達上述普遍的意義，使它對於意識成爲可觀照、可想像的對象。既是象徵的，這類藝術形象就還沒有眞正符合精神的形式，因爲精神本身在這裡還不是明確的，因而還不是自由的；但是它們畢竟還是一些形象，足以顯示出它們之所以被選用，並非只表現它們本身，而是要暗示一些更深刻、更廣泛的意義。單純的自然的感性事物只把它們自己呈現爲形象，象徵的

㉘ 指波斯、印度所代表的階段。

㉙ 第一種形象是自然的，第二種形象是藝術的。

㉚ 例如石象徵人的剛強，石雖具有剛強性，並不足以完全表達出剛強這個帶有普遍意義的優良品質。

藝術作品卻不然，不管它提供觀照的是自然現象還是人的形象，它都要由本身指引到本身以外的東西，而這東西卻必須和所提供的形象有一種內在的因緣和本質的關係。具體形象和它的普遍意義之間的這種協調一致可以是多種多樣的，它時而是比較明白的，時而是比較不明確的，時而是比較基本的，如果要用象徵來表達的普遍意義眞正是具體形象中的本質性的東西，這種象徵就比較容易了解得多。

在這方面最抽象的表現是數目，不過只有在意義本身具有數的定性時，才宜運用數目去對這意義作明確的暗示。例如七和十二這兩個數目經常出現在埃及建築裡，因爲七是行星的數目，而十二則是月分的數目，和尼羅河水爲著造成豐產所要達到的水位度數。像這樣的數目是被看作神聖的，在被尊爲統治全體自然生活的威力的那些基本關係中，這些數目都要出現。所以七級台階和七座石柱都是象徵的。這種數目象徵就連在處在較高發展階段的神話裡也可以看到。例如海克力士的十二項偉績似乎也象徵一年十二月，海克力士一方面是完全按照人而個性化的一位英雄，另一方面也具有一種象徵化的自然界的意義，他是太陽行程的一種人格化。

比數目較具體的是後來的象徵性的空間圖形：例如，迷徑象徵行星的運行軌道，而某些舞蹈在曲折變化中也含有一種隱藏著的意義，它們用象徵的方式摹仿一些巨大的自然物體的運動。

由此再前進一步，象徵就運用動物形象，其中最圓滿的是人體形狀。在這個階段，人體形狀顯得已刻畫成爲一種更高的更適合的表現形式，因爲精神到了這個階段一般已開始離開單純的自然事物，轉到它自己的獨立的存在[31]來表達自己。

這就形成了眞正象徵的普遍概念（本質）以及它的藝術表現的必要性。要討論這個階段的較具體的觀點，我們趁這個精神初次降落到它自己身上[32]的階段，就要離開東方而更多地注意西方了。

我們可以把長生鳥[33]這個形象放在最高的地位，作爲一個帶有普遍意義的象徵，來說明這個階段的觀點。長生鳥把自己燒死，但是又從火焰和灰燼中跳出來，不但回生，而且還童了。希羅多德曾經提到（《歷史》，II，七三）他在埃及至少看見過長生鳥的圖，事實上提供象徵型藝術中心的本來就是埃及人。不過在詳細討論埃及象徵型藝術之前，我們不妨談一談某些其他民族的神話，因爲它們是轉到從各方面看都發展得很完整的埃及象徵的過渡階段。我所指的是關於阿多尼斯[34]的神話體系，包括他的死、女愛神對他的哀悼以及葬禮之

---

[31] 即人體，因爲精神寄託在人體裡。

[32] 原文是ersten Niedergange des Geistes in sich，英譯法譯均作「精神的第一次下降」，不合上下文的意思，姑譯爲「精神初次降落到它自己身上」，即上段所說的離開自然事物，回到精神的另一體，即用人體來表達自己。

[33] 長生鳥（Phönix），埃及神話中的仙鳥，一生活五百年，到期自焚，從骨灰裡又生出幼鳥。

[34] 阿多尼斯（Adonis），希臘神話中的美少年，女愛神阿芙羅狄特的情人。他在打獵中受傷致死，女愛神極悲傷，陰間的神哀憐她，准許阿多尼斯每年回到陽間六個月和她同住。阿多尼斯的死和回生象徵自然界事物冬死春生，他的祭典流行於地中海沿岸各國。

類——這些神話觀念是在敘利亞沿海地區起源的。弗里基人的地神庫伯利[35]的祭典也有同樣的意義，從卡斯特和波樂克斯[36]以及希銳思和普羅梭賓娜[37]的神話裡，也可以聽到這種意義的回聲。

在這些事例裡，主要的意義都是上文已提到的否定面，即自然事物的死亡。這種死亡是看作伏根於神性的絕對，因而單提出來表現爲可供觀照的形象。所以有神死後的葬禮和對這種損失的慘痛的哀悼，以及這種損失由神的再現、回生和還童而得到補償，因而接著就有慶祝的典禮。這種普遍意義更明確地涉及自然現象。太陽在冬天喪失了它的熱力，到了春天這熱力又恢復過來，接著自然界又還童一次；她死過去又再生了。在這裡神性的東西被人格化爲人類事件，在自然生活中找到了它自己的意義，這種自然生活從另一方面看，又用來象徵精神界和自然界兩方面的否定本質。

如果要找最完滿的例子來說明象徵型藝術在它所特有的內容和表現形式兩方面都達到完善，我們就得到埃及去找。埃及是一個象徵流行的國家，它要解決精神怎樣自譯精神密碼這樣一個精神性的課題，但是實際上並沒有把它譯出來。這個課題並沒有得到解決，而我們能夠給的解決辦法所以就只在於把埃及藝術和它的象徵作品的謎語，理解爲埃及人自己並不曾解決的一個課題。因爲按照這裡所說的方式，精神還在外在事物裡尋找自己，但終於要再從這外在事物裡跳出來，以不倦的努力去通過自然現象顯出自己的本質，而同時又通過精神形象顯出自然現象，使它成爲觀照而不是思考的對象，埃及人在前此提到的幾個民族之中要算是眞正的藝術的民族。但是他們的作品仍然是祕奧的、沉默的、無聲的、寂然不動的，這就因爲精神還沒有眞正發現它自己的內在生活，也還不會說響亮而清楚的精神的語言。埃及的特徵可以一言以蔽之：衝動和需要還沒有得到滿足，以無聲的方式掙扎著要通過藝術把自己變成觀照的對象，使內在生活成爲形象，通過外在的相關聯的形象去意識到自己的內在生活以及一般內在生活。這個奇特國家的人民不僅是從事農業的，而且也是從事建築的。這個民族從各個角落裡翻動土壤，挖湖開運河；憑藝術本能，他們不僅在陽光下建成一些龐大無比的建築物，而且還在地心中大力進行極大面積的建築工程。希羅多德在他的《歷史》裡就已記載過，建築這樣偉大的紀念塔就是埃及人民的主要事業和國王們的主要功績。印度的建築固然也很龐大，但是在無限多樣性方面，比起埃及的建築卻是小巫見大巫。

1. 埃及人關於死的觀念和表現：金字塔

從一些個別特殊方面來看埃及的藝術觀念，我們在這裡初次看到內在的東西是很明確地

㉟ 庫伯利（Kybele），女地神，即希臘的粵亞（Rhea）。

㊱ 卡斯特和波樂克斯（Castor und Pollux），希臘神話中天神的兩個兒子。卡斯特以善於養鳥著名，波樂克斯以拳術著名。傳說卡斯特是凡人，波樂克斯是不朽者，由於波樂克斯的央求，天神允許兩弟兄隔天輪流生死。

㊲ 希銳思和普羅梭賓娜（Ceres und Proserpina），前者是女穀神，和天神交配，生了後者，在神話中亦稱「母與女」，女被陰間皇帝劫去爲皇后，母央求天帝援救，天帝允許女每年回到世間住六個月。

作爲和直接的客觀事物相對立的東西來看待的；誠然，內在的東西是看作生的否定面，看作死；不是看作抽象的惡和毀壞的否定面，像阿利曼是歐馬茲特的否定面那樣，它本身就是一個具體的形象。

(1)印度人只把自己提升到對一切具體事物加以最空洞的，因而是否定的抽象化。這種成梵過程在埃及卻看不見。在埃及，不可以眼見的事物卻有一種較完滿的意義，死從生本身獲得了內容。直接的存在雖被剝奪了，死在它的無生狀態中卻仍保持對生的聯繫，而且藉生的具體形象獲得了獨立和保存。人們知道，埃及人把貓、犬、鷹、獴、熊、狼（希羅多德的《歷史》，II，六七），特別是死人的屍體（同上書，II，八六—九〇）製爲木乃伊來敬奉。他們對死者的尊敬不是埋葬而是屍體的永久保存。

(2)但是埃及人還不只停留在使死者有這種直接的自然的長期保存上。以自然方式保存的屍體在觀念裡也是作爲長久的東西來了解的。希羅多德談到埃及人是世界上第一個民族，宣揚人的靈魂不朽。他們也是第一個民族以較高的方式解決了自然事物與精神事物之間關係問題，認識到凡是不只是自然的東西也自有一種獨立的地位。靈魂不朽就很接近精神自由，因爲自我把自己理解爲擺脫客觀存在的自然狀態[38]，單靠本身而存在的；這種對自己的認識就符合自由原則。當然還不能說，埃及人已經懂透了自由精神的概念，他們對靈魂不朽的理解也和我們的一樣；我們不應憑我們的理解去測度埃及人的信仰；但是埃及人確實已認識到，凡是已喪失生命的東西還保持住它的存在，不僅在外形上，而且還在觀念裡[39]，因此他們就使意識（精神）可以過渡到自由，儘管他們還剛只達到自由領域的門檻——他們接著就把這個觀念擴充成爲一種和直接現實存在對立的獨立的亡魂國度。在這種不可以眼見的國度裡還舉行一種死人的法律裁判，庭長是歐西里斯（Osiris）[40]。但是在陽間直接現實界也有這樣一種法庭，由生人對死人進行裁判，例如當一個國王死了，每個人都可以到這裡控訴他。

(3) 如果我們進一步追問這種觀念在什麼象徵的藝術形象裡可以見出，我們就要到埃及建築主要形式裡去找。這類建築有兩種，一種是地上的，一種是地下的。在地下的是些迷徑，要走半小時才走完的甬道，用象形文字雕飾的房屋，都是精心製作成的，就在這些建築上面又建成一些值得驚贊的構造，其中重要的是金字塔。關於金字塔的性質和意義，許多世紀以來人們提過各種不同的假說，現在已可以不用懷疑，金字塔是些國王或神牛、神貓、神鷺之類神物的墳墓的外圍。它們這樣就使我們認識到象徵型藝術的簡單圖形。它們是些龐大的結晶體，其中隱含著一種內在的（精神的）東西，它們用一種由藝術創造出的外在形象把這種內在的東西包圍起，使人得到這樣一種印象：它們立在那裡，是爲著標誌出一種已擺脫單純自然性（物質性）的內在的東西，而且也只靠這個情況才有它們的意義。但是這裡組成

---

[38] 即肉體存在。

[39] 屍體還存在，靈魂也還存在於人的觀念或想像裡。

[40] 傳說中的埃及國王，後來做了陰間皇帝。

意義的是亡魂和不可以眼見的事物的國度，而這個國度只有一個方面，當然是形式的方面，才屬於眞正的象徵藝術，那就是應擺脫直接客觀存在（肉體存在）的那一方面。所以這個國度只是一個亡魂世界，還不是一種生命；還不是擺脫了單純的感性的東西（肉體存在）之後還獨立存在著，因而本身就是自由的有生命的精神[41]。因此，標誌這樣一種內在精神的形象對於它所確定的內容（即精神）還只是一種外在形式和周邊。

金字塔就是這樣一種隱藏一種內在精神的周邊。

2. 動物崇拜和動物面具

內在的精神既然一般被看作以外在的形式而存在的東西，所以埃及人又從相反的方面在牛、貓之類活的動物身上崇拜一種神性的存在。有生命的東西高於無機的外在事物，因爲有生命的有機物有一種由外在形狀指出的內在的東西，因其是內在的，所以是很隱蔽或神祕的。所以這種動物崇拜應理解爲對隱蔽的內在方面的觀照，這種內在方面，作爲生命，就是一種高於單純外在事物的力量。對於我們來說，不把精神而把貓、犬之類動物奉爲神聖的東西，當然是引起反感的——這種動物崇拜，單就它本身來看，還沒有什麼象徵的意味，因爲當作神的存在而受崇拜的是猴子之類實際的活的動物。不過埃及也以象徵的方式去運用動物形象。這時動物形象就不是單爲它本身而被運用，而是用來表達某種普遍意義。最樸素的事例就是動物面具。動物面具特別是用在描寫製造木乃伊過程的作品裡。在製造木乃伊這種職業裡，解剖屍體取出內臟的人們都戴著這種動物面具。這裡動物的頭顯然不是代表它本身，而是要暗示一種和它有別的普遍意義。此外，動物形象還和人的形象混在一起來用；我們看到人身獅首，人們認爲這是代表智慧女神米諾娃；還有人身鷹首，而天神阿蒙的頭上還長著一對角。這些顯然都有象徵的意味。在這個意義上埃及的象形文字大部分也是象徵的，因爲象形文字不外兩種，或是用實物形狀去表達意義，表達的不是這實物本身而是與它相關聯的一種普遍意義；或是更常見的一種辦法，用和實物名稱第一個字母同音的字來表達所要表達的意義[42]。

3. 完整的象徵：曼儂、伊西斯、歐西里斯和獅身人首獸[43]

在埃及，一般說來，每一個形象都是一種象徵和象形文字，不是表現它本身，而是表現與它相接近因而有關聯的另一意義。如果這種關聯是比較基本和深刻的，完整的眞正的象徵

---

41 埃及人雖認爲死者的魂可以脫離肉體而存在，卻還沒有認識到精神的獨立自由。

42 這種用同音字來象徵，在漢語裡也常見，例如芙蓉代表「夫容」，蝙蝠代表「福」，鹿代表「祿」之類。

43 曼儂（Memnon），傳說中的衣索比亞國王，埃及雕像中常用的母題，傳說這種石像在日出時發出音樂聲。伊西斯（Isis）是埃及的女地神，後爲女月神；歐西里斯（Osiris）是埃及的日神，後爲陰間的皇帝，但是伊西斯的丈夫。獅身人首獸（Sqhinx）是埃及傳說中的一種怪物，是埃及雕像中常用的母題，這種石像上身是女人，下身是獅子，大半是躺著的。

才出現。現在只略提一下這方面幾個常見的觀念。

(1) 正如埃及人關於動物形象的迷信，一方面隱約窺見一種祕奧的內在因素，另一方面我們也看到他們把人的形象表現爲一種樣式，其中所表現的主體的內在生活還外在於人體形象，因此它還不能展現爲自由的美。特別值得注意的是那些龐大的曼儂石像。它們鎭靜自持，安然不動，兩隻胳膊緊貼著身軀，雙足緊並在一起，嚴峻呆板無生氣，面對著太陽，等著陽光射到自己身上，就得到生氣，發出聲響。至少希羅多德在《歷史》裡記載過，這些石像在日出時發出一種樂音。較高明的批評對這一點固然表示懷疑，但是發聲響的事實近來卻由法國人和英國人都證實過。如果這種聲響不是由於預先安排的機械，那就可以這樣解釋：就像某些礦物浸到水裡發出破碎聲那樣，這些石像的聲響是由露水、清晨的冷氣以及日光照曬所造成的，是些小裂縫的出現和消逝的聲響。這種巨大石像是作爲象徵而表示出這種意義的：它們本身還沒有自由的精神性靈魂，爲著具有生氣，它們不能從靈魂的內在方面吸取（這裡才有尺度和美），而是要從外來的陽光吸取，有陽光才能把靈魂的聲音敲響。人的聲音卻不然，它發自自己的情感和心靈而無須外來的衝擊，而藝術的高明處一般也正在於內在精神從本身獲得表現的形象。但是在埃及，人的形象的內在精神還是啞口無聲的，還需乞靈於自然因素，才得到生氣灌注。

(2) 另一種象徵的表現方式是伊西斯和歐西里斯。歐西里斯投胎出世之後被泰風神[44]殺害了，伊西斯搜尋到砍碎了的屍體，把它合攏起來埋葬了。這個神話原先只有單純的自然意義作爲內容。歐西里斯一方面是太陽，他的故事象徵太陽的一年的行程，另一方面他也暗指尼羅河水漲落，需替埃及全境造成豐產。因爲埃及往往整年缺雨，全靠尼羅河的氾濫來灌溉田地。到了冬季，尼羅河就很淺，只在河床上流著，但是到了夏至，它就要上漲一百天，流出河岸，灌溉到全國。最後，水在烈日和沙漠熱風影響之下又乾涸起來，縮回到河床。耕田在這裡用不著費大力，植物長得極茂盛，一切都自己發芽成熟。太陽和尼羅河，它們的升降，就是埃及土壤上的兩大自然威力，埃及人就用伊西斯和歐西里斯的擬人化的故事，把這兩大自然威力象徵地表現出來。所以這和用動物表示一年四季，用十二神表示十二個月分的象徵表現方式還是同屬一類的。但是歐西里斯卻同時表示人類事情：他是作爲農業、田畝的劃分、財產和法律的創始者而被尊爲神，所以對他的崇拜也涉及人的精神活動，而人的精神活動又和倫理與法律有緊密的聯繫。此外，他也是死人世界的裁判官，因而獲得一種完全離開單純自然生活的意義，在這個意義之下象徵的意味就開始消失，因爲這裡是內在的精神的東西變成了人的形象的內容，人的形象開始在表現它自己的內在生活。但是這種精神的過程又用外在的自然生活爲它的內容，並且用外在的方式把它表現出來，例如在廟宇裡用台階、樓梯和楹柱的數目，在迷徑裡用甬道、曲廊和房屋的變化。這樣，歐西里斯在他的轉變過程中

㊹ 泰風神（Typhon）把歐西里斯（他的兄弟）殺害了，砍成細片，投到尼羅河裡，歐西里斯的妻子伊西斯經過長久搜尋，才把屍體找出來，打敗了泰風神，奪回了政權。

不同階段裡既代表精神生活，又代表自然生活，時而他的象徵的形象是自然的象徵，時而自然情況本身又只是精神活動及其變化的象徵。因此，這裡人的形象並不再是單純的人格化，因爲這裡自然事物儘管從一方面看，顯得就是眞正的意義，而從另一方面看，又用作精神事物的象徵，一般說來，在凡是內在因素掙扎著要擺脫自然觀的事例裡，自然事物總是處在從屬的地位。不過人體形狀卻確實獲得一種完全不同的構造，因而顯出要深入到內在精神領域的努力；但是這種努力還只能以有缺陷的方式去達到它的眞正的目的，即精神本身的自由。形象還是龐大的、嚴峻的，顯得像石頭一樣僵硬的，雙腿沒有自由和鮮明性，胳膊和頭過分緊貼在身體其餘部分上面，沒有秀美姿態和靈活的運動。只有到了德達魯斯㊺，雕像上手和足才得到解放，身軀才顯得在運動。

由於上述反覆交錯的象徵方式，在埃及，每一個象徵實在是一系列象徵的整體，所以一度作爲意義而出現的東西在另一個有關聯的地方又被用作象徵。這種把多種意義結合在一起的象徵方式，意義和形象的交錯，產生出多種多樣的暗示，因而符合朝許多方向齊頭並進的複雜的主體內心生活，形成這種象徵形象的優點，但是由於可能有多種意義，解釋就比較困難。

在解釋這種意義中，近代人過於穿鑿附會，因爲幾乎一切形象實際上都是作象徵來用的；但是對於埃及人的見解來說，這種意義可能是明白易懂的。但是像我們開始就已見過，埃及的象徵是「言有盡而意無窮」的。有些作品本來竭力追求明晰，但是對自在自爲的意蘊仍停留在掙扎追求中。就這個意義來說，我們發現到埃及藝術作品包含一些謎語，要正確地解釋這些謎語，有時不僅我們，就連創造這些作品的藝術家們也大半辦不到。

(3) 所以從它們的祕奧的象徵方式來看，埃及藝術作品都是些謎語，可以說就是客觀事物的謎語。我們可以把獅身人首獸看作埃及精神所特有的意義的象徵，它就是象徵方式本身的象徵。在埃及，這些獅身人首像多至無數，往往千百成行地排在一起，用最堅硬的石頭雕成，琢磨得很光滑，身上刻著象形文字，在開羅附近，這種石像大到獅爪就有一人長，獸身的部分躺在地上，上面人身的部分卻昂首立起，頭偶爾也有是牡羊頭，但是絕大多數是女人頭。人的精神仿佛在努力從動物體的沉悶的氣力中衝出，但是沒有能完全表達出精神自己的自由和活動的形象，因爲精神還和跟它不同質的東西牽連在一起[46]。這種對自覺精神的追求還不能用唯一符合精神性的現實去表達精神性，而是用略有關聯的甚至是完全異質的東西去表達這精神性，使它呈現於意識，這就是象徵方式的一般特徵，到了這個頂峰，象徵就變成謎語了。

在這個意義上，希臘神話中的獅身人首獸也可以有象徵的意義，它顯得是提出謎語的怪

---

[45] 德達魯斯（Dädalus），字義是「巧匠」，西方神話中的人物，很像中國的魯班。

[46] 人首象徵精神，獸身象徵物質力量；人首和獸連在一起，一方面象徵精神要擺脫物質力量，另一方面也象徵精神還沒有完全擺脫物質力量，所以還沒有達到自由。

物。它提出過一個有名的謎語：什麼東西早晨用四條腿走路，中午用兩條腿走路，傍晚用三條腿走路？伊底帕斯找到了一個簡單的解釋：那就是人，於是就把這怪獸從懸岩上拋下去。這個象徵謎語的解釋就在於顯示一種自在自爲的意義，在於向精神呼籲說：「認識你自己！」就像著名的希臘諺語向人呼籲的一樣。意識的光輝就是這樣一種明亮的光：它使自己的具體內容，通過屬於自己而且適合於自己的形象，透明地顯現出來，而且在它的這種客觀存在裡所顯現出來的就只是它自己。

第二章　崇高的象徵方式

象徵型藝術的目標是精神從它本身得到對它適合的表現形象，要表現得很明白而不是謎語；這個目標只有通過一個條件才可以達到，那就是意義首先要和整個現象世界劃分開來，單獨地呈現於意識。古代波斯人缺乏藝術性，正由於直接從自然事物中看到意義與具體現象的統一。這二者既已劃分而又要直接地在自然事物上面再接合，這種矛盾就造成了印度人的幻想的象徵方式；而在埃及，內在精神也還沒有從現象界擺脫出來而獲得自由，成為可認識的對象，還沒有自在自為地具有意義，這就產生了他們的象徵方式的謎語性和曖昧性。

自在自為的東西（絕對精神）初次澈底地從感性現實事物，即經驗界的個別外在事物中淨化出來，而且和這種現實事物明白地劃分開來，這種情況就要到崇高裡去找。崇高把絕對提升到一切直接存在的事物之上，因而帶來精神的初步的抽象的解放，這種解放至少是精神性的東西的基礎。因為這樣崇高化的意義雖然還沒有作為具體的精神性來理解，卻已被看作獨立自在的內在的東西，按其本性，就不能在有限現象中找到真正能表達它的形象。

康德曾經用一種很有趣的方式把崇高和美區別開來。他在《判斷力批判》第一部分從第二十節以下對這問題的討論還有它的價值，儘管他的話很冗長，而且把一切定性都歸原到主體方面，歸原到情感、想像力和理性之類心理功能，但就它的一般原則而論，他對這種歸原的看法在這一點上應該被承認為正確的：那就是——用他自己的話來說——崇高並不在自然事物上面，而只在我們的心情裡，因為我們意識到自己比內在自然和外在自然都較優越（才有崇高感）。康德的下面的一段話就是這個意思：「真正的崇高不能容納在任何感性形式裡，它所涉及的是無法找到恰合的形象來表現的那種理性觀念；但是正由這種不恰合（這是感性對象所能表現出的），才把心裡的崇高激發起來」❶。崇高一般是一種表達無限的企圖，而在現象領域裡又找不到一個恰好能表達無限的對象。無限，正因爲它是從客觀事物的複合整體中作爲無形可見的意義而抽繹出來的，並且變成內在的，按照它的無限性，就是不可表達的，超越出通過有限事物的表達形式的。

意義在崇高裡所獲得的新的內容就是它和現象界整體相對立，成爲本身具有實體性的太一，這個太一本身就是純思想，也就只爲純思想而存在❷。因此，這個實體已不再能在一種外在事物上找到它的表現，在這個意義上，眞正的象徵的性質就消失了。但是如果要把這本身整一的東西變成可觀照的，那只有一個辦法，那就是把它既作爲實體又作爲創造一切事物的力量來理解，藉這些事物它才可以得到顯現，因而也就和這些事物有一種肯定的（積極的）關係。但是它的定性卻是這樣：雖然表達出來了，這實體卻仍超越出個別現象乃至個別現象的總和之上，因此可能的結果就只是把原來肯定的關係又轉化爲否定的（消極的）關係，這就是說，把實體從一切不適合於表現它而在它裡面要消失的個別特殊現象中淨化出

❶ 康德：《判斷力批判》，第二十三節。

❷ 太一即絕對，絕對是純思想的對象，所以只有純思想才能認識絕對，感官就不能從感性事物上認識到絕對，這也就是說，絕對不能用感性事物來表現。

來。

因此，用來表現的形象就被所表現的內容消滅掉了，內容的表現同時也就是對表現的否定，這就是崇高的特徵。所以我們不贊同康德把崇高看作來源於情感和理性觀念之類主觀因素，而是認爲它來源於它所要表現的內容即絕對實體。❸

根據上述實體與現象世界之間的兩重關係，可以把崇高藝術劃分爲兩方面。肯定的和否定的這兩重關係的共同點在於，實體儘管一般要聯繫到現象界事物才可以表達，它卻超越於用來表達自己的個別現象之上，因爲作爲實體和本質，它本身是無形的，不是具體觀照（或感性認識）所能掌握的。

我們可以把泛神主義的藝術看作對崇高的第一種肯定的掌握方式。這種藝術首先出現在印度，隨後出現在波斯伊斯蘭教詩人們的自由神祕的作品裡，最後又出現在基督教的西方，思想和情感就比前二者較深刻了。

就一般定性來說，實體在泛神主義階段是被看作內在於它所創造的一切偶然事物之中的，所以偶然事物還沒有降低到只是頌揚絕對的一種裝飾品的隸屬地位，而是憑它們所固有的實體來保持自肯定的地位，儘管每一特殊事物的唯一使命只是表現和頌揚它所自出的神和太一。因此，詩人在一切事物裡只觀照和驚贊這個太一，把自己和一切事物都沉沒在這種觀照裡。但是畢竟還能和實體保持肯定的關係，因爲把一切都聯繫到實體上。

我們在希伯來詩裡所遇見的對唯一尊神的第二種否定的歌頌才是眞正的崇高。它否定了絕對內在於被創造的現象界事物這種肯定的關係，把唯一實體看作造物主，和全體被創造物相對立，全體被創造物比起造物主來，是本身無力的終歸消逝的東西。如果要用自然事物和人類生命的有限性來表現唯一尊神的威力和智慧，就不能用印度把事物歪曲成爲沒有準則的奇形怪狀的辦法，而是要使一切世間事物，不管多麼強大光榮，都顯得只是些隸屬的偶然事物，比起神的本質和堅定性來，只是一種消逝中的幻相，這樣才能把神的崇高表現爲較可觀照的。

---

❸ 崇高（Erhabenheit，即Sublime）是從西元三世紀左右希臘修辭學家朗吉努斯的《論崇高》一書來的。此書淹沒很久，到了十八世紀才爲浪漫主義初期文藝理論家和美學家所推崇。康德就把美和崇高對立起來，認爲美在對象的形式，崇高在對象的無形式；美感始終是一種快感，崇高感則開始是一種畏懼或消極的痛感，接著就轉化爲一種積極的快感或精神的提高或振奮，所以崇高的來源不在客觀對象而在主體的道德情操和理性觀念。黑格爾贊同康德的崇高感有消極的和積極的兩對立因素這一看法，但批判了康德的崇高與客觀事物的內容意義無關這一看法。他認爲崇高的來源在於要表現的內容就是絕對實體，而用來表現的有限事物的形象對這種內容極不適合。「內容的表現同時也就是對表現的一種否定，這就是崇高的特徵」。康德和黑格爾在崇高問題上的分歧是主觀唯心主義與客觀唯心主義的分歧，亦即主觀思想情感與絕對理念的分歧。

一、藝術中的泛神主義❹

泛神主義這個詞在今天不免引起很大誤解，因爲從一方面看來，「全體」（一切）❺這個詞按照我們近代的意義，指一切事物和每個事物，就它們的完全經驗性的個別性相來看，例如這個盒子，連同它的一切屬性如顏色、體積、形狀、重量之類來看，或是那座房屋、那本書、那隻動物、那張桌子、那張椅子、那個爐子、那一片雲等等。現代有許多神學家們指責哲學說，哲學把一切事物都變成神，這裡所說的「一切」就是用上文所說的意義，這裡所強加於哲學的事實，以及根據這事實所提出的罪狀都是荒謬絕倫的。對於泛神主義的這樣一種看法只能存在於瘋人的頭腦裡，從來沒有出現在任何宗教裡，就連易洛魁部落和愛斯基摩部落的人也沒有這種看法，更不消說在哲學裡。所以「泛神主義」一詞中的「全體」（一切，「泛」）並不是指這個或那個個別事物，而是指「大全」，即唯一實體，這實體固然內在於個別事物，卻不是從個別事物和它們的經驗性的實在中提煉出來的抽象品，所以著重指出的不是單純的個別事物，而是也在這些個別事物中存在的普遍靈魂，或則用流行的話來說，眞實與優美的東西。

這才是泛神主義的眞正意義，我們在這裡提到泛神主義時，所用的就是這個意義。這個概念首先起於東方，它掌握了神性的絕對統一，以及一切事物都包含在這種統一裡的思想。所以作爲統一和大全，神性只有通過表現它存在的那些個別事物的消失，才能呈現於意識。所以從一方面看，神性在這裡是看作各種不同的事物所固有的，更確切地說，是其中最傑出的代表所固有的。但是從另一方面看，太一既是這個，又是那個，又是其他一切個別事物，無處不在，它如果要顯現，就需把個別特殊事物看作已被否定和消除了的，因爲並不是每種特殊事物都是太一，全體特殊事物才是太一，而對於觀照來說，這全體特殊事物已消融在全體裡。舉例來說，太一既是生命，又是死亡，因而就不只是生命。所以生命，或太陽，或海洋本身並不能就形成太一。但是同時在泛神主義藝術這裡，也還不像在眞正的崇高裡那樣，已把偶然事物（即特殊事物）明確地擺在否定和隸屬的地位，而是使實體本身變成特殊的和偶然的，因爲實體在一切特殊事物中都是這個太一。至於這種個別特殊事物既然變化無常，而想像又不使實體局限於某一定性（即只想實體的無數定性中某一種）而是想到這種定性就轉到另一種定性，輾轉前進，想到這種就丟掉其餘，結果，這種個別特殊事物也變成一種偶然事物，接合到實體，就受到崇高化了。

所以這種觀照方式只能通過詩而不能通過造型藝術才能得到藝術的表現。因爲造型藝術

---

❹ 泛神主義（Pantheismus），神無處不在，每一事物中都有神，與基督教創造和主宰世界而又超越獨立於世界之外的神相對立。

❺ 「全體」（alles）指「泛神主義」（Pantheismus）一詞的詞冠Pan，相當於漢語的「泛」。太一、大全、絕對、實體、神、理念，這些不同的名詞所指的其實是同一件東西。

把具體的特殊個別事物只作爲固定持久的對象提供觀照，而這種事物由於和內在於它的實體相對立，也終於要消失掉的。在純粹的泛神主義統治的地方，就沒有用造型藝術作爲它的表現方式的❻。

1. 印度詩

我們可以再舉印度詩作爲這種泛神主義詩的最早的例子，印度詩除掉它的幻想方式之外，在這方面也有過輝煌的成就。

我們已見過，印度人把最抽象的普遍性和太一奉爲最高的神，由這最高的神又派生出一些各有定性的神，如三神一體和因陀羅之類。但是他們並沒有把神的定性看成固定不變的，又讓低級的神回原到高級的神，高級的神回原到梵。從此可見，這個普遍的神形成了一切事物的不變的基礎。如果印度人在他們的詩裡確實顯出兩種傾向，一種是誇大個別存在，使它們在感性方面顯得符合普遍意義，另一種是使一切定性❼在和抽象太一對立之中只起否定的作用。另一方面，在印度人中間卻也出現了上述泛神主義的較純粹的表現方式，把神內在於看來是飄忽來去的個別事物裡這一思想表現得特別突出。人們也許認爲這種見解頗類似上文所提過的波斯人所理解的純思想（精神）與感性事物的直接的統一，不過波斯人把太一和至善本身看成就是一種自然事物，它就是光，而印度人卻把梵看成一種無形體的太一，只有把這無形體的太一轉化爲無窮盡的多種多樣的世界現象，才產生泛神主義的表現方式。例如克里希納[8]就這樣說（《薄伽梵歌》第七章）：

地、水、風、氣、火、精神、理智、我性，這是我的生命力量的八個因素，但是你還應在我身上見出另一件東西，一種更高的東西，它灌注生氣於世間一切眾生，撐持這個世界：它是一切眾生的本原；你需知道，我是全世界的本原，也是全世界的毀滅；我之外沒有東西比我更高，這一切都連結到我身上，就像一串珍珠都串在一根繩子上那樣，我是一切流液中的美味，我在日光裡也在月光裡，我是聖經中的奧義字，人的人性，土地的純香，火焰中的閃光，一切眾生的本質，懺悔者的默想，一切眾生的生命力，智者的智慧，光中之光；諸凡對自然是眞實的、明顯的和幽暗的，都從我這裡出來；不是我在它們裡面，而是它們在我裡面。眾生迷於三性的幻覺，都認不清我，我是不可變的；但是神性的幻覺，摩耶（Maya，梵文「幻」）也就是我的幻覺，這是難克服的；凡是追隨我的人都

❻ 絕對太一因憑依個別特殊事物而變化多方，所以宜於用詩而不宜於用造型藝術，因爲語言可敘述流動變化的對象，而造型藝術卻要抓住固定持久的對象。

❼ 「定性」即有定性的個別事物。

❽ 克里希納（Krischna），印度毗濕奴神的第八化身，《薄伽梵歌》是史詩《摩訶婆羅多》中最精彩的一部分。

要越過這種幻覺。

這段話裡把實體太一說得最清楚了，既說明了神內在於一切事物，也說明了神超越於個別事物。

以同樣的口吻，克里希納說明他自己在一切不同的事物中是最完美的（第十章第二十一節）：

在星宿之中我是光輝燦爛的太陽，在十二宮裡我是月亮，在聖經裡我是頌歌，在感官裡我是內在感官，在山峰裡我是須彌山，在獸中我是獅子，在字母中我是A，在四季中我是春天。

這種最完美事物的羅列，以及表示同一內容的不同形象的反覆替換，儘管顯出想像的豐富，卻由於內容的不變，顯得單調，而在整體上顯出空洞。

2. 伊斯蘭教詩

其次，東方式的泛神主義在伊斯蘭教裡特別由波斯人用一種較高的，而且從主體方面看，較自由的方式表現出來了。這裡主要的是在詩人主體方面出現了一種特殊的情況。

(1) 由於詩人要在一切事物中見出神性，而且也確實見到了，他也忘去了他的自我，同時也體會到神性內在於他自己的被解放和擴張的內心世界；這就在他心裡產生了東方人所特有的那種心情開朗、那種自由幸福、那種遊魂大悅；他從自己的特殊存在中解放出來，把自己沉沒到永恆絕對裡，在一切事物中認識到而且感覺到神的存在和神的形象。這種滲透神性於自我，以及在神裡陶醉的幸福生活已經帶有神祕色彩。最著名的例子是德薛拉列．丁．魯米❾。呂克特用他的驚人的表現才能，在對選詞押韻上運用自如地而且巧妙地把這位詩人的一些最美的作品翻譯過來了，譯文的風格完全像出自詩人自己的文章。對神的愛——通過絕對忘我，人和神契合成爲一體，在全宇宙中到處都看到神這個太一，把一切事物都歸原到神——在這些詩裡形成了中心，向四面八方擴散光輝。

(2) 在眞正的崇高裡，我們不久就會看見，最好的事物和最莊嚴的形象只是用作神的裝飾，爲宣揚太一的偉大和光榮而服務，因爲把它們擺在我們眼前，只是爲著向他這位萬物主宰慶祝——在泛神主義裡卻不然，神內在於萬物這個信仰就把塵世的自然和人類存在本身提高到本身獨立的偉大莊嚴的地位。自然現象和人類關係中的精神本身的生活灌注生氣和精神於這些現象和關係，而且在詩人主體方面的情感和靈魂與他所歌頌的事物之間造成一種特

❾ 德薛拉列．丁．魯米（Dschelaled Din Rumi），十三世紀波斯伊斯蘭教詩人，他的詩曾由十九世紀德國詩人呂克特（F. Rückert）譯成德文。

殊關係。既然充滿了這種被灌注生氣的偉大莊嚴，心情就泰然自得、自由自在、寬宏開朗，在這種自己與自己的肯定的統一中[10]，它就憑想像使自己進到事物靈魂裡，去分享其中同樣的平靜統一的生活，和自然事物及其莊嚴景象，和所愛的美人，和捧杯獻酒的侍女，總之，和一切值得讚賞和喜愛的對象，一齊享受最幸福、最歡樂的、徜徉自得的內心生活。西方浪漫主義的情調固然也顯出類似的徜徉自得，不過在大體上，特別是在北歐，卻較爲鬱鬱不樂的、不自由的、悵惘眷戀的，或至少是較爲主觀，自禁於自我的小天地裡，因而是自我中心的、多愁善感的。特別是在蠻族的民歌裡這種憂傷抑鬱的內心生活表現得最清楚。但是東方人，特別是信伊斯蘭教的波斯人，卻顯出他們所特有的自由歡樂的內心生活，他們盡情地向神，向一切值得讚賞的對象，拋捨自己，但是在這種自我拋捨中卻仍保持住自己的自由實體性，去對付周圍的世界。所以我們看到他們在火熱的情感生活中的狂歡極樂迸發爲無窮無盡的豐富華嚴的燦爛形象，和歡樂、美麗、幸福的音調。一個東方人如果遭受到苦難，他只把它看成命運的不可改變的決定，仍泰然自若，不感到什麼悲傷抑鬱或是憤懣不平。在哈菲茲[11]的詩歌裡我們固然時常聽到他對情婦和侍酒女郎之類人物所發的哀怨聲，但是無論是哀是樂，他總是那樣自由自在，例如在這樣的詩句裡：

感謝吧，你現在沉浸
在友誼的光輝裡，

蠟燭燃燒著，縱然像流淚，
且盡情歡樂吧。

蠟燭會笑，也會哭；它憑火焰笑出燦爛的光輝，同時溶解成爲熱淚；在它的燃燒之中，它廣布著燦爛的光輝。這也就是全詩的一般性格。

舉一些個別的形象來說，波斯人所常歌詠的是花卉和寶石，尤其是玫瑰和夜鶯。最常見的是把夜鶯描繪爲玫瑰的新娘。這種把玫瑰表現爲具有靈魂，把夜鶯表現爲能發生愛情的例子在哈菲茲的詩裡就很多，例如他說：「感謝你，玫瑰啊！你是美人中的皇后，但願你不要那樣高傲，瞧不起夜鶯的愛啊！」詩人在這裡所說的是他自己心情中的夜鶯。我們西方人如果在詩裡說到玫瑰、夜鶯和醇酒，就不免像散文一樣枯燥。玫瑰對於我們只是裝飾品，例如「戴著玫瑰冠」之類辭藻；我們聽到夜鶯，心裡就產生類似夜鶯歌聲的情調；我們喝酒，就說酒是忘憂解愁的東西。但是對於波斯人來說，玫瑰並不只是一種形象、單純的裝飾品或是象徵，而是它本身就是有靈魂的，就是多情的新娘，波斯詩人把自己的心靈沉浸在玫瑰的靈

---

❿ 自己與自己的統一，即內心平靜，無憂無慮。

⓫ 哈菲茲（Hafis），十四世紀波斯的最大的抒情詩人，以《胡床集》著名。

魂裡。

最近的波斯詩也還顯出這樣光彩奪目的泛神主義的性格。封·哈卯先生曾經描述過一首波斯詩，這首詩是波斯國王在一八一九年送給奧皇佛朗茨的禮品之一，它用三萬三千聯句敘述了波斯國王的功績，這位國王曾把自己的名字贈給了作這篇詩的宮廷詩人。

(3) 歌德晚年也走到和他早年的情緒抑鬱的感傷詩相反的風格，感染到這種無憂無慮、自由自在的爽朗精神，雖是白髮老人，還滲透了這種東方氣息，在熱情的詩篇裡流露出無限幸福，顯出這種心情的自由，就連在辯論的詩篇裡也沒有喪失掉最美的無拘無礙的精神。他的《西東胡床集》裡的詩歌並不只是一些戲弄風騷的玩藝兒，而是從這種自由自在、拋捨自我的心情迸發出來的。他自己在《給蘇萊卡》一首歌裡就這樣描繪過這些詩歌：

這些詩藝的珍珠，
由你那熱情的狂瀾
拋擲到我的生涯中，
這寂寞荒涼的海灘。
請你用纖纖玉指，
仔細將它們拾起，
把它們穿成一串，

飾以金絲和翡翠。

他於是向他所鍾情的女郎呼籲：

請把它掛在你的頸項
垂到你的胸脯！
海蚌孕育這些明珠
曾費幾番辛苦。

要作出這樣的詩，就要有開闊的胸襟，在大風大浪中臨危不懼的鎮定和深沉，還要有一顆赤子之心，以及：

一個生命沸騰的世界，
在它的眞力彌滿之中
已預感到布林布林[12]的愛，

---

⑫ 布爾布爾（Bulbul），阿拉伯人名，指所愛的對象。

盪氣迴腸的歌聲。

3. 基督教的神祕主義

如果側重泛神主義的統一對主體的關係，如果主體感到自己與神統一，感到神在主體意識中的存在，就會產生神祕主義，像在基督教裡得到發展的。我姑舉西勒蘇斯・安傑路斯[13]一人爲例，他以最大膽和最深刻的思想情感和驚人的神祕的表現力，把神內在於萬物、自我與神，以及神與人的主體性的統一都表現得很好。眞正的東方的泛神主義卻不如此。它更強調的是在一切現象裡觀照太一實體和拋捨主體自我。主體通過拋捨自我，意識就伸展得最廣闊，通過擺脫塵世有限事物，就獲得完全的自由，結果就達到自己消融在一切高尚優美事物中的福慧境界。

二、崇高的藝術

但是只有當作全體宇宙的眞正意義來理解的唯一實體才是眞理，只有它已擺脫在幻變的現象世界中的實際存在，作爲純然內在的實體性力量而返回到精神本身，因此擺脫有限世界而獲得獨立，它才能被看作眞正的實體。只有在認識到神在本質上純粹是精神性的，無形的和自然界對立的情況下，精神才能完全從感性事物和自然狀態中解脫出來，也就是從有限存在中解脫出來。但是另一方面，這種絕對實體對現象世界仍然保持一種關係：它從現象世界看到它自己的反映。這種關係涉及上文所說過的否定方面，這就是說，整個現象世界不管多麼豐富、多麼雄偉莊嚴，就它對實體的關係來說，畢竟是明確地擺在否定方面的，由神創造，隸屬於神和爲神服務的。所以世界被看作神的一種顯現，神本身就是慈善，神的慈善才使本來無權存在的被創造的事物獲得存在和維持存在。不過有限事物的存在是無實體的；在神的面前，被創造的事物是被看作飄忽來去的、無能力的，所以在神的慈善中同時也顯出神的正直，是神的正直才通過本身消極（否定）的東西既顯示出這否定面的無能，又顯示出只有實體才是有能力的。正是（造物主與被創造的事物之間的）這種關係被藝術用作內容和形式的基礎，才使藝術類型具有眞正的崇高性格。理想的美和崇高當然是應該區分開來的。在理想[14]裡內在因素滲透到外在現實裡，成爲這外在現實的內在生命，使內外兩方面顯得互相適合，因而也互相滲透。在崇高裡卻不然，用來使實體呈現於觀照的外在事物被貶低到隸屬於實體的地位，這種貶低和隸屬地位就形成唯一的條件，使本無形體的而且按其本質也不能用塵世有限事物來表現的渾然太一的神，通過藝術能獲得一種表現，成爲可觀照的對象。崇

---

[13] 安傑路斯（Angelus Silesius, 1624-1677），德國宗教哲學詩人。

[14] 「理想」即上文「理想的美」。

高需假定意義處在獨立狀態，而和意義對立的外在事物則顯得只是隸屬的或次要的，因爲內在意義並不能在外在事物裡顯現出來，而是要溢出外在事物之外，所以達到表現的只不過是這種溢出或超越。

在象徵裡主要的因素是形象。這形象要有一個意義，但還不能把它完滿地表達出來。和這種象徵及其不明確的內容相反，在崇高裡意義就它本身來看是明確的，而且對於知解力也是明確的；而藝術作品則變成使一切事物具有意義的那種純粹本質的表現，原來象徵所固有的那種形象與內容的不適合，在崇高裡則使神既內在於塵世事物而又超越一切塵世事物的意義晶明透澈地顯現出來。藝術作品表現出這種自在自爲（絕對）的意義，於是上述矛盾所產生的不適合就變成崇高。如果象徵的藝術由於用神性的東西作爲作品的內容就已可稱爲神聖藝術，那麼，崇高的藝術既然只贊頌神，就應看作唯一眞正的神聖藝術了。

崇高領域的內容，按照它的基本意義來說，一般要比在眞正象徵的藝術裡較窄狹，因爲象徵只停留在對精神事物的追求上，在精神和自然的交互關係上有較廣闊的伸展餘地，能由精神轉化爲自然形象或由自然轉化爲與精神相協調。

這種崇高，按照它最早的原始的定性，特別見於希伯來人的世界觀和宗教詩。在不可能找到足以充分表現神的形象的地方，造型藝術就不能出現，出現的只有用語言來表達的詩。

對這個階段作進一步的研究，我們提出以下的一些一般觀點。

1. 神作為創世主和世界主宰

希伯來詩的最普遍的內容是神。神作爲服務於他的世界的主宰，不能體現於外在事物，而是從客觀世界裡退回到他的孤寂的統一[15]裡。所以原來在眞正的象徵藝術裡還是結合爲一體的東西現在已分裂成兩橛，一是神的抽象的自爲存在，一是世界的具體存在。

(1) 作爲太一實體的這種純粹的自爲存在，神本身是無形象的，不能以這種抽象概念的身分呈現於感性觀照。所以想像在這階段所能掌握的，不是就其純粹本質來看的神性的內容，因爲這是不可能由藝術用適當的形象來表現的。因此，剩下來的唯一內容就是神對他所創造的世界的關係。

(2) 神是宇宙的創造者。這就是崇高本身的最純粹的表現。生產以及萬物都以自然生育方式從神脫胎出來的這種想法，在崇高裡第一次消失掉，讓位給神憑精神的力量和活動來創造的想法了。「上帝說要有光，於是就有了光」，朗吉努斯早已舉這句話作爲崇高的最突出的例子。世界主宰這個太一實體當然也要達到外現，但是這種外現是最純粹的、無形體的、精神性的：它就是文詞[16]，即作爲精神力量的思想的外現，憑這文詞叫它存在的命令，要獲

---

[15] 即絕對太一、實體，或涵蓋一切的整體；「退回」指離開外在世界而退回到精神世界。

[16] 「文詞」（Wort）在《聖經》裡指上帝啓示道理的語言。

得存在的事物就立即默然聽命了。

(2)但是神並不把這被創造的世界作爲他的現實存在而進入到它裡面，而是仍然退回到他本身，但不因此就和他的對立面構成二元。因爲被創造的事物就是他的作品，離開他就沒有獨立性，它之所以存在，只是爲著顯示神的智慧、慈善和正直。太一是一切的主宰，自然事物並不是他的現實存在而是他的無能力的偶然附屬品，只能使他的本質現出外表而不能眞正得到表現[17]。這就形成涉及神方面的崇高。

2. 抽去神的有限世界

從一方面看，太一神既然按上述方式和具體的世界現象分裂開來，而本身被獨立地固定下來，而從另一方面看，客觀外在世界又被規定成爲有限世界，擺在次要地位，所以無論是自然的存在還是人的存在現在都獲得了一種新的地位，只有通過顯出它們自己的有限性才能成爲神性的一種表現。

(1)所以自然和人的形象現在都第一次成爲被抽去了神[18]的東西擺在我們面前，因而也就成爲散文性（枯燥）的東西。希臘人說過一個故事，當阿高斯遠征隊的英雄們航行穿過赫勒斯彭海峽[19]時，原來像兩股剪刀忽開忽閉的兩岸岩石忽然停住不動，像樹根扎在土裡一樣固定下來了。崇高宗教詩的情況與此頗類似，有限世界在它的憑知解力的定性裡固定化，和無限的本質相對立了，而在象徵的觀照裡一切都不守住正當的地位，有限事物隨時可以轉化爲神性的東西，而神性的東西也隨時可以轉化爲有限存在。例如我們如果從古印度詩轉到《舊約》，就會發現自己彷彿轉到一個完全不同的境界，其中情境、事蹟、動作和人物性格儘管和我們這裡的不同，對我們是很陌生的，我們卻仍然覺得它們很家常親切。從一種令人昏眩的顚倒錯亂的世界，我們轉到《舊約》的情況裡，看到一些人物形象都顯得是非常自然的，他們的堅定的宗法性格在其定性和眞相上也是完全可以理解的。

(2)上述觀照方式使事物的自然過程成爲可理解的，使自然規律得到承認。在這種觀照方式裡驚奇才第一次獲得了它的地位。在印度的觀照方式裡，一切都是驚奇的對象，因而不再有什麼是值得驚奇的。在可理解的聯繫經常遭到破壞，一切事物都弄得顚倒錯亂的地方，就不可能出現驚奇。可驚奇的事物需以事物轉變有可理解的線索，以及人有日常的清醒意識爲前提，因爲只有在這些慣常的聯繫遭到較高威力破壞時，才有所謂驚奇。這種驚奇卻不是崇高的一種眞正的恰當的表現，因爲自然現象的慣常過程，正和這種過程由於神意和自然的

⓱ 「現出外表」原文是scheinen（主動詞），「得到表現」是erscheinen（被動詞），法譯這句作「只能給出本質的外表而不是它的眞正的顯現」，英譯作「固然能使他的本質的外貌現出，而不能使本質的實況成爲可以眼見的」。

⓲ 原文是entgöttert。

⓳ 即地中海與黑海之間的達達尼爾海峽。

屈服而遭到的破壞一樣，都被顯示出來了。

(3) 所以如果要有眞正的崇高，就必須把全體被創造的世界看作有限的、受局限的，不是獨立自足的，因而只是爲顯示神的光榮而存在的。

3. 人的個體

在崇高這個階段裡，人的個體正是從這種對萬物虛無的承認，以及對神的崇敬和讚揚裡，去尋求他自己的光榮、安慰和滿足。

(1) 就這方面看，《舊約》中的《詩篇》替眞正的崇高提供了經典性的例子，它對一切時代都是一個典範，顯示出人在對神的宗教觀念中所見到的東西怎樣被表達出來，閃耀著靈魂的最強烈的崇高的光輝。世間沒有任何東西有權要求獨立，因爲一切事物之所以存在，都是憑藉神的威力，都是爲著頌揚這種威力，同時也爲著承認它自己的無實體性和空虛。所以如果我們前此在關於實體的幻想及其泛神主義觀點裡看到無限伸展的可能[20]，在這階段我們應驚贊的卻是心情崇高的力量，它讓一切都消逝掉，以便顯示出神的唯一的威力。《詩篇》中第一〇四篇是一個特別生動的例子：「你披著光就像披著一件衣裳，你把天空展開，像一幅帷幕……」[21]在這篇詩裡，光、天空、雲、風的翅膀都不是本身自有意義的東西，而是爲神服務的外衣、車輛或信使。接著就歌頌到神憑智慧安排了一切事物：從地下流出的泉水、流灌山峰之間的河流、山峰上在樹枝間棲息和歌唱的空中飛鳥，使人心歡樂的酒和神自己栽種的黎巴嫩的香柏，大海和在其中游息的無數生物以及巨鯨——這一切都是神所創造的。凡是由神創造的也由神維持其存在。「你藏起你的面孔，它們就恐懼；你收回它們的氣，它們就消逝了，又變成塵土」。人的空虛也由神的僕人摩西在第九十篇裡所作的禱告中明確地說出，例如說，「你把他們沖掉，就像一次洪水，他們就像一場夢，也就像草，早上長得很茂盛，晚上就被砍掉、乾枯了。你一怒，我們就要毀滅；你一發雷霆，我們就要死亡」[22]。

(2) 所以涉及人方面的崇高，是和人自身有限以及神高不可攀的感覺聯繫在一起的。

①不朽的觀念不是從崇高這一領域起源的，因爲不朽的觀念需根據一個前提：即個別的自我、靈魂、人的精神需是一種自在自爲的東西。在崇高裡只有太一才被看作不可毀滅的；在它面前，一切其他事物都被看作既可生又可死的，所以本身不是自由和無限的。

②因此，人就覺得在神面前，自己毫無價值，他只有在對神的恐懼以及在神的忿怒之下的顫抖中才得到提高。我們看到這種人生空虛的苦痛在一些哀歌怨詞裡，在一些發洩深心苦楚的向神呼籲的禱祝裡，都描繪得淋漓盡致，非常動人。

③反之，如果個人對著神堅持自己的有限性，這種心甘情願的有限性就成爲惡，惡作

---

⑳ 指上文說過的精神和自然可以隨時互相轉化。

㉑ 以下略述全詩的內容，全文見《新舊約全書》的官話和合譯本，第六九八—六九九頁。

㉒ 全詩見《新舊約全書》合譯本，第六九二頁。兩篇引文均未用原譯，因爲原譯語言很陳舊。

為禍害和罪孽只屬於自然和人方面，在本身無差別的太一實體裡，卻找不到任何地位，像苦痛和一般消極的東西一樣。

(3) 第三，在這種空虛中人畢竟還獲得了一種比較自由獨立的地位。因為從一方面看，從神的平靜而堅定的意志和命令中產生了為人類應用的法律，從另一方面看，人的提高就使他能見出人與神、有限與絕對之間的完全清楚的分別，因而主體就有能力去判別善惡，在兩者之中作出抉擇。所以對絕對的關係以及人在這種關係上所顯出的符合或不符合，也有助於個人及其態度和行為。因此，在他的正當行為和對法律的遵守中就可以見出他和神有一種積極的關係，他就會認識到，他的生活中的積極的情況，例如幸福、歡樂和滿足，都是遵守法律的結果，而消極的情況，例如苦痛、災禍和壓迫，都是違反法律的結果，前者是恩寵和報酬，而後者則是考驗和懲罰。

第三章　比喻的藝術形式：自覺的象徵表現

就崇高和眞正的無意識的象徵作用這二者的差別而言，崇高突出地顯示出兩點：一方面是意識到的意義與有別於意義的具體顯現之間的分裂，另一方面是這二者之間的直接或間接顯露出來的互不適應，因爲普遍的意義溢出於個別特殊的現實事物。但是，無論是在泛神主義的幻想裡還是在崇高裡，眞正的內容，即一切事物的普遍的太一實體，如果不聯繫到具體存在的事物，就不可能呈現於感性觀照，儘管這些事物並不能充分表達出它的本質。不過這種聯繫是由實體本身決定的，實體在自己的偶然附屬品[1]的消極性之中就顯示出自己的智慧、慈善、威力和正直。所以就連在崇高裡，意義和形象的聯繫至少在大體上也還是本質的和必然的，被結合的雙方也還不眞正是互相外在的。外在因素在不自覺的象徵方式裡，本來是以自在（不是由人意識到的）方式而出現的，在現階段卻需是著意安排的。在論象徵型藝術的這最後一章裡，我們要討論這種外在因素以什麼形式出現。我們可以把這種形式叫做自覺的象徵表現，或是說得更確切一點，比喻的藝術形式。

所謂自覺的象徵表現指的是：意義不只是就它本身而被意識到，而是明確地看作是要和用來表達它的那個外在形式區別開來的。這裡表達出來的意義，像在崇高裡一樣，不是基本上就顯現在用這個象徵方式來產生的形象上。意義與形象之間的聯繫不再是一種由意義本身決定的聯繫，像在前一階段（崇高）裡那樣，而是或多或少地偶然拼湊的一種結合，取決於詩人的主體性，取決於他的精神滲透到一種外在事物裡的情況，以及他的聰明和創造才能——憑這些因素，他時而從一種感性現象出發，然後替它想出一個和它有聯繫的精神方面的意義，時而也可以從實際的或相對內在的觀念出發，把它加以形象化，或是把它聯繫到另一個具有類似性質的形象上去。

所以這種結合方式和素樸的不自覺的象徵表現的區別，在於主體（藝術家）對於他選作內容的那個意義的內在本質，以及他用來以比喻方式去表達這內容的那個外在顯現形式的性質，都認識得很清楚，而且自覺地把所發現的二者之間的類似點擺在一起來比較。至於現階段（自覺的象徵表現）和崇高的區別則在於就一方面看，在藝術作品裡意義和它的具體形象的劃分和並列，固然在不同程度上被明確地顯示出來了，而就另一方面看，崇高中的那種意義與形象的關係卻完全消失了。因爲用作內容的不再是絕對本身，而是一種有定性有局限的意義，而且在意義和它的形象化之間所作的自覺的劃分之中，形成了一種本來也是不自覺的象徵表現所要達到的那種關係，不過現在是用一種自覺的比喻來形成的。

就內容來說，絕對或唯一主宰已不再能被理解爲意義，因爲具體存在和概念既分開，而又並列在一起（儘管是比擬地並列），對於藝術意識來說，它既然把這種形式看作最後的恰當形式，就已認定有限作爲內容了。在宗教詩裡情況卻不如此，神是一切事物中的唯一意義，在神面前，一切事物都顯得是可消逝的、空虛的。但是如果意義可以從本身有局限的有

---

❶ 偶然附屬品即有限事物，包括自然和人；有限事物在實體面前顯得是消極的，在智慧慈善等方面都無法和實體（神）比擬。

限事物中找到它的類似形象或比喻，那麼，意義本身就會更是有局限的，因爲在我們所討論的這個階段裡，外在於內容的單憑詩人任意選擇的形象，由於和內容有某些類似點，就被認爲是相對恰當的形象。所以比喻的藝術形式從崇高那裡只保留下這一特點：每一個形象都不能充分地如實地把要旨和意義表現出來，它只是意義的一種圖形和比喻。

因此，這種象徵方式在整部藝術作品裡成爲基本類型時，只能算是一個次要的種類。因爲它所用的形象只不過是一種直接感性存在或事件的描繪，是應和意義明確地區別開來的。但是如果藝術作品是只用一種題材來造成的，而且在表現上形成一種不可分割的整體，這種比喻就只能作爲附帶的因素才有用，例如在古典型藝術和浪漫型藝術的作品裡，它只用來作爲一種雕飾或附屬品。

所以我們如果把這整個階段（自覺的象徵）看作前兩個階段（崇高和眞正的象徵）的統一（因爲它既有崇高所根據的那種意義與外在現實事物之間的分裂，又有在眞正的象徵裡出現的那種用具體現象去暗示一種相關聯的普遍意義的方式），這種統一也不能形成一種較高級的藝術形式，而只能形成一種雖清楚而卻膚淺的構思方式，在內容上是窄狹的，在形式上多少是散文氣的，既沒有眞正象徵的那種祕奧的深度，又沒有崇高的那種高度，而是從這兩個階段降低到平凡的意識。

如果要就這一領域進行較確切的分類，我們就會發現在各種比喻之中，意義本身總是前提，和它相對立的是一個與它有關聯的感性形象，一般總是意義放在首要地位，而形象則只是單純的外衣和外在因素；不過另一方面也會發現這樣一個差別：這兩方面之中，有時是這一方面，有時是那一方面首先出現，作爲出發點。這就是說，有時是形象作爲一種獨立的外在的直接的自然的事件或現象擺在那裡，要從此見出一種普遍的意義，有時是意義先單獨地出現，然後替它從外面挑選一個形象。

在這裡我們可以分辨出兩個主要類別。

(1)在第一類裡，具體現象（不管是從自然還是從人類事蹟和行動中採取來的）一方面構成出發點，另一方面也構成表現的主要方面。這具體現象當然只是由於它所包含的和顯示的一般意義，才被挑出來，它得到加工或發展，目的就在於運用相關聯的個別情況或事件去表達出這個一般意義；但是這種普遍意義與個別事例之間的比喻，還不是明確地作爲主體的活動而表現出來，整個表現還不只是一種單純的裝飾品，去裝飾一件本來無須裝飾的獨立自在的作品，而是著意要顯得本身就是一個整體而出現的。屬於這一類的有寓言、隱射語、宣教故事、格言和變形記。

(2)在第二類裡，意義是首先呈現於意識的，而意義的具體形象則只是次要的附帶的東西，本身沒有獨立性，完全隸屬於意義，所以選這個形象而不選那個形象來進行比喻，就取決於主體的任意性。這種表現方式在大多數情況下產生不出獨立自在的藝術作品，所以只應用來參加到其他藝術形象裡去作爲附屬的因素。屬於這一類的有謎語、寓意的作品、隱喻、意象和顯喻。

(3) 第三，我們還可以附帶地提到教科詩和描寫詩。在這兩種詩創作方式裡，前者只是把一般意識理解得很清楚的對象的一般性質換個方式去顯示出來，後者是把具體現象的描繪看作獨立的，本身就有意義的，因而都是把只有在統一和互相滲透中才能產生眞正藝術作品的內外兩個因素完全割裂開來了。

藝術作品中的這兩種因素的割裂，就使得屬於這一範疇的各種體裁幾乎完全落在語言藝術（文學）範圍裡，只有詩才能表達出這種意義與形象的各自獨立，而造型藝術的任務則在於用外在形象去顯示出內在意義。

一、從外在事物出發的比喻

如果我們設法把比喻的藝術形式，所應分成的一些不同的詩創作方式安排成爲一些明確的主要種類，我們就會碰到困難、感到費力。它們都是一些處於附屬地位的混種，簡直見不出藝術的必要的因素。它們在美學裡所處的地位，一般就像某些動物變種或其他自然界偶然現象在自然科學裡一樣，困難都在於要經過劃分而顯出差異的正是自然和藝術這兩個概念本身。作爲同一概念下的差異，它們就應理解爲眞正符合概念的差異，而上述那些過渡性種類卻不能納入符合概念的差異裡去，因爲它們只是些還有缺陷的形式，剛離開發展的前一階段而還不能達到下一階段。這裡過錯並不在於概念。如果我們用作分類標準的不是事物概念的發展階段，而是上述那些附屬種類，本來不符合概念的發展方式就被看成是符合概念的了。正確的分類必須根據正確的概念，混種體裁只能看作正常的、固定的種類在開始分化和過渡到新種的過程中所產生的變種。

上述那樣變種屬於象徵型藝術的藝術前階段，因爲它們一般是不完全的，因而只是追求眞正藝術的一種企圖，儘管具有造成眞正形象的因素，但是只就有限、分裂和單純的聯繫方面去掌握這些形象，所以仍然處在附屬的地位。所以我們在談寓言、隱射語、宣教故事之類體裁時，並不是把它們看作眞正屬於既有別於造型藝術又有別於音樂藝術的詩這一門藝術，而是著眼到它們從某種觀點看，畢竟和一般藝術形式有一種關係，也就是從這種關係，而不是從詩藝術的眞正種類，即史詩、抒情詩和戲劇詩這些種類的概念，才能說明這些附屬種類的特性。

我們把這些種類劃分如下：先討論寓言，接著順序討論隱射語，宣教故事和格言，最後討論變形記。

1. 寓言

前此我們所已討論的都只涉及一個明確的意義和它的形象之間關係的形式方面，現在我們所要討論的卻涉及適合於這種表現方式的內容。

拿崇高來比現在所討論的這個階段，我們已經看到現階段的象徵方式所要表現的，並不是絕對太一通過有限事物的空虛和渺小，而顯示它的不可分割的威力，我們現在所處的是意識的有限階段，因而也是內容的有限階段。另一方面，如果拿眞正的象徵來比現階段，我們發現眞正的象徵所採取的也是一種比喻的藝術形式，但是，前此與直接的自然形象相對立的（像在埃及的象徵表現裡所已見出的）那種內在因素已變成精神因素。不過那個自然因素既然被看成和表現成爲獨立的，精神因素也就成爲一種得到定性的有限的東西，亦即人和他的有限的目的；而自然因素則和人的這些目的發生一種關係（儘管還只是認識性的關係），或則說，成爲暗示和揭露這些目的的一種工具，以便效用於人類，爲人類造福。因此，自然界現象，例如暴風雨、鳥的飛翔、動物內臟情況之類，就取得一種和波斯人、印度人或埃及人所了解的完全不同的意義。對於這些民族來說，神與自然還是以這種方式統一起來的：那就是自然界的人是由一個許多神的世界圍繞著的，他自己的所作所爲就是要在行動中實現神與自然的統一；因此，這種作爲，既然是符合神性的自然存在的，也就顯得是神性在人身上的顯現和實現。但是等到人返躬內省，隱約感到自己的自由時，他自己就憑自己的個性來抉擇自己的目的；他就按照自己的意志去行動和工作，他過著一種他自己所特有的自我中心的生活，感覺到他的目的的基本性質都取決於他自己，而自然事物對這些目的只有一種外在的關係。因此，自然在他四周就分裂成爲個別孤立的事物來爲他服務，使得他在涉及神性方面不能在自然中看到絕對，而只把自然看作神們的一種手段，用來使人認識到如何盡善盡美地達到他的目的；因爲神們通過自然的媒介向人的心靈啓示他們的意志，讓人去解釋這種意志。

這裡也假定了絕對與自然事物之間的一種統一，其中主要方面卻是人的目的。不過這種象徵方式還不屬於藝術，它仍是宗教性的。預言家們就自然現象來解釋意義，主要只是爲實踐的目的，或是有利於某一個人的某一計畫，或是有利於全民族的共同行動。詩卻不然，它需用一種比較普遍的認識性（感性觀照）的形式去認識和表現縱使是實踐性的情境和關係。

所以我們在這裡（從外在事物出發的自覺的象徵表現）所要討論的是一種自然現象或事件，其中包含著一種特殊情況或過程，可以用作一種象徵，去表現人類行動和希求的範圍中的某一普遍意義、某一倫理的教訓，或某一種爲人處世的箴言：總之，這裡所說的意義，就內容來說，是一種關於人的事情，即意志方面的事情，應如何處理的感想。這裡所涉及的已不再是神的意志，通過自然事件和宗教的解釋，按照其內在意義來啓示給人，而是一種極平常的自然事件的經過，從這中間可以個別地用易爲人所理解地方式抽繹出一種道德格言、告誡、教訓或箴規；因爲其中含有這種感想的緣故，就把它表達出來，供感性觀照。

這就是《伊索寓言》❷在這裡可以占到的地位。

(1)就它的原始形狀來看，《伊索寓言》正是這種對一般自然界事物之間，特別是動物

---

❷伊索（Aesop）是西元前六世紀的一個住在小亞細亞腓尼基的奴隸，他的寓言到西元後譯成希臘文，其中摻雜了一些旁人的作品，來源頗複雜，大半出自中東民間，不應記在歐洲文學史的帳上，但在歐洲影響頗大，有許多摹仿者，例如法國的拉芳丹和德國的萊辛。

之間的一種自然的關係或事件的認識。這些動物的本能起於生活的需要，人類作為有生之物也受這些需要驅遣。所以這種關係和事件，按照它的一般定性來理解，是在人類生活範圍裡也會發生的。只是憑這種關聯，它對人才有意義。

眞正的《伊索寓言》正是符合這個界定，它描述自然界生物或無生物的某一種情況，或是動物界的某一事件，這種情況或事件並不是憑空虛構的，而是憑忠實觀察從實際情況中得來的，接著加以敘述，特別著眼到要使人可以從它對人類生活特別是實踐生活的關聯，也就是對行為方面的智慧與道德的關聯中，獲得一種帶有普遍性的教訓。所以第一個要求就是要提供所謂道德教訓的具體事例不只是虛構的，特別不是違反這類現象在自然界實際狀況而虛構的。其次，所用的事例不能就它的普遍性來敘述，而是要就它的具體個別情況，把它作為一件眞事來敘述——外在現實界所發生的一切事件本來都是具體個別的。

第三，寓言的這種原始形式具有最高度的素樸性，因為從其中抽繹出教訓的目的，以及普遍適用的意義都是後來的事，並非從開始就存著這種意圖的。所以伊索的許多寓言之中最有吸引力的是那些符合上述界定的，所敘述的行動（如果在這裡可以用「行動」這個詞）、關係和事件部分地根據動物的本能，部分地表現一種其他自然情況、部分地據常理，事出有因，不只是由隨意設想而拼湊起來的。從此容易見出，在《伊索寓言》的現在的版型上所附載的銘語（fabula docet）不是把描述沖淡，就是往往產生「以拳擊眼」（不相稱）的效果，會使人從中看出相反的教訓或是比原義較好的教訓。

現在可以舉一些實例來說明《伊索寓言》的這種特性。

橡樹和蘆葦同遭到狂風暴雨的襲擊，脆弱的蘆葦只被吹彎了，而堅強的橡樹卻被吹斷了。這種事在狂風暴雨中是經常發生的；如果就它所含的道德教訓來看，這就是一個身居高位不易屈撓的人由於頑強而遭到毀滅，而一個比較卑微的人卻由於軟滑而保全住他的卑微的地位。斐笁魯斯[3]寓言裡燕子的故事與此也頗類似。燕子們和一群旁類鳥鵲看到一個農民在播種麻籽，麻是準備用來織網捕鳥的。燕子們有遠見，就從那地方飛走，其他鳥鵲卻不相信，仍留在那裡，後來就被捕了。這也是根據一種眞實自然現象的。大家都知道，燕子到秋天就飛到南方去，所以到了捕鳥的季節就已離開了。蝙蝠的寓言也有類似情況，它既不屬於白晝，又不屬於黑夜，所以晝夜都遭到鄙視——從這些散文氣的現實事例中總可以看出一種涉及人事的普遍意義，就像現代有些虔信宗教的人，遇到任何事物都會從中找到一種有益的教訓一樣。不過也並不是在一切場合裡自然現象都必須是瞭若指掌。例如在狐狸和烏鴉的寓言裡雖然也不是完全沒有現實中的事實做基礎，但是這種現實中的事實卻不是一眼就可看出的。烏鴉及其他鴉類的特性是一見到走動的陌生的對象、人或是動物，就呱呱地叫起來。荊棘叢的寓言也是根據類似的自然情況，荊棘叢扯去過路動物的毛或是傷害暫來棲息的狐狸。

---

❸ 斐笁魯斯（Phaedrus），西元一世紀羅馬寓言家，他的寓言中有很多是抄襲伊索的。

此外還有鄉下農民把一條蛇放在懷裡讓它取暖的寓言也是如此。其他寓言所寫的事件也都是在動物界自然會發生的；例如《伊索寓言》中頭一個說到老鷹把狐狸的幼仔吃掉之後，把一塊帶著炭火的祭供肉啣回，因而使自己的窩失火。最後，還有些寓言包含古代神話的片段，例如甲殼蟲、鷹和天神朱彼特的寓言，其中自然情境（眞假暫可不管）是鷹和甲殼蟲的產卵期不同，但是同時也顯然涉及甲殼蟲在傳說中的重要地位[4]，把它寫得頗有喜劇性，後來在阿里斯托芬的作品裡更是如此。[5]究竟有多少寓言眞正是伊索本人作的呢？這裡只能說只有很少數，如剛才提到的甲殼蟲和老鷹之類，才是公認爲出於伊索手筆的，或則說它們夠古老，可以認爲是伊索作的。

關於伊索本人，據說他是一個畸形的駝背的奴隸，他的住處據說在佛里基亞，[6]這可以說是這樣一個國度：它標誌著由直接的象徵方式，即約束在自然事物上面的象徵方式[7]過渡到另一國度，其中人開始認識精神和他自己。在這種情況下，伊索當然不像印度人和埃及人那樣，把動物界乃至一般自然界看作本身高尚的帶有神性的東西，而是用散文氣的眼光把它們看作具有某些情況，可以用來表達人類所爲和所不爲的事。他所想到的東西只顯出一些聰明勁兒，說不上精神的力量、見識的深度以及對實體的觀點，他沒有詩也沒有哲學。他的見解和教訓很富於常識、很機警，但是終不免小題大做，沒有憑自由的精神創造出自由的形象，而只是就既定的現成的材料，例如動物的某些本能和衝動以及微細的日常事件之類，見出某種可以引申推廣的意義——因爲他不能把他的教訓明白說出，只能以謎語的方式把它隱蔽起來讓人猜測，其實馬上也就可以猜測出來的。散文起於奴隸，寓言這種散文體裁也是如此。

儘管如此，各民族各時代都用過寓言這個古老的創作方式。每個民族在文學領域裡一般都有寓言，都以不只產生一個寓言家而自豪，不過他們的作品大半是原始寓言的翻版，每次翻版都設法投合當時的趣味。這些寓言詩人對這方面遺產的貢獻都完全落後於他們的藍本。

(2)但是在伊索的寓言之中也有很大一部分在構思和表達的方式上都很枯燥，它們純粹是爲教訓的目的而想出來的，以致獸和神都變成一樣打扮。不過它們還不像近代寓言那樣歪曲動物本性，例如普夫費爾❽的田鼠的寓言，其中一個田鼠積食防冬，另一個田鼠沒有這種預見，就落到饑餓和行乞的境地；再如他的狐狸、獵犬和山貓的寓言，敘述這三種動物各帶自己的專長——狡猾、嗅覺銳敏和視覺銳敏——去見天神，央求他把這三種專長平均分配給

❹ 甲殼蟲是古埃及人崇拜的對象，他們常把寶石刻成甲殼蟲形，用作護身符。

❺ 阿里斯托芬在喜劇裡可能吸取了《伊索寓言》中某些喜劇性因素，他譏誚蘇格拉底，說他有一次仰頭張口默想，甲殼蟲下糞，剛好落到他口裡。

❻ 佛里基亞，古代小亞細亞的一個城邦。

❼ 即印度和埃及直接用自然事物的象徵方式。

❽ 普夫費爾（R. Pfeffel），十八世紀德國寓言詩人。

它們，天神應允了，但是又下令叫「狐狸的頭要打昏，獵犬不得再打獵，山貓的眼應起白障」，田鼠不得再積食，上述三種動物應平分專長，這些都完全違反它們的本性，所以這種寓言就枯燥無味。螞蟻和蟬或是角美腿瘦的鹿的寓言就比這些較高明。

人們對這類寓言都習以爲常地首先想到道德教訓，所敘的事件本身只是一種外衣，只是爲著闡明教訓而完全虛構出來的。但是這種外衣，特別是在所述事件不符動物本性的時候，是最枯燥無味的毫無意義的作品。因爲寓言的巧妙在於把尋常現成的東西表現得具有不能立即察覺的普遍意義。

此外，在假定了寓言的本質只在於讓動物代替人來行動和說話這個前提之下，人們曾經提出這樣的疑問：這種替換究竟有什麼吸引力呢？這種把人打扮成爲動物的把戲不可能有多大吸引力，如果在猴子和狗的喜劇之外還要求更多的或不同的東西——其實在這種喜劇裡唯一的興趣，除掉打扮得巧妙之外，就在於動物的本性和外貌與人類行爲之間的對比。布萊丁格[9]因此把驚奇看作寓言的眞正的魔力。但是在原始的寓言裡，出現能言的動物並不曾被人看作不尋常的可驚奇的事。因此萊辛就認爲運用動物對於使敘述簡潔易懂是一個很大的方便，因爲動物的特性，例如狐狸的狡猾、獅子的寬宏大量和豺狼的殘暴，都是人所熟知的，所以利用動物就可以避免狡猾、寬宏大量之類抽象概念，而代之以具體的形象。但是這種方便並不能根本改變單純打扮的猥瑣情況，而且拿動物來替換人在大體上也有不方便處，因爲動物形象畢竟是一種假面具，談到易懂，它對於意義能說明也能隱蔽。

屬於這類的最傑出的寓言應當是列那狐[10]的古老故事，可惜它不是一篇眞正的寓言。

(3) 作爲第三階段，我們可以舉下面的一種處理寓言的方式來結束本節所說的話，不過這最後的一種已開始越出寓言的範圍。寓言的巧妙一般在於從多種多樣的自然現象之中，找出一些事例，可以用來證明關於人的行爲儀表的帶有普遍性的感想，同時卻不致歪曲動物界和自然界的眞實生活情況。至於把所謂道德教訓和個別事件聯繫配搭起來，這卻只出於作者的任意幻想和巧智，因而單就它本身看，只是一種戲謔。在這第三階段所出現的寓言就屬於這一種。寓言的體裁是用在戲謔方面的。歌德用這種體裁寫過許多巧妙的饒有風趣的詩，下面的《吠犬》就是一個例子[11]：

騎馬大街小巷，
我自作樂寻歡；
馬後汪汪狂吠，
犬乎汝太顛狂！

---

❾ 布萊丁格（Breitinger, 1701-1767），瑞士屈黎西派文藝理論家，著有《批判的詩學》。

❿ 「列那狐」是中世紀在法國和德國民間流行的關於禽獸（特別是狐狸）的一些諷刺性的小故事。

⓫ 窺詩意似是譏誚批評家們。

守廄是汝本分，
爲何馬後追蹤！
如此喋喋不休，
只爲報我行程。

但是在這種寓言裡，也像在《伊索寓言》裡一樣，所用的自然界形象需按照它們的眞實性格而描繪出來，在它們的動作和希求之中需展示出和它們極相類似的人類的情況、情慾和性格特徵。上文提到的列那狐就屬於這一類，不過故事的成分較多，眞正寓言的成分較少。其中內容反映出一個無秩序無法紀的時代，邪惡、軟弱、卑鄙、殘暴、魯莽、不信宗教，宗教在塵世生活只維持一種表面的統治和法律，這些情況導致到處取得勝利的只是狡猾、奸詐和自私自利。這就是中世紀的情況，在德國特別猖獗。強大的封建公侯雖然在表面上對國王恭順，實際上是爲所欲爲、搶劫、謀殺、壓迫弱者、背叛君主、設法邀王后的恩寵，所以這些故事還可勉強維持住一個融貫的整體。這就是涉及人類的內容，但是它在列那狐的故事裡卻表現爲情況和性格的整體而不是以抽象的語句表達出來的，由於這種內容的邪惡，它也就符合用來作爲它的表現形式的那種動物本性。因此，把事變的經過完全放到動物界，也並不使人感到離奇，而這種打扮也不致顯得只是一些湊在一起的個別事例，它的個別性被消除了，顯現給我們看的是一定程度的普遍意義，使我們感覺到：世間事原來一般如此。滑稽的風趣就在於這種打扮本身，其中戲謔和玩笑是和主題的辛辣的嚴肅性結合在一起的；這種打扮把一般人性納到動物界的框子裡突出地表現出來，而對動物界本身也描述出許多最有趣的特徵和最能顯出特徵的故事，所以儘管它尖酸，我們卻覺得擺在面前不是一種邪惡的任意的東西，而是一種有眞實意圖的嚴肅的戲謔。

2. 隱射語、格言和宣教故事

A. 隱射語⑫

隱射語和寓言有一個一般的類似點：它也採用日常生活範圍中的事件，但是它賦予這種事件的目的以一種較高較普遍的意義，用意在使這種意義通過單就本身來看的日常事件成爲可理解可觀照的。

但是同時隱射語和寓言也有區別：它所用的日常事件不是取自自然界和動物界，而是取自人的行動和希求，這是每個人一眼看到就很熟悉的；它所選取的個別事例本身像是微不足道的，但是它這一個別事例暗示出一種較高的意義，因而使它具有較普遍的興趣。

因此，就內容而言，意義在範圍上擴大了，在含蓄豐富上加深了；就形式而言，有意識

⑫ 隱射語（Die Parabel）實際上仍是一種寓言，在西方，文藝批評家把它另立一名目。下文宣教故事（Aplogie）也是如此。

的比喻和對普遍教訓的抽繹所顯出的主體作用現在就更為突出了。

隱射語古時還是與一個完全實踐性的目的結合在一起的，例如居魯斯[13]用來煽動波斯人造反的那個隱射語（希羅多德的《曆史》卷一，一二六章），他寫信給波斯人，叫他們攜帶鐮刀到一個指定的地方去。到了那裡，他命令他們把地裡荊棘砍光，做了一天苦工，把那塊地變成可耕種的地。第二天，他們休息過、洗了澡，他把他們帶到一個草地上去，用豐盛的酒肉犒勞他們。歡宴之後，他問他們這兩天之中哪一天使他們感到最快樂。他們都一致說是第二天，因為給他們帶來的都是些好東西，而第一天卻是辛苦勞累的一天。接著居魯斯就大聲喊道：如果你們跟我走，將來還會有許多像今天這樣好的日子過；如果你們不跟我走，就會有數不盡的像昨天那樣勞苦的工作等著你們。

我們在《新約》的幾篇《福音》裡所見到的隱射語和上引的例子頗類似，但是在意義上具有遠較深刻的興趣和遠較廣泛的普遍性。例如播種人的故事[14]本身是很平凡的，替天國的教義打比喻，才見出它的重要意義。這個隱射語的意義完全是宗教的教義，運用人事來加以形象化，它在教義和人事之間見出關係正如《伊索寓言》在人事與動物生活之間見出關係一樣。

就內容涵義之廣來看，薄伽丘的著名的故事和福音裡的隱射語也頗類似，萊辛在《智者納丹》裡把它改成三個戒指的故事[15]。單就它本身來看，這個故事也是很平常的，用來暗示猶太教、伊斯蘭教和基督教三種宗教的差別和合法性，內容就顯得極其廣泛了。如果從最近的運用這種體裁的作品中舉例，我們可以舉出歌德的一些隱射語，例如《貓肉餅》。在這篇故事裡一位俏皮的廚師同時又要當獵人，但是打到的不是一隻兔子而是一隻貓，他拿出他的最好的手藝把貓烹調好，就款待了客人。這當然隱射牛頓，充兔肉餅的貓肉餅隱射數學家牛頓在物理學方面的不成功的試探。歌德的這類隱射語，像他的寓言一樣，往往取戲謔的口吻，藉此排遣他在生活中所遭遇到的煩惱。

B. 格言

在這個從外在事物出發的比喻的領域裡，格言處在中間地位。它有時可以轉化爲寓言，有時又可以轉化爲宣教故事。在大多數情況下，格言從人的日常生活中採取某一個別事例，但使它具有一種較普遍的意義。例如「一隻手洗另一隻手」，「各人自掃門前雪」，「替旁人掘墓的人自己要落到墓裡」，「你給我解饑，我就給你解渴」，如此等等。雋語警句也屬

---

⑬ 居魯斯（Cyrus）號召波斯人民起義，反抗當時的暴君，做了波斯王，征服了亞洲西部許多國家。他生在西元前六世紀。

⑭ 播種人的故事見《新約．路加福音》第八章，耶穌用種子所落到的土壤不同，結實不同，來比喻上帝的道理說給不同的人聽，就會起不同的作用。

⑮ 萊辛的《智者納丹》採用薄伽丘的《十日談》中「三戒指」的寓言，來代表猶太教、伊斯蘭教和基督教，要旨在宣揚宗教方面的思想自由和容忍。

於這一種，在近代歌德也寫得很多，非常美妙而深刻。

在這類比喻中普遍意義和具體表現都不是分裂開來、互相對立，而是形象恰好表達意義的。

C. 宣教故事

第三，宣教故事也可以看作一種隱射語，它不僅以比喻的方式運用個別事例去使一種普遍的意義呈現於感性觀照，而且在這個個別事例的外衣本身上就帶來並且表達出一種普遍的教訓——因爲這個普遍的教訓實際上就已包含在這個個別事例裡，儘管這是只作爲個別例證而敘述出來的。在這個意義之下，歌德的《神與舞女》就可以稱爲宣教故事。這是基督教中的懺悔的抹大拉的馬利亞的故事[16]採取了印度的打扮。印度舞女[17]顯示出同樣的卑屈，在愛和信仰上同樣堅強，上帝考驗了她，她經受住考驗，因而得到了崇敬和赦宥。在宣教故事裡，敘述的進行方式使得故事的結局無須經過比喻就可以見出教訓本身，例如《掘寶者》：

日裡工作，夜宴賓朋，
辛苦一週，歡宴稱心，
這就是預示你的未來的讖語。

3. 變形記⑱

我們需把它和寓言、隱射語、格言，以及宣教故事分開來談的是第三種體裁，即變形記。這類作品當然具有象徵的神話的性質，但是把精神界事物和自然界事物明確地對立起來，使一種現存的自然界事物，例如岩石、動物、花或泉水之類，具有一種特殊的意義，即精神界事物的墮落和所受的懲罰，例如斐羅米爾、庇耶里德九姊妹、納西瑟斯和阿瑞杜莎⑲

---

⑯ 抹大拉的女人（Magdalene）即《路加福音》第八章吻耶穌腳的那個妓女，因爲她懺悔，耶穌免了她的罪。

⑰ 歌德的「Bajadere」的主題是一個印度妓女因懺悔而得到赦宥。

⑱ 變形記（Metamorphosis Verwandlungen），源出紀元前一世紀羅馬詩人奧維德（所著的《變形記》，專指神和人變成鳥獸木石之類。

⑲ 斐羅米爾（Philomele）希臘傳說中雅典國王的公主，被姊夫特魯斯（Tereus）強姦，並割去舌頭，以免洩露祕密，她把這件事繡在一幅帷幕上，讓姊姊普洛克涅（Prokne）知道了，普洛克涅忿恨之下把兒子殺死作餚給丈夫吃，丈夫發現了，拔刀要殺這姊妹兩人，正在這緊要關頭，天神把姊夫變成一隻戴勝鳥，姊姊變成一隻燕子，而斐羅米爾則變成一隻夜鶯。庇耶里德九姊妹（Pieriden）和女詩神們比賽歌唱，比敗了，都轉化爲啄木鳥。納西瑟斯（Narcissus）是一個美少年，但從來不感到愛情，命運神設法讓他從泉水裡看自己的影子，他一見就鍾情，跳下去擁抱它，死後變爲水仙花。水仙花在西文中所以就叫做納西瑟斯。阿瑞杜莎（Arethusa）是希臘神話中的女水神，河神阿爾菲斯（Alpheus）愛上她，跟著她後面追趕，兩神都變成地下泉，在海底下流了一段路，在西拉庫斯島附近匯合，於今那地方還有一條泉叫做阿瑞杜莎泉。

之類都由於某一種錯誤、情慾或罪過，墮落到無窮的罪孽災痛裡，因而被剝奪去精神生活的自由，轉變成爲一種自然界事物。

所以從一方面看，自然界事物不只是看作一種外在的散文式的東西，例如山、泉、樹木之類，而是另外還給它一種與出自精神的行動或事蹟相聯繫的內容。岩石並不只是一塊頑石，而是尼俄伯本人在爲她的兒女哀泣[20]。從另一方面看，這裡的人的行動代表著一種罪過，變形爲一種自然現象則代表著精神界事物的墮落。

因此，我們需把人和神變形爲自然界事物的情況和眞正的不自覺的象徵方式區別開來。在埃及，有時是用動物的祕奧的孤立的內在生活，直接顯示出神性的東西，有時用眞正的象徵，就是用一種自然形象，與一種較廣泛的相關聯的意義直接地結合成爲一體，儘管這種自然形象還不能充分表達這意義的實際存在，因爲不自覺的象徵方式，無論在內容還是在形式方面，都還沒有成爲精神的自由觀照的對象。變形記這種方式卻不然，它在自然與精神之間見出本質的區別，所以在這方面形成由象徵性的神話到眞正的神話的過渡——如果把眞正的神話理解成這樣：在它的具體神話裡，它儘管是從太陽、海、河、樹、大地之類具體的自然事物出發，卻把其中純然自然的方面劃分開來，取出自然現象中的內在意義，把它作爲一種由精神灌注的力量，用適合的藝術方式，把這力量個性化爲內外兩方面都具有人形的神。荷馬和赫西俄德就是用這種方式去初次替希臘人創造出神話，不把神話當作只是顯示神們的意義，或是闡述道德的、物理的、神學的或哲理的教義，而是把它當作單純的神話，即用人體形狀去體現精神性的宗教的開始。

在奧維德的《變形記》裡，除掉完全近代的神話處理方式之外，還把在性質上最不同的東西拼湊在一起。其中有些變形一般只能看作神話表現方式的一種。除此之外，這種形式（體裁）的特殊性質在這些故事裡顯得特別突出，其中這種一般看作象徵的乃至完全看作神話的形象表現像是轉化爲變形記，使本來意義與形象的統一變成對立，或是由其中一項轉變到另一項（意義或形象）。例如佛里基亞或埃及的狼這個象徵從它固有的意義割裂開來，變成不是太陽就是一個國王的前生，狼的生存就被看成人類生存的一種行動的後果[21]。再如在庇耶里德九姊妹所唱的歌裡，埃及的羊神、貓神之類都是按動物形狀描繪出來的，但是這些形狀的背後都隱藏著希臘神話中的天神、女愛神等等，這些神好像由於恐懼才這樣藏起來。庇耶里德九姊妹卻由於敢和女詩神們比賽歌唱而受到變形爲啄木鳥的懲罰。

從另一方面看，爲著界定得比較精確，弄清形成意義的內容，還要把變形記和寓言區別開來。在寓言裡，道德教訓與自然界事情的結合是一種無害的[22]結合，其中自然還沒有和精

---

[20] 尼俄伯（Niobe）自誇兒女多，勝過阿波羅的母親只生了阿波羅和他的妹子阿特米斯，這兄妹二神把她的十四個兒女全殺掉，只剩下一個，她自己被轉化成爲一塊石頭，雕刻中常刻畫她的哭像。

[21] 「人類生存」指「國王」的生存。他作了孽，才投胎爲狼，這就是「行動的後果」。

[22] 「無害的」即平板的，見不出矛盾衝突的，參看第一卷第三章注86。

神區分開來，所以還只是作爲一種自然的結合而出現，然後才配上意義；儘管《伊索寓言》裡也有些個別的例子只需略加改動，就會變成變形記，例如第四十二篇蝙蝠、荊棘和潛水鳥的寓言[23]，把這三種東西的各自的本能解釋爲過去做的事情的結果。

以上所述，已把比喻的藝術形式第一類都討論到了。這一類都是從現成的具體現象出發。現在我們可以進一步討論比喻的藝術形式第二類，即從意義出發的一類。

二、在形象化中從意義出發的比喻

如果在意識中假定的前提是意義與形象的分裂，而在這種分裂之中又要意義與形象顯出關係，在這種意義與形象各自獨立的情況下，就可以而且就必須從其中一方面出發，從外界存在的事物出發，或是從內心中的一般觀念、感想、情感和基本原則之類出發。因爲這種內在的東西也和外在事物的形象一樣，是一種在意識中存在著的東西，在它不依存於外在事物的情況之下，它是由它本身生發出來的。如果意義這樣成了出發點，它的表現或現實存在就是從具體世界借來的一種手段，用來使抽象的內容意義成爲可想像、可觀照、可以從感性方面界定的對象。

意義與形象既然互相分裂，而同時又得假定二者之間有關係，這種關係，像上文已經說過的，就不是一種絕對必然的互相依存的關係，因此二者之間的關聯就不是客觀地存在於事物本身，而是一種由主體造作成的。這種主體性通過表現的方式不是要隱藏起來，而是要讓人認識到的。絕對的形象㉔需有內容與形式的緊密聯繫，即靈魂與肉體的緊密聯繫，起具體的灌注生命的作用，形成既根據內容和靈魂，又根據形式與肉體的內外兩個對立面的自在自爲的統一體。在我們所談的這種比喻裡，這兩對立面的互相外在卻是假定的前提，因此，它們的結合純粹是一種主體作用，使意義通過外在於它的形象而獲得生命，同時也是憑主體作用去解釋一種現實存在事物的意義，把這種事物聯繫到原來屬於精神的觀念、情感和思想上面去。因此，在這類比喻形式裡顯得突出的是詩人（作爲創作家）的主體方面的藝術，而在完善的藝術作品裡也是主要地要從這方面著眼，才能分辨出哪些因素屬於事物和它們所必有的形象表現，哪些因素是詩人所附加上去的雕飾。正是這些不難認出的附加品（主要是意象、類比、寓意和隱喻）是詩人從大多數人獲得聲譽的東西，其中有一部分的讚賞要歸功於詩人的聰明才智，以及他所特有的主體方面的創造力。不過在眞正的藝術作品裡，像上文已經說過的，這些附加品只能看作次要的因素，儘管過去的詩學著作往往把這些次要的因素和

㉓ 蝙蝠、荊棘和潛水鳥結夥航海經商，遇風浪翻船，把所有的東西都喪失了。它們脫險上岸，潛水鳥便老待在岸上等著它所丟掉的紅銅翻上海面來，荊棘老是絆住行人的衣服，看那衣服是否是自己的，蝙蝠怕見債主，白天不敢出現。

㉔ 即理想的藝術形象。

詩之所以爲詩的主要因素相提並論。

但是要結合在一起的意義和形象兩方面既然是本來互不相關的，爲著使主體的聯繫和比擬有理由可辯護，所用的形象在內容上就應該包含有與意義確有某種關聯的情況和特性。對這種類似點的掌握是使意義具體化時所必依據的唯一基礎，通過它才能把某一意義結合到某一形象。

最後，既然不是從具體現象出發，去從其中抽繹出一種普遍意義，而是從這種普遍意義本身出發，去使它反映到一個形象上，意義實際上就顯現爲眞正的目的，對形象就要起統治作用，因爲形象只是意義的顯現手段。

我們將依下列次第，來討論屬於這個範圍的一些特殊體裁：

第一，我們先要談謎語，它與前一階段的那些體裁最相近；

其次談寓意，其中突出的特徵是抽象意義對外在形象的統治；

第三是眞正的比喻：隱喻、意象比譬和顯喻。

1. 謎語

眞正的象徵本身就帶有謎語的性質，因爲要用來使一種普遍意義呈現於感性觀照的那種外在事物，還是和它所要表現的意義分別開來的，因而就使人懷疑那個形象究竟指什麼意義。但是謎語卻屬於有意識的象徵，它和眞正的象徵的區別在於製謎語的人完全清楚地意識到謎語的意義，因而著意選擇出一個形象把這個意義隱藏起，去讓人猜測。眞正的象徵始終都是一個未解決的課題，而謎語則是自在自爲地解決了的。所以桑丘．潘莎[25]說得很對：他寧願先聽到謎底，然後才聽到謎面。

(1) 所以頭一點是在製造謎語時，出發點是意識到的意義。

(2) 然後第二步就是從原已熟悉的外在世界中，挑選一些原來分散雜亂的個別特徵和屬性（這些在外在自然中一般是分散雜亂的），用不倫不類的因而顯得奇特的方式，把它們結合在一起。因此，它們缺乏由主體起綜合作用的統一，而它們的有意圖的並列和結合也正因爲是有意圖的，本身沒有內在的意義。但是從另一方面看，它們卻也指出一種統一，聯繫到這種統一，它們這些顯然最不倫不類的個別特徵畢竟獲得一種意義和解釋。

(3) 這種統一，作爲雜亂賓詞的主詞，就是謎底所含的那個簡單的觀念，要從表面很錯綜複雜的外衣中去發現或猜出這謎底，這就是謎語的課題。就這一點來看，謎語是一種有意識的運用象徵的戲謔，它考驗人們的機巧和拼湊配合的本領，它的表現方式既然引人對謎語進行猜測，猜出了，它自己就消滅了。

所以謎語主要地屬於語言的藝術，儘管它在造型藝術裡，在建築、園藝和繪畫裡也可以

㉕ 桑丘．潘莎是塞萬提斯的《唐吉訶德》中的一個滑稽角色。

有地位。它的歷史上的發祥地主要在東方，產生在由較幽暗的象徵方式轉到見出智慧與普遍性的較有意識的象徵方式之間的過渡時期。過去常有整個民族和整個時代欣賞解謎語的玩藝兒。在中世紀，在阿拉伯人和斯堪地那維亞人中間，以及在德國詩裡（例如在瓦特堡的歌詠競賽中）都起過很大的作用[26]。在近代，謎語降落到娛樂和社交遊戲的地位。

此外還有奇思妙想的無限廣闊的領域也可以附在謎語範圍裡，例如文字遊戲（音義雙關之類）以及就某一情況、事件或事物所作的雋語。這裡一方面是一個無關緊要的對象，另一方面是一種主觀的幻想，出乎意料地以卓越的敏感在這個對象中看到經常不被人看見的一個方面或一種關係，使它在一種新的角度之下現出一種新的意義。

2. 寓意[27]

在從普遍意義出發的比喻這一類裡，寓意是和謎語相對立的。寓意固然也設法通過感性具體對象的相關的特性，來使某一普遍觀念的既定的特性較清楚地呈現於感性觀照，但是不是爲著隱藏一半，教人猜謎，而是抱有明確的目的，要達到最完全的明晰，使所用的外在形象對於它所顯現的意義必須是儘量通體透明的。

(1) 所以寓意的第一個任務，就在於把人和自然界某些普遍的抽象的情況或性質，例如宗教、愛、正義、紛爭、名譽、戰爭、和平、春、夏、秋、冬、死、謠言之類，加以人格化，因而把它作爲一個主體來理解。這種主體性格無論從內容看還是從外在形象看，都不眞正在本身上就是一個主體或個體，它還只是一個普遍觀念的抽象品，只有一種主體性格的空洞形式，其實只是一種語法上的主詞。一個寓意的東西儘管被披上人的形狀，卻沒有一個希臘神、一個聖徒，或是任何一個眞正主體的具體個性：因爲既要使主體性格符合寓意的抽象意義，就會使主體性格變成空洞的，使一切明確的個性都消失了。所以人們對寓意批評得很正確，說寓意是冷冰冰的東西，就連它的意義也不過是知解力的抽象品；從創造的角度來看，它只是知解力的運用而不是想像力的具體觀照和深刻體會。像維吉爾之類詩人特別愛寫寓意性的人物，因爲他們不會寫有個性的神，像荷馬所寫的那樣。

(2) 其次，寓意的意義儘管是抽象的，畢竟還是明確限定的，所以是容易認識的。所限定的特殊性原來並不直接屬於後來普泛地加以人格化的那個概念，就必然外在於主體，作爲說明主體的屬性（謂語）而出現。這種主體與屬性的分裂，一般與特殊的分裂，就形成寓意體的枯燥性的第二個因素。表現受到限定的起標誌作用的那些特殊性時所用的材料，是從意義如果體現於具體現實存在時就會出現的那些外貌、活動和效果中取來的，或是從意義

㉖ 隱語在中國詩中的地位，可參看劉勰的《文心雕龍》裡《諧隱》篇。

㉗ 寓意（Die Allegorie）在漢語中也有譯爲「寓言」的，在西方，寓言（Fabel）專指以動植物影射人事，寓意則指抽象概念的人格化。新古典主義文藝喜用寓意，後來遭到啓蒙運動和浪漫運動中多數批評家的反對，在當時寓意是經常辯論的題目之一。

用來實現它自己的那些工具或手段中取來的。例如戰爭用武器、刀矛、槍炮、戰鼓、戰旗之類來表現，春夏秋冬用每個季節氣候特別適宜於使其茂盛的那種花來表現。這類對象還可以只有象徵的意義，例如法律用天秤和髮巾來表現，死用計時的沙漏和鐮刀來表現。但是寓意中起統治作用的是意義，而用來表現意義的材料只是以抽象的方式隸屬於意義，感性表現像內容本身一樣，也只是抽象的，所以形象在寓意裡所顯出的定性也只起一種外加屬性（Attribut）的作用。

(3) 由此可見，從意義和表現兩方面看，寓意都是枯燥的；它的普泛的人格化是空洞的，它的受到定性的外在形象也只是一種本身沒有意義的符號；至於必須把許多屬性結合在一起的那個中心點，也沒有主體的統一體所具有的力量（所謂主體的統一體就需憑它本身而獲得在現實存在中的形象，而且只對它本身發生關係[28]），它只是一種抽象的形式，塞進這抽象形式中去的那些降低到謂語地位的特殊性，也還只是外在於形式的。因此，寓意以及它就抽象意義和標誌進行人格化所形成的那種獨立自在性[29]是值不得嚴肅對待的，因爲凡是絕對的獨立自在的東西[30]都不能由寓意性的人物所能眞正表現出來的。例如希臘神話中狄克[31]就不應看作是寓意的。它是普遍的必然性，永恆的正義，普遍的有威力的主體，自然和精神生活中各種關係的絕對的實體性，因而是絕對獨立自在體本身，一切個體，無論是人還是神，都得服從她。上文已經提過，弗．施萊格爾先生固然說過：每一件藝術作品都必然是一種寓意，但是這句話只有在一個意義下才是正確的：即每一件藝術作品都必須包含一種普遍的理念和本身眞實的意義。我們在這裡所說的寓意，卻專指在內容和形式上都是處於從屬地位的，不完全符合藝術概念的一種表現方式。每一件人類事件和糾紛、每一種關係等等，都包含某一種普遍性，都可以從其中抽繹出一種普遍意義，但是這樣的抽象品不通過寓意也可以在意識中找到。寓意所能給的只是散文氣的普遍性和外在的標誌，都和藝術不相干。

溫克爾曼曾就寓意寫過一部不成熟的著作，他在其中搜集了一大堆寓意體的作品，但是在絕大部分他把象徵和寓意混爲一談。

在運用到寓意的表現方式的各部門藝術之中，詩最不宜於採用這種方式作爲隱身之所，而雕刻卻不能完全不用它——特別是近代雕刻必須運用寓意，因爲它下工夫最多的是塑像，需較精確地把所塑的個別人物的複雜關係刻畫出來。例如在柏林這裡建立的布呂歇爾[32]的紀念坊上，我們看到榮譽和勝利的護神，儘管在對解放戰爭的一般處理方面，正式寓意由一系列場面例如大軍出發、進行、凱旋之類所代替了。一般說來，在雕像方面人們都喜歡在像座

---

28 即本身融貫一致，獨立自在。

29 即主體或人格。

30 理念或實體。

31 狄克（Dikē），掌管時令、法律和正義的女神。

32 布呂歇爾（Blüoher），普法戰爭中普魯士的元帥，曾驅逐拿破崙的軍隊出境，並且反攻到巴黎。

周圍配上一些變化多方的寓意性的人物。古代人卻不這麼辦，他們在石棺雕像上一般喜用睡神和死神之類較一般性的神話表現方式。

寓意在古代用得較少，在中世紀浪漫型藝術裡才用得較多，儘管寓意本身並沒有什麼浪漫因素在內。寓意的構思方式在中世紀之所以流行，是由於下列兩方面的原因。一方面是中世紀用作內容的，是一些特殊類型的人物個性和他們的一些主觀目的，例如愛情和榮譽以及他們的信仰、浪遊和冒險事蹟。這許多個別人物和事蹟的豐富多彩使想像力有廣闊的用武之地，去構造出一些偶然的任意的衝突和解決。另一方面，和這五光十色的塵世冒險事蹟相對立的還有生活關係和情況的普遍性因素，這種普遍性因素不是像在古代藝術裡那樣個性化為一些獨立自在的神，因而就很自然地以分化出來的普遍性因素，出現在那些個別人物性格和他們的形象和事蹟的旁邊，和他們並列著。如果藝術家要表現他的觀念中的這種普遍性因素不想讓它披上偶然的描繪形式的外衣，只想把它仍作為普遍性因素表現出來，那麼，除掉運用寓意的表現方式之外，他就沒有其他辦法。在宗教領域裡，情況正是如此。聖母瑪利亞、基督、使徒們的事蹟和命運，聖徒們和他們的懺悔以及殉道者們，固然還是些完全受到定性的個別人物；但是基督教同時也要顯出一些普遍的精神性的本質的東西，而這些東西卻不能體現在現實界有定性的活的人物身上，因為它們本來就應該作為普遍的關係而表現出來，例如愛情、信仰和希望之類。一般說來，基督教的真理和教義是被人從宗教的觀點去認識的，如果此外還有詩的興趣，那也主要在於這些教義是作為普遍的教義而出現的，其中真理是作爲普遍的眞理而被人意識到和信仰的。因此，對具體表現的興趣只能居於次要地位，對內容本身仍是外在的，最容易而且也最適宜於滿足這種要求的表現形式就是寓意。就這個意義來說，但丁在《神曲》裡就用了很多的寓意。例如神學和他所鍾情的碧翠絲的形象是融成一體的。這種人格化搖擺於眞正的寓意，和對幼時鍾情對象的寫照之間，而詩的美也就美在這裡。但丁在九歲時初次見到碧翠絲，在他看來，她不是凡人的女兒而是上帝的女兒。他的義大利人的熱烈的性格使他一見鍾情，一直到老不忘。她喚醒了他的詩的天才，由於她的早死，他失去了他的最親愛的人，他就在他生平最大的傑作中，替他的對主體內心最親切的宗教建立了那座神奇的紀念坊。

3. 隱喻，意象比譬，顯喻

謎語和寓意之後，第三類是一般的意象比譬[33]。謎語把意識到的意義隱藏起來，要點在於用有關聯的但是不同質的隔得很遠的性格特徵來作爲意義的喬裝。寓意卻把意義的明晰看作唯一的主導的目的，使人格化和它的屬性降低到符號的地位。意象比譬則結合寓意的明晰和謎語的諧趣。它把在意識中顯得很清楚的意義表現於一種相關的外在事物的形象，用不著

---

[33] 德文Das Bildliche原有意象和比譬二義，因譯爲「意象比譬」，作爲其中一種的Das Bild也譯爲「意象比譬」，不同於一般所說的「形象」。

讓人猜測，只是通過譬喻，使所表現的意義更明晰，使人立即認識到它的眞相。

A. 隱喻

涉及隱喻，第一點應注意的就是：單就它本身來看，隱喻其實也就是一種顯喻[34]，因爲它把一個本身明晰的意義表現於一個和它相比擬的類似的具體現實現象。在純粹的顯喻裡，眞正的意義和意象是劃分得明確的，而在隱喻裡這種劃分卻只是隱含的而不是明白說出的。所以亞里斯多德早就指出顯喻和隱喻的區別在於顯喻用「似」、「如」之類的詞而隱喻不用。這就是說，隱喻的表達方式只提意象一個因素，但是所指的意義在用意象的那個整體關係裡就已顯得很清楚，仿佛不需與意象分清而直接就由意象顯現出來。例如我們聽到「這雙腮上的春光」或是「淚海」時，我們就不得不把這些詞看作一種運用意象的譬喻，而不按照字面來理解它們，它的意義從上下文的關聯中就已表達出來了。在象徵和寓意裡，意義和外在形象的聯繫卻不像在隱喻裡那麼直接和必然。例如只有內行和專門學者們才能從埃及建築的九級階梯，以及無數類似情況中找出一種象徵的意義，他們甚至在本來沒有的地方也嗅出一些神祕的象徵性的東西——像我的好友克洛伊佐[35]也許就常犯這個毛病，新柏拉圖主義者們和但丁的注釋者們也是如此。

(1) 隱喻的範圍和各種形式是無窮的，它的定性卻是簡單的。隱喻是一種完全縮寫的顯喻，它還沒有使意象和意義互相對立起來，只托出意象，意象本身的意義卻被勾銷掉了，而實際所指的意義卻通過意象所出現的上下文關聯中使人直接明確地認識出，儘管它並沒有明確地表達出來。

但是這樣用意象比譬的意義，既然只能從上下文的關聯中見出，隱喻所表達的意義就不能說有獨立的藝術表現的價值，而只有次要的或附帶的藝術表現的價值，所以隱喻更多地是作爲一件本身獨立的藝術作品的外在的雕飾而出現。

(2) 隱喻主要是用在語言的表達方式裡，這可以從下列幾方面來看：

① 第一，每種語言本身就已包含無數的隱喻。它們的本義是涉及感性事物的，後來引申到精神事物上去，「掌握」（Fassen）「捉摸」（Begreifen）㊱以及許多類似的涉及知識的字按它們的本義都只有完全感性的內容，但是後來本義卻不用了，變成具有精神意義的字；本義是感性的，引申義是精神性的。

㉞ 西方修辭學家把明說出的比喻叫做顯喻（Gleichnis, Simile），例如「水似眼波橫，山似眉峰聚」，「人比黃花瘦」，「似」字「比」字就點明這是譬喻，把沒有明說出的比喻叫做隱喻（Metapher），例如「紅杏枝頭春意鬧」，「已是懸崖百丈冰，猶有花枝俏」都是隱喻。

㉟ 克洛伊佐，見本卷第一部分注❻。中國過去的《楚辭》的注疏家對美人香草之類隱喻也有類似的穿鑿附會。

㊱ 這兩詞在德文中都有「掌握」和「理解」的意思。這種例子在中文中極多，例如「把握」原義是用手握住一件東西，引申義是對一件東西的理解或控制力，正和德文一樣。

②但是這種字用久了，就逐漸失去它們的隱喩的性質，用成習慣，引申義就變成了本義，意義與意象在嫺熟運用之中就不再劃分開來，意象就不再使人想起一個具體的感性觀照對象，而直接想到它的抽象的意義。例如我們把「把握」（begreifen）按精神性的意義（理解）來了解時，就不再想到用手把握事物的那種感性事實了。就活的語言來說，確定實在的隱喩和由於慣用已降落到本義詞的隱喩之間的區別是很容易的事，就死的語言來說，確定這種區別就比較難，單從字源學還不能得到最後的解決，因爲要做的事不是發現一個字的最初起源和發展，而是主要地要斷定看來完全像是一個描繪性的訴諸感性觀照的字，是否在語言發展過程中已失去了它的最初的感性的意義，不再能喚醒這種感性意義，而變成一個只用精神性意義的字。

③如果情況是這樣，就有必要通過詩的想像去製造新的隱喩。這種創造的主要工作首先在於用可供感性觀照的方式，把一個較高領域中的現象、活動和情況轉移到較低領域的內容上去，用這較高領域中的形象和圖景去把較低領域中的意義表達出來。例如有機界在價值上就比無機界高，把死的東西描繪爲活的東西，就提高了表達方式。菲爾多西[37]就已寫過：「我的刀鋒呑噬著獅子的腦髓，喝著勇漢們的血。」這種表達方式還可以更提高，如果自然的和感性的事物用精神現象的形式表達出來，因而高尚化了，例如我們經常說「微笑的草原」、「憤怒的波濤」之類，卡爾得隆[38]也說過：「波浪在船的重載之下嗚咽。」本來屬於人的東西在這裡用來表現自然。羅馬時代詩人們常運用這種隱喩，例如維吉爾的*Quum* *graviter tunsis gemit area frugibus*（《農藝詩》，第一三二行）（穀場在穀粒的重壓下發出沉重的呻吟）。

其次，與上述方式正相反的是用自然界事物的形象來把精神界現象表達得更清楚。不過這種形象化的方式很容易流於矯揉造作，過分雕鑿乃至文字遊戲，如果把絕對無生命的東西表現爲人格化的東西，而且還鄭重其事地使它發出精神活動。義大利人對這種玩藝兒特別愛好，連莎士比亞有時也不免利用它，例如在《理查二世》第四幕第二景裡，國王臨別時向王后說：

> 無情的火焰也會對你同情，
> 你那轉動的舌頭在發出哀音，
> 由於憐憫，火焰要哭到把火滅熄，
> 它們縱使變成灰燼，變成黑炭，
> 也會爲合法的國王被黜而哀吟。

---

❸❼ 菲爾多西（Firdusi），西元十世紀波斯詩人。

❸❽ 卡爾得隆，見卷一第三章注226。

(3) 最後，關於寓意的目的和旨趣，可以說，本義字是一種單就本身就可了解的詞，而隱喻則不然，所以就發生這樣的疑問：爲什麼要有這種雙重意義的表現方式呢？換句話說，爲什麼要有用這種雙重意義的隱喻呢？通常的回答是：隱喻是用來使詩的表現顯得生動的，這種生動性特別受到赫涅[39]的讚揚。所謂生動性就是具有較明確的形象，便於感性觀照，它把一般抽象的字的不明確性消除掉，通過意象比譬，使它化爲感性的（具體的）。隱喻比起通常的本義詞當然見出更大的生動性，但是眞正的生命卻不是在孤立的或複合的隱喻中所能找到的，隱喻的意象比譬固然往往包含一種關係，很巧妙地使表現較明確，但是如果對每個細節都這樣加以形象化，作品整體就會變成尾大不掉，被個別部分的重量壓得粉碎[40]。

我們在下文討論顯喻時還要詳談，隱喻詞的意義和目的，一般在於適應思想和情感的強烈力量和要求，這種思想和情感不滿足於簡單平凡和呆板乏味，而要跳躍到另樣事物，玩索差異，異中求同，化二爲一。這種結合有幾種理由：

① 第一個理由是強化效果。高度激動的情緒要通過感性方面的誇張去把它們的強烈力量呈現於觀照，同時還要東奔西竄，奔向許多有關的類似現象，反覆參較聯繫，從而找到適合於表現自己的意象比譬。在卡爾得隆的《向十字架祈禱》裡，茱麗葉看到被殺害的兄弟的屍體，而兇手就是她所愛的男子幼西比俄，他也站在身旁，就說出下面一段話：

無辜的血在呼籲報仇，

我但願閉起眼睛不瞅，
那血是一堆紅石竹花，
從他身上迸出，到處奔流，
根據你淌的滿眼淚珠
我寧願相信你眞無辜
傷和眼都張著大口，
這大口從來不出謊語。

幼西比俄還更激動地抽身後退，當茱麗葉最後要投到他懷中時，他喊道：

你那雙眼睛射出了火焰，
你歎息的氣也在燃燒，
每句話都是一座火山，
每莖頭髮都是電光閃耀，

㊴ 赫涅（Heyne, 1729-1812），德國希臘拉丁語言學者。

㊵ 這種毛病在過去中國賦體和駢體作品裡特別明顯。

每個字都是死亡，
而地獄就是你的擁抱。
看到你胸前的十字架，
我就嚇得心驚膽跳。

心情的激盪使雙方都用另一種意象代替面前直接看到的情景。他們在不斷地搜尋一個又一個新的表現方式。

②隱喻的第二個理由在精神處在內心激動時，深入觀照當前有關事物，而同時又要求擺脫其中外在因素，要在這些外在事物中尋求自己，把它們轉化爲精神的。它把自己和自己的情緒轉化爲美的形象，從而顯出自己對外在事物的優越。

③第三，隱喻的表達方式也可以起於想像力的恣肆奔放，不願按慣常形狀去描繪事物，或不用形象而只簡單地直陳意義，於是到處搜尋一種相關聯的可供觀照的具體形象。此外，隱喻也可以起於主體任意配搭的巧智，爲著避免平凡，儘量在貌似不倫不類的事物之中找出相關聯的特徵，從而把相隔最遠的東西出人意外地結合在一起。

應當注意：是本義詞還是隱喻詞占優勢。這首先是古代風格和近代風格的分水嶺，其次也是散文的風格和詩的風格的分水嶺。不僅柏拉圖和亞里斯多德之類希臘哲學家，修昔底德和德謨斯特尼斯之類大歷史家和大演說家，就連荷馬和索福克勒斯之類大詩人，儘管也偶用譬喻，作品全體卻始終堅持用本義詞。他們的造型藝術式的謹嚴不容許他們用易致混亂的隱喻，或離開簡樸內容和完整形式而去搜尋華麗辭藻。隱喻總不免是一種思路的間斷和注意力的不斷分散，因爲它喚起與題旨和意義無直接關係的意象，勉強拼湊，從而跳開題旨和意義。古人在散文方面要求語言明白流暢，在詩方面要求靜穆鮮明的藝術性，所以他們不肯把隱喻用得太過分。

最愛用非本義詞，彷佛非如此不可的是東方人，尤其是晚期伊斯蘭教詩。歐洲近代詩也有此病，例如莎士比亞的語言就很富於隱喻。西班牙人也很愛用這種華麗辭藻，卻往往流於低級趣味的浮誇和堆砌。姜·保羅就有此病。歌德要求勻稱、鮮明和生動，所以不大用隱喻。席勒在散文裡也用上富麗的辭藻和隱喻，因爲他力求不用哲學語言而能把深奧道理說出來，使人易憑想像去掌握。他做到了用具體現實生活的語言來表達理性思辨。

B. 意象比譬

介乎隱喻與顯喻之間的是意象比譬。它和隱喻極接近，其實就是一種儘量展開的隱喻。這就使它又很類似顯喻。差別在於意象比譬中的意義不是單就它本身來看，而與著意拿來和它打比譬的那個外在事物對立起來的。意象比譬特別出現在這種場合：把兩種本身各自獨立的現象或情況結合成爲一體，其中第一個是意義而第二個則是使意義成爲可感知的意象。所以第一個基本特徵就是意義和意象所自來的兩個領域各自獨立存在而劃分開來，二者的共同點、特點、情況等等不像在象徵裡那樣含糊不明確的普遍性和實體性，而是雙方各有明確具體的存在。

(1) 所以意象比譬可以用一系列的情況、活動、生產和生活情況之類作爲意義，用另一個獨立而卻相關的領域中取來一系列類似現象來暗示這個意義。例如歌德的《穆罕默德之歌》就是如此。這首詩寫的是從懸岩流出一道清泉，從岩頂流向深潭，和匯流的溪水一起沖向平原，沿途隨時接納其他河流，許多地方都從這些河流得名，許多城市都躺在它腳下，然後把這一切莊嚴景象，它的弟兄兒女們和許多珍寶都獻給等著它們的造物主。只在詩題裡才指出這大河的廣闊的光輝形象所要表達的就是穆罕默德的降生，他的教義迅速傳播以及他要使一切民族接受唯一信仰的意圖。歌德和席勒的許多諷刺體短詩（Xenien）與此也很類似，時而尖酸、時而饒有風趣，對象是聽眾或詩人們，例如：

我們在沉默中搗碎硝、炭和硫磺，
鑽通導管，但願這煙火博得你們喜歡！
有些像火球飛騰，有些爆炸開花，
有些只是開玩笑地拋出的，聊供開顏。

許多這種短詩實際上是些火箭，並且打中人，使大部分聽眾很開心。他們高興看到一些庸俗惡棍長期僭居高位，發號施令，現在居然挨了痛快的耳光，潑了一身冷水。

(2)從以上例證可以看出意象比譬的第二方面：內容是一個製造事物和經歷情境的行動主體，但在意象比譬裡得到表現的並不是這主體本身，而只是他的行動、製造和遭遇。主體本身不用意象比譬介紹出來，只是他的行動和情況才獲得非本義的（即比譬的）表現形式。像一般意象比譬，這裡並不是全部意義都脫去化妝，單獨分開的只是主體，他的具體內容卻披上比譬的形象，這就產生一種印象，仿佛比譬所涉及的那些事物和行動就出自他本人。隱喻形象於是都歸到明確提名的主體了[41]。這種本義詞與非本義詞的混合常受到指責，但理由並不充分。

(3)東方人在運用意象比譬方面特別大膽，他們常把彼此各自獨立的事物結合成爲錯綜複雜的意象。例如波斯詩人哈菲茲的詩句：「世界的行程是一把血染的刀，滴下的每點血都是皇冠。」在另一首裡他又說，「太陽的鋒刃把深夜的血濺到晨曦的紅光裡，它戰勝了夜」，再如「自從人們把語言新娘的頭髮卷得蓬鬆以來，只有我才扯開思想女神腮旁的障面紗」。意思大概就是思想就是語言的新娘（克洛普斯托克也曾稱語言爲思想的孿生弟兄），自從人們用歪曲的語言去裝飾這位新娘以後，沒有人能像哈菲茲那樣把經過裝飾的思想直率

---

[41] 這段話需結合上文歌德的《穆罕默德之歌》來看，主體穆罕默德只在詩題中點出，從懸岩流到平原匯合衆流的大河就暗指這主體。

說出，顯出它的不加掩飾的美。

C. 顯喻

從這種意象比譬我們可以立即轉到顯喻，因爲意象比譬裡已開始會有顯喻，它的主體的名稱已明白提出了，這主體就是意義的不用意象的獨立表現。這二者之間的區別在於在顯喻裡，原來意象比譬只用意象的形式來表現的東西，也可以憑它的抽象狀態作爲意義，擺在它的意象旁邊去進行比較，而單獨地獲得一種獨立的表現方式。隱喻和意象比譬表現意義，都不把意義明白說出，只有從它們的上下文關聯中才可以看出它們所說的究竟是什麼。在顯喻裡卻不然，意象和意義——儘管時而是意象、時而是意義，或多或少地發揮得較詳明——是完全劃分開來的，每一方面都是獨立地擺出來的，只有在這種分裂狀態中才根據內容上的類似把雙方聯繫在一起。

照這樣看，顯喻有一部分可以看作無用的重複，因爲同一內容是用雙重、三重乃至四重形式表現出來的；也有一部分可以看作往往是冗長的詞溢於意，因爲意義已明擺在那裡，無須通過更多的形象就可以了解。所以顯喻比起意象比譬和隱喻更要引起疑問：這種顯喻，無論是單獨地用還是成系列地用，究竟有什麼重要的旨趣和目的？人們通常用生動性和鮮明性來回答，都不能自圓其說。相反地許多顯喻往往使一首詩枯燥臃腫，單用一個意象比譬或隱喻也就可以一樣明晰，無須再把意義明說出來，畫蛇添足。

所以我們必須把顯喻的眞正目的看成這樣：詩人的主體的想像對所要表達的內容，儘管已就其抽象的普遍性而攝入意識，並且把它表達出來了，還是受一種衝動驅遣，要替這種內容找到一個具體的形象，使根據意義來理解的東西也可以從感性顯現上認識清楚。從這方面看，顯喻和意象比譬與隱喻一樣，表現出想像力的大膽，想像力在碰見一種對象（一個感性事物，一個確定的情境或一個普遍意義）時，在就這種對象進行工作之中，顯示出一種能力，能把外表上相隔很遠的東西結合在一起，攝取最豐富多彩的東西來爲這獨一的內容服務，並且通過心靈的工作，把一個五光十色的現象世界聯繫到既定的題材上去，這種塑造形象，通過巧妙的聯繫和配合，把一些不倫不類的東西連結在一起的能力就是一般的想像力，它也就是顯喻的根由。

(1)第一，對顯喻的興趣可以單憑顯喻本身而得到滿足，不在這些富麗的意象中別有所求，只求顯示出想像力本身的大膽。特別是東方人表現出這種想像力的盡情恣肆，他們在南方的平靜懶散的生活中，盡情享受他們所創造的形象的富麗和光輝，把聽眾也引誘到陶醉於這種懶散生活——但是東方詩人也往往使人驚贊他們的神奇的才力，他們聽任最光怪陸離的觀念的支配，在配合上所顯出的與其說是單純的巧智，毋寧說是聰慧。卡爾德隆也用過許多這樣的顯喻，特別是在描繪廟會和節日盛裝遊行，以及駿馬和騎士的美方面，他還常把船叫做「無翼的鳥，無鰭的魚」。

(2)其次，顯喻是在同一個對象上流連眷戀，從而使這一對象成爲一系列其他隔得較遠的觀念的中心，通過對這些觀念的闡明和描繪，就提高了對中心內容的興趣。

這種流連眷戀有幾種原由：

①第一個原由是心情沉浸於使它活躍並且和它緊密契合的那種內容裡，使得它對這種內容所引起的經久情趣依依不捨。從這裡我們也可以看出上文討論泛神主義時已提到的東方詩和西方詩的一個基本區別。東方人在沉浸到一個對象裡去時不那麼關注自己，因而不感到憧憬和悵惘；他所要求的始終是他用來比譬的那些對象所產生的一種客觀的喜悅，所以他們的興趣比較是認識性的。他懷著自由自在的心情去環顧四周，要在他所認識和喜愛的事物中，去替占領他全副心神的那個對象找一個足以比譬的意象。這種想像既然解除了自我中心，消除了一切病態，也就滿足於對象本身的起比譬作用的形象，特別是在這對象通過和最美麗最光輝的東西進行比擬就得到提高和光榮化[42]的時候。西方人卻比較主觀，在哀傷和苦痛中也更多地感到憧憬和悵惘。

所以這種流連眷戀主要是感情特別是愛情方面的興趣，它對苦和樂的對象感到喜悅，由於內心裡擺脫不掉這種感情，就不厭其煩地反覆從新描繪它的對象。鍾情的人們都特別富於欲望、希冀和變化無常的幻想。顯喻也就應歸到這些幻想之列。愛情和感情往往乞援於顯喻，特別是當它們占領住整個靈魂，本身就單獨可以引起比譬的時候。這種感情往往集中於一個個別的美的對象，例如所愛者的口、眼睛和頭髮之類。這時人的心靈活躍起來，靜不下來了，特別是歡樂和苦痛的情感靜不下來，顯得激動，忐忑不寧，這種情況就導致把一切其他方面的材料都聯繫到形成內心世界中心的那一種感情上去。顯喻的根源就在這種感情本身，這種感情從經驗上認識到自然界還有其他事物也一樣美，也可以引起苦痛之類情感，因此它就把這全部對象納到它自己的內容範圍裡進行比較，因此使這內容獲得擴大和推廣。

但是比喻的對象如果完全是孤立的和感性的，而且和同樣的感性現象結合在一起，這樣堆砌起來的顯喻就還顯出思想不大深刻，感情沒有成熟，這種只就外在材料進行東拼西湊所產生的多樣性就會令人感到枯燥無趣，因爲其中沒有任何精神方面的聯繫。例如《所羅門的歌》[43]第四章裡有這樣一段話：「我心愛的人，你眞美啊，你眞美啊，你的眼就像鴿子眼，你的頭髮就像基列山上的羊群，你的牙齒就像毛剪得很齊整的母羊群，剛出浴，每隻都生了雙生子，沒有哪一隻不能生產，你的唇就像一條朱紅線，你說出的話也是漂亮的，你的兩頰在兩鬢間就像紅石榴，你的頸項就像大衛造來藏兵器的高樓，上面懸著一千個盾牌和勇士用的各種武器，你的兩乳就像在百合花叢中餵養的一對小鹿……」

這種樸素風格在以「奧森」命名的那些詩篇裡也經常可以看到。例如「你像荒野裡的雪，你的頭髮像克羅姆拉山上的霧，當它從崖石上捲舒上騰，在西方落霞中閃光；你的胳膊

---

[42] 光榮化（Verklären），在西方基督教術語裡專指人變神像，頭上現光圈，亦可譯爲神化。

[43] 即《舊約》中的《雅歌》，實際上是些情詩。

像雄武的芬格爾的廳堂裡的兩支箭」[44]。

奧維德讓波利菲莫斯[45]說的一段話也屬於這一類，不過是完全追求辭藻的：「嘉拉提亞，你比雪白的草原上的白葉還更白，比花園還更花枝招展，比榆樹還更苗條，比琉璃還更光亮，比溫柔的小鹿還更頑皮，比經常被海水沖洗的貝殼還更光滑，比冬天的陽光和夏天的樹陰還更可親，比果樹還更高潔，比高梧還更好看」……這樣就寫上十九行詩，辭藻華麗，但是所描寫的感情沒有多大趣味，也就不能引人入勝。

在卡爾德隆的作品裡也可以找出許多這種顯喻的例子，不過這種流連眷戀較宜於抒情詩中的感情，對於戲劇情節發展來說，如果它不是由題材決定的，就會起延緩作用。例如唐璜當劇情正在發展中詳細描繪了他所跟蹤一個戴面紗的女子的美，他的話之中有下面的一段：

不過有許多回，
通過那幅障面紗，
那個黝黑的框框兒，
突然露出一隻頂光亮的手，
在百合和玫瑰之中，
這隻手是王后，
雪光比起它也是骯髒的黑奴，

五體投地向它頂禮。

但是如果是一種深摯的激動的心情表達於意象和比喻，顯示出情感中精神方面的內在聯繫，心情或是發現一個外在自然景象和自己很類似，或是使這種自然景象成爲精神內容的反映，情況就不像上文所說的那樣。在所謂《奧森詩篇》裡也可以找到許多這樣的意象和比喻，儘管其中用作比喻的那些對象的範圍是貧乏的，往往只限於雲霧、暴風雨、樹木、河流、泉水、荊棘、太陽、草之類事物。例如他說：「芬格爾呀，現在你是快樂的，就像克羅姆拉山上的太陽，獵人一整年沒有見到它了，在惋惜它的離別，現在它卻從雲端裡迸射出來。」在另外一段裡他說：「奧森剛才不曾聽見一個聲音麼？那就是已往歲月的聲音。往時的記憶往往像落日一樣來到我的靈魂裡。」奧森還敘述道：「庫西寧說，歌詞是美妙的，往時的故事對人心是親愛的。它們就像鹿山上早晨的清露，當時太陽微弱的晨光正在山腰震顫，而山谷裡一池蔚藍的清水紋風不動地在躺著。」在這類故事裡，對同樣的感情和比譬

---

44 《奧森詩篇》見卷一，第三章註133，芬格爾是詩中一個主角，蘇格蘭的民族英雄。

45 波利菲莫斯（Polyphemeus），希臘神話中的獨眼巨人之一，所引一段見羅馬詩人奧維德的《變形記》第十三章，嘉拉提亞是一個女水仙，本來愛上阿什斯，波利菲莫斯心懷妒忌，用石頭把阿什斯壓死，流出的血變成阿什斯河。

的流連眷戀表達了老年人飽經憂患，心中有許多酸辛的記憶的心情。惆悵哀傷的情調特別容易產生比喻。這種情調的主人所想望懷念的都是遼遠的過去東西，所以他一般不是提起勇氣做人，而是要沉浸到外界事物裡去忘去自己。奧森的許多顯喻所以既符合他的這種主體的心情，也符合他的大部分是哀傷的觀念以及他跳不出去的那種窄狹天地。

還有一種相反的情況，情慾儘管動盪不寧，因為集中到一個內容上，可以表達於許多意象和比喻，這些意象和比喻其實只是關於同一對象的幻想；這種情慾可以左右徘徊，在四周外在世界中替它的內在生活找出一種反映。例如茱麗葉在《羅密歐與茱麗葉》劇中向夜所說的一段獨白：

來，夜啊，來，羅密歐，你這夜裡的白晝；
你要是棲息在黑夜的翅膀上，
會比烏鴉背上的新雪還更潔白：
來，溫柔的夜，來，黑眉額的多情的夜，
把我的羅密歐給我，假如他會死，
請把他砍成許多晶亮的小星星，
他就會使老天的面孔漂亮起來，
那麼，全世界人都會鍾情於夜，

不再去崇拜那俗豔的太陽。

②和這種起於感情沉浸到內容裡去的純然抒情詩的顯喻相對立的是史詩的顯喻，例如我們在荷馬史詩中所常看到的。在史詩裡，詩人在進行比譬時如果流連眷戀於某一種對象，不外有兩種旨趣或目的。一方面他要把我們對於主角的某些個別的情境和動作的後果所抱的實踐性的好奇心，期待希望和恐懼都轉移掉，使我們不再追問原因、影響和結果的聯繫，而把注意力集中到他只爲提供認識性的觀照而塑造的那種造型藝術式的靜穆形象。這種靜穆，這種從純然實踐性的興趣轉移到對眼前形象的凝神觀照，會發揮更大的效力，如果用來比擬對象的一切事物是從另一個領域裡採取來的。另一方面，對顯喻的流連眷戀還有一層意義，通過這種仿佛是雙重的描繪，一個對象就顯得更重要、更突出，不致被詩詞和事變的急流匆促地卷去。例如荷馬寫阿基里斯急於要投入戰鬥時向伊尼阿斯進攻的情況（《伊利亞特》，卷二十，一六四—一七五行）如下：「他衝上去，像一隻吃人的雄獅將被人獵殺，一大群人都圍上來了，他先帶著藐視的神色，大踏步走上來，這時一位年輕的鬥士用矛來戳他，他就轉過身來，張著大嘴，滿口噴泡沫，心在胸膛裡激烈地跳動，用拳打著自己的腰和臀，要準備戰鬥。他眼睛裡冒怒火，勇敢地前進，心裡盤算著在這第一回合中是否能殺死一個人還是要被人殺死；就像這樣，阿基里斯鼓起膂力和勇氣，衝向勇敢的英雄伊尼亞斯。」荷馬還以同樣的方式敘述潘達羅斯正要射中麥尼勞斯時，巴拉斯女神把他的箭轉偏方向的情況（《伊

利亞特》，卷二十，第一三〇—一三一行）：「她沒有忘記他，替他擋去了箭，就像母親從熟睡的嬰兒面上趕走一隻蒼蠅一樣。」但是那隻箭終於使麥尼勞斯帶了傷，荷馬接著說（一四一—一四六行）：就「像麥阿尼或卡因的婦女用朱紅去染象牙，做馬蹄鐵的裝飾，她把它藏在閨房裡，有多少騎士都想得到它，但是她把它留給國王去裝飾他的馬，使馬和騎馬的人都由於這些珍品而博得榮名；麥尼勞斯大腿上流的血也就像這樣。」

(3) 在上述想像的奔放、沉浸於對象的感情，以及突出某一重要對象之外，顯喻的第三個根由，主要地要在戲劇體詩裡去找，戲劇的內容是鬥爭著的情慾、活動、情致、動作以及內心意志的實現；這些內容不是像在史詩裡那樣作爲過去的事情而表現出來的，而是把劇中人物本身擺到眼前來，讓他們自己直接流露感情和發出動作，詩人不作爲一個中間人插足進來干預。從這一點來看，戲劇體詩顯然要求感情表現很自然；哀傷、恐懼和欣喜的激烈表現，以及所要求的自然都不容許運用比喻。如果讓劇中人物在發出動作中，在激情的動盪中，在情節的發展中，用很多的隱喻、意象比譬和顯喻來說話，照常理看，是極不自然的，所以應該看作是有害的。因爲這裡用比喻，就會使我們拋開當前的情境，以及其中發出動作和感受情感的人物，而把注意力轉移到與這情境沒有直接關係的外在的不倫不類的東西上去，特別是使日常談話的語調爲起妨害作用的累贅詞句所打斷。所以在德國也有一個時期熱情的青年們要設法擺脫法國人愛好辭藻的趣味的桎梏，把一些西班牙人、義大利人和法國人都看作單純的詩匠，因爲他們把自己的主觀的幻想、巧智、循規蹈矩的禮節，以及漂亮的辭藻放進劇中人物口裡，而其實就劇情來說，應該占統治地位的卻只是情感的極端強烈和表現的自然。也就是從這個自然原則出發，在當時許多劇本裡，情感的呼聲、驚嘆號和連接符號代替了一種高貴的、提高了的、充滿意象和比喻的文詞。就連英國批評家們也往往用這種態度指責莎士比亞把堆砌的駁雜的比喻分配給正經受極大痛苦的人物，而這種情感的激烈動盪絕不容許人進行比喻所必須的那種冷靜的思索。莎士比亞的意象和比喻誠然有時是累贅的、過分堆砌的；但是總的來說，比喻在戲劇體詩裡畢竟也有一種重要的地位和作用。

當感情顯得固執，沉浸到它的對象裡而不能自拔的時候，比喻在實踐範圍裡就有這樣一個目的：就是顯示出個別人物並不完全陷在他的情境、感情和情慾裡，而是作爲一個具有高尚品質的人，能超然於這些情境、感情和情慾之上，因而可以擺脫它們的束縛。情慾把心靈局限住，把它束縛在它自己上面，使它凝聚在一個狹隘的範圍裡，因而使它啞口無言，只發出一些單音字，否則就是激動得像發瘋，語無倫次。但是心情的偉大和心智的堅強卻能超越這種狹隘性，超然漂浮於使它動盪的激情之上，保持一種優美沉默的靜穆。比喻首先要完全從形式上表達出的正是心靈的這種解放，因爲只有鎭靜和堅強的人才能把他的痛苦和哀傷轉化成對象，拿自己和其他事物進行比較，從而在異己的對象裡觀照自己、認識自己；也才能對自己抱著最可怕的嘲諷態度，泰然自若地看待自己的毀滅，仿佛事不關己一樣。在史詩裡我們已經見過，是詩人自己通過流連眷戀的描繪性的比喻，去使聽眾達到藝術所要求的寧靜觀照；而在戲劇體詩裡，劇中人物本身就成了詩人和藝術家，他們把自己的內心生活轉化爲對象，還有足夠的冷靜態度去描繪它、表現它，從而使我們認識到他們的識見的高超和心情的堅強。因爲這種沉浸到外在事物中的情況，就是使內心從單純的實踐性的興趣中獲得解放，或是使直接感受的情感變成自由的認識性的形象[46]。因此，我們在上文第一階段中所見到的那種單爲比喻而進行的比喻，現在可以以較深化的方式再度出現了，因爲它現在是用來克服困境和破除情慾束縛力的。

這種解放過程中可以分辨出下列要點，在這方面特別是莎士比亞提供了絕大部分的例證。

①如果我們看到的是一個人碰到足以使他神魂錯亂的大災大難時的心情，而這種不可避免的命運所應引起的苦痛又是實在感覺到的，如果他當時立即用哀號來發洩他的恐怖、苦痛和絕望，使自己感到舒暢一點，那麼，他就會是一個庸俗的人。一個堅強高尚的心靈卻能壓下哀怨、忍住苦痛，因而保持住自由，即使在深刻地意識到自己的苦難之中，也還能和在觀念上隔得很遠的東西上用心思，用這些隔遠的東西來把自己的命運表現於意象。這種人就能超然站在自己的苦痛之上，不把整個自我和那苦痛同一起來，而是和它分別開來，因而還能流連眷戀那些和他的感情有關的其他事物。例如在莎士比亞的《亨利四世》裡，諾坦伯蘭老人向前來報波塞死訊的使者問他自己的兒子和兄弟的消息，使者默然不答，他在極端的痛苦之下，說道：

你在發抖，你那張灰白的面孔
比你的舌頭還更能完成你的使命：
你就像在深夜裡揭開帷幕
要見普里安的那個人一樣憔悴，
一樣哀容滿面，有氣無力，
要報告特洛伊已燒毀了一半——
但是不等他開口，普里安就看到了火——
你不說，我也就看到了我兒子的死。[47]

理查二世在追悔他在快樂的青年時期的輕浮放蕩時，特別表現出這種心情，儘管陷在苦痛裡他還保持鎮定，有力量去用源源不絕的新的比喻去表現自己的心情。理查的哀傷中令人感動的孩子氣正在於他能用突出的形象把他的哀傷客觀地表達出來，而在這種表現的遊戲中卻能更深刻地感到自己的痛苦。例如亨利要求他讓出王冠時，他回答說：

---

[46] 形象引起情慾和行動，就是實踐性的，只引起審美的觀照，就是認識性的。

[47] 見《亨利四世》，第二部分，第一幕，第一景，普里安是特洛伊的老國王，他聽使者報告特洛伊陷落的情形，見荷馬史詩《伊利亞特》的收尾部分。

把王冠拿來，堂兄弟，把這王冠奪去吧；
這一邊是我的手，那一邊是你的手。
現在這頂金冠就像一口深井，
有兩個桶都要汲水，水由這桶注到那桶，
空桶老是懸在空中旋舞，
另一個桶下了井，看不見，裝滿了水。
這個下了井裝滿眼淚的桶就是我，
我在飲哀傷，而你卻在高升。48

②另一種是一個人物已經和自己的旨趣、痛苦和命運結成一體，卻設法要使自己從這種直接的（緊密的）統一體中解放出來，他還能運用比喻，這就足以證明他已獲得了解放。例如在《亨利八世》裡凱瑟琳王后在被丈夫遺棄時，這樣表達出她的極深的哀痛：

我是個最不幸的活著的女人！
哎，可憐的侍婢們，你們的榮華完了，
船沉在一個王國裡，其中沒有哀憐，
沒有朋友，沒有希望，沒有親人哭，

幾乎不許我有墳墓：就像一朵白百合花，
一度開得茂盛，是園中的王后，
現在我卻要垂下頭來萎死。[49]

更爲傑出的是布魯塔斯在《凱撒大將》裡在盛怒中向克西阿斯所說的一段話，他曾鼓勵過克西阿斯要提起勇氣，但是沒有生效：

克西阿斯啊！你是和羊在一起駕軛，
胸中盛住怒，像燧石含著火一樣，
敲了一下，就迸射出短暫的火星，
馬上就冷卻了。

布魯塔斯處在當時的情境，仍能找到比喻，這就足以證明他能壓住怒火，開始擺脫了怒火的控制而獲得自由。

---

[48] 莎士比亞：《理查二世》，第四幕，第一景。

[49] 莎士比亞：《亨利八世》，第三幕，第一景。

莎士比亞特別擅長的是讓犯罪的人物，無論是在罪行中還是在災禍中都顯出一種精神的偉大，能超越他們的罪惡情慾，不讓他們像法國人那樣老是在抽象地預談自己所要犯的罪，而是讓他們具有想像力，能觀照自己，仿佛就像觀照旁人的形象一樣。例如馬克白臨死前所說的那段有名的話：

熄滅吧，熄滅吧，短促的燭焰！
生命不過是個行走的影子，一個可憐的演員
在台上大搖大擺，大叫大嚷一陣，
等他的時辰過去了，就不再聽見他的聲音；
它是蠢人說的故事，盡是吵吵鬧鬧，
沒有一點意義。[50]

在《亨利八世》裡，沃爾西大主教從他的高位垮下來了，在他的生命途程的終點所說的一番話也是如此：

告別了，向我的一切榮華告一次永別！
這就是人的命運：今天他發出了

希望的嫩芽；明天開了滿樹的花，
身上負荷著厚重的腓紅的榮華；
第三天來了一次霜凍，致命的霜凍，
那位逍遙自在的人滿懷信心在想
他的偉大要成熟了，他的根突然被咬斷，
於是他就倒塌下來，就像我這樣。[51]

③所以在這種客觀化和比喻表達方式裡可以見出人物性格的安詳和鎮定，他藉此可以緩和自己崩潰的痛苦。克麗奧佩脫拉在把一條毒蛇放到自己的胸膛上時向她的侍婢卡彌安說：

莫做聲，莫做聲！
你沒有看到我的嬰兒在我懷裡
吃奶，吃到餵奶的人睡著了？

---

[50]《馬克白》，第五幕，第五景。
[51]《亨利八世》，第三幕，第二景。

香甜像油膏，綿軟像空氣，這樣地柔和。[52]

毒蛇咬了，四肢綿軟起來，以致臨死也自欺，把自己看成在睡——這個意象可以用來說明這類比喻的緩和鎮定的性質。

三、象徵型藝術的消逝

我們把一般象徵型藝術看作意義和表現形式還沒有達到完全互相滲透互相契合的一種藝術形式。在不自覺的象徵裡，內容與形式之間不相適合性還是自在的；在崇高裡，這種不相適合性卻明顯地現出來了，因爲一方面是絕對意義或神，另一方面是它的外在現實或世界，這二者是著意要在這種消極關係[53]裡表現出來的。但是另一方面，在所有這些形式裡，象徵的另一因素畢竟占主導的地位，這就是意義與表達意義的外在形象之間的關聯；這種關聯在原始象徵裡是獨一無二的因素，其中意義還沒有和它的具體存在互相對立起來；在崇高裡，這種關聯還是重要的關係，崇高爲著只用不適合的方式去表現神，就需要藉助於自然現象以及上帝的人民[54]的事蹟和行動；在比喻的藝術形式裡，這種關聯就成了由主體任意撮合成的，但是這種任意性儘管特別在隱喻、意象比譬和顯喻裡都是不折不扣地存在著，卻仍然隱藏在意義和表達意義的意象之間的關聯後面，因爲它們之所以擺在一起來比喻，正根據它們之間的類似點，比喻的主要因素不是外在形式，而是通過主體的活動所造成的內在情感、認識和思想，以及與它們相關聯的那些形象之間的聯繫（或結合）。不過如果把內容和藝術形象結合在一起的不是主題本身的概念，而只是主體的任意性，這兩方面的結合就是一種本來沒有關聯的拼湊，其中形象只是意義的外加的裝飾。因此，我們在這裡把一些附屬的藝術形式作爲附錄來處理，這些藝術形式是眞正藝術因素的完全衰頽的結果，而意義與形象之間的缺乏關聯也正足以說明象徵型藝術的自毀滅。

從一般觀點來看現在這個階段，就可以看出一方面是本身已經想好了的，但還沒有形象的意義，所以藝術形式對於這種意義只是一種純然外在的任意加上去的裝飾，另一方面是單純的外在因素，它並沒有和本質的內在的意義融合成爲統一體，而是處在獨立的地位，和這內在意義相對立，因此它只能當作純然外在的現象來看待，來描述。這裡就可以看出教科詩和描繪詩的抽象的區別所在，這個區別只有詩藝才能堅持，至少就教科詩的方式來說是如此，因爲只有詩才能就意義的抽象的普遍性去表現意義[55]。

---

[52] 《安東尼和克麗奧佩脫拉》第五幕，第二景。

[53] 即不相適合性。

[54] 指希伯來民族，一般稱爲「優選的民族」。

[55] 因爲詩運用語言，而語言本身帶有抽象的普遍意義。

但是藝術的概念所要求的，既然不是意義與形象的分離而是它們的同一，所以就連在現階段裡生效的也不只是上述兩方面的分離，同時也是它們的聯繫。不過在既已超過了象徵型階段之後，這種聯繫也就不再是象徵性的聯繫，因此就導致要消除（否定）象徵型藝術詩性的試探，這種特性就是內容與形式的不相適合和各自獨立，這個毛病是前此提過的那些藝術形式都不能克服的。但是象徵型藝術的假定前提，既然是待統一的雙方還是劃分開來的，這種試探就仍然只是一種應該做的事，要確實做到，就有待於一種較完美的藝術形式，這就是古典型藝術。為著更好地過渡到古典型藝術，我們在這裡簡略地談一下上述那些附屬的形式。

1. 教科詩㊻

如果一個意義儘管本身形成一個具體的融貫的整體，卻還只是單作為意義來了解的，還沒有用形象表現出來，而只是從外面附加上一種藝術的裝飾，這就產生了教科詩。教科詩不能擺在眞正的藝術形式之列。因為在教科詩裡，一方面內容單就本身看是既已完全形成的意義，因此它的形式必然是散文的，另一方面藝術形式是完全從外面縫到意義上的，因為在未縫以前，意義已以散文的方式完全印到意識上去了，而這個散文的方面，也就是抽象的普遍意義，正是為著教學的目的而要表達出來，以便提供給理解和思考的。因此，在教科詩裡，處在這種外在關係的藝術也只能涉及一些外在因素，例如韻律，提高了的語言、穿插的故事、意象、比喻、附加上去的感情吐露、較快或較慢的進展和轉變之類，這些因素和內容並沒有互相滲透，而只是一種附加品，用意在於藉它們的相對的生動性來減輕教科書的嚴峻和枯燥，把生活弄得愉快一些。凡是按本質是散文性的東西都不應轉化爲詩，只能披上詩的外衣；例如園亭藝術大部分都只是安排自然界現成的但本身並不美的地方景色；再例如建築藝術是用外在雕飾，去使以散文性用途爲目的的場所顯得較悅目一些。

例如希臘哲學在初期就是這樣採取了教科詩的形式。連赫西俄德[57]也可以引爲教科詩的例子，不過眞正的散文式的構思，只有在一個條件下才顯得特別突出，那就是要由知解力用它的思索、因果關係和分類之類去掌握對象，而且從這個觀點出發，用一種愉快的漂亮的方式去教人。盧克萊茨[58]在闡述伊比鳩魯派的自然哲學時，以及維吉爾[59]在指示農藝技術時都替這種散文式的構思提供了例證，這種構思不管有多麼熟練，是不能創造出眞正自由的藝術形象的。在德國，教科詩現在已不很時髦了；在法國，德里爾[60]除了他的早期詩《花園，或

---

[56] 教科詩以韻文傳授知識，如我國過去《三字經》、《千字文》、《歷史韻言》之類。
[57] 這裡指的是這位早期希臘詩人的《工作和月令》。
[58] 盧克萊茨是西元前一世紀羅馬哲學家，曾用詩的形式寫出《物性論》。
[59] 羅馬詩人維吉爾寫過四卷《農藝詩》。
[60] 德里爾是一個不重要的法國詩人，活到十九世紀初。

美化山水風景的藝術》和《鄉下人》之外，在本世紀還寫出一部教科詩，陸續討論了磁學和電學之類，仿佛是一部物理學全書。

2. 描繪詩

屬於這一類的第二種形式是和教科詩相對立的。它的出發點不是本身已在意識中完成的意義，而是單純的外在事物，例如自然風景、建築物、季節、時辰，以及它們的外在形狀等等。教科詩的內容在本質上還是無形象的普遍性，而描繪詩則相反，外在的材料獨立地存在那裡，現出沒有由精神意義滲透的個別面貌和外在現象，這些材料就按照它們呈現於日常意識的樣子被表現和描繪出來。這樣一種感性內容只形成眞正藝術的一個方面，即外在方面；它只有作爲精神的現實，個性的現實，及其對周圍世界所發生的動作和事件，而不是作爲和精神割裂開來的獨立的外在事物，才有資格在藝術裡占地位。

3. 古代的箴銘

根據上述理由，教科詩和描繪詩都不能固守各自的片面性，這種片面性會把藝術完全否定掉；我們看到的是外在現實須結合內在意義來理解，而抽象的普遍性也須重新聯繫到它的具體現象。

(1) 我們已經從這個觀點討論過教科詩，教科詩也很少有可能不用外在情況和個別現象的描繪，以及神話性的和例證性的穿插敘述。但是精神的普遍的東西和外在的個別事物之間的這種平行，所達到的不是一種澈底的統一，而只是一種完全偶然的聯繫，而且這種聯繫還只涉及個別的因素和特點，而不涉及整個內容以及它的全部藝術形式。

(2) 這種偶然的聯繫在大部分描繪詩裡顯得更突出，因爲描繪詩總是使所描繪的東西配合上時辰的交替、節季的區分、一座長著草木的山、一個湖或一道流聲潺潺的泉水，一座教堂、一個布置得很怡人的村莊、一座清靜舒適的茅屋之類景物所能引起的情緒。因此在描繪詩裡也像在教科詩裡一樣，要用一些附帶的穿插，特別是對於激動的情感、柔和的愁緒以致日常生活中瑣事的描繪。但是這裡精神性的情感和外在自然現象的配合也還只能是外表的。因爲自然界某一地點是原已獨立存在的，人走到這裡來，固然對這件或那件事物發生感情，但是外在形象如月色、森林、山谷之類景物，和所引起的內在情感畢竟是互相外在的。我並不是大自然的解說者或授予生命者，我只是在這個場合感覺到我的某種內心感觸和當前景物之間有一種依稀隱約的和諧。特別是我們德國人對此都最喜愛；我們都喜愛描繪自然的作品，以及自然風景所能引起的那種優美的情緒和愉快的滿足感。這是一條大公路，每個人都可以在上面走。克洛普斯托克有許多賦體詩所彈的就是這個調子。

(3) 第三，如果我們要追問這兩方面在原已假定的割裂之中是否還有一種較深刻的聯繫，我們就會在古代箴銘裡找到這種聯繫。

① 「箴銘」這個名詞就已說明了它的原始本質：它是一種銘語。它當然也有兩方面，一方面是一個對象，另一方面是關於這個對象所說的話，但是在最古的箴銘裡（赫西俄德曾

留下一些例子），我們所見到的並不是對一個事物的描繪再加上所伴隨的情感，而是主題用雙重形式的表達：先是外在的事物，然後是它的意義和說明，二者壓縮在箴銘的形式裡，顯出最尖銳最突出的特徵。不過箴銘的這種原始性格在晚期希臘箴銘裡就已喪失掉了，它逐漸變成一種表達形式，就某些個別事件、藝術作品和人物之類提出一些巧妙的、俏皮的、使人喜悅或感動的幻想，其作用與其說在闡明對象本身，還不如說在顯示出這對象所引起的主體的感情態度。

②對象本身在這種表達方式裡愈不大突出，這種表達方式也就愈不完美。在這方面也可以趁便約略提一下一些近代藝術作品。例如蒂克[61]在他的小說裡描述到某些個別的藝術作品或藝術家，乃至某一畫廊的陳列品或音樂，往往加上一些小故事。但是這些畫是讀者不曾見過的，這些樂調是讀者不曾聽過的，詩人就無法使他們看見聽見。如果處理的是這類題材，這整個形式在這一點上就仍然有缺陷。還有人在篇幅較長的小說裡用整部門藝術，以及其完美的作品作爲特定的題材，例如漢因斯在他的《賀亨塔爾的希爾德加德》裡就專談音樂[62]，情況也是如此。如果整部藝術作品不能把它的主題妥帖地表達出來，那麼，按照它的基本性質來看，它所用的形式就是不恰當的。

③從上述那些缺點所產生的要求是很簡單的，那就是外在顯現和它的意義，事物和它的精神方面的闡明，既不能如在上述事例中那樣處於澈底地互相分裂，也不能由一種象徵、崇高或比喻的，結合而達到所需要的統一。所以正確的表現方式只有在一個情況下才可以找

到：那就是事物通過它的外在顯現，而且就在這外在顯現之中提供它的精神內容的闡明，其中精神性的東西在它的現實存在中完全展示出來，而外在軀體也只是內在精神的一種恰當的闡明。

爲著討論這個任務的完全實現我們就得向象徵型藝術形式告別，因爲象徵型藝術的特性正在於意義的靈魂和它的軀體形象還只達到一種不完全的統一。

---

61 蒂克（Tieck, 1773-1853），德國浪漫派小說家，他的描述藝術的代表作是《佛朗茨・斯採巴爾德》（Franz Stebld）。

62 漢因斯（Heinse, 1746-1803）德國狂飆突進時代的小說家。

第二部分 古典型藝術

序論　總論古典型藝術

內容和完全適合內容的形式達到獨立完整的統一，因而形成一種自由的整體，這就是藝術的中心。這種符合美的概念的實際存在，是象徵型藝術所努力爭取而未能達到的，只有在古典型藝術裡才出現。我們前此討論美和美的理念時，已確定了古典型藝術的一般性質；向古典型藝術提供內容和形式的是理想❶，古典型藝術用恰當的表現方式實現了按照藝術概念的眞正的藝術。

但是我們在第一部分內容裡討論其發展過程的那些因素也有助於這種完整化。因爲古典型的美用自由的獨立自足的意義作爲它的內在因素❷。它不是用隨便哪一件事物的意義，而是它本身就是意義，因而也就由它本身顯出意義。這就是精神性的因素，一般把自己變成自己的對象❸，在這樣使自己對象化之中，精神性的因素就有了外在的形式，這種和內在意義統一的外在形式，也就有了它自己的意義而且顯示出它對自己的認識。我們在討論象徵型時也是從意義和它的由藝術創造出來的感性表現之間的統一出發，但是這種統一在象徵型裡只是直接的❹，因而是不適合的。它的眞正內容不外處在兩種情況：一種是按照它的實體和抽象的普遍性來看還是用自然因素本身，因而還是個別孤立化的自然存在，儘管應該表現出而卻還不能表現這種普遍性；另一種是用內在的只能由精神去掌握的內容，要表現，就只能用對精神爲異質的直接存在的個別感性事物，這也還不是適合的表現方式，因爲意義和形式的關係一般只是類似和暗示的關係，從某些觀點看，雙方可以湊合在一起，從另外一些觀點看，雙方卻互不相干，因此，統一就遭到了破壞❺。例如在印度的世界觀裡就是如此，一方面是簡單的抽象的內在理想因素，另一方面是自然界的雜多的現實事物和有限的人類生活，而幻想在動盪搖擺中時而偏向到這一方面，時而又偏向到另一方面，輾轉反側，既不能使觀念性的因素本身具有純粹的絕對的獨立自足性，又不能使它眞正體現於現成或改造過的現象界材料，不能使內容和形式在一種較靜穆的統一中得到表現。把互相對抗的因素雜糅在一起固然可以使雜亂離奇終於消失，但是只是爲著讓路給同樣不圓滿的只提問題而不回答的祕奧方式的謎語。這種內容之所以缺乏自由和獨立自足性，是因爲內在因素還不是本身完整因而統攝和它異質的外在因素於一種整體而呈現於意識的。這種獨立自足性在本身上而且爲本身就是自由的絕對的意義，也就是自意識（自覺性），這種自意識以絕對爲內容，以精神的主體性爲形式。和這種自己確定自己的能思考又能起意志的力量相比，其他一切都只相對地、暫時地顯出一種獨立自足性。自然界感性現象，例如太陽、天空、星辰、飛潛動植物河海之類，都只有一種抽象的自對自的關係，因爲它們都和自然界其他事物處在不斷的交互影響的

---

❶ 參看第一卷第三章。

❷ 英譯作「理想的實體」，法譯作「親切的內容」，俄譯作「內在的本質」。

❸ 即「自覺」或自己認識自己。

❹ 未經藝術調解的、自在的、不自覺的。

❺ 象徵型把原來對立的精神因素和自然因素拼湊在一起，不能達到眞正的統一。

過程中，只有從人類的有限認識的角度來看，它們才像是各自獨立自足的，它們還沒有顯出絕對的眞正意義。自然固然也顯現出來，但是只顯現於外在於自己的事物之中，它的內在本質不是作爲自在或自覺的本質而獨立存在，而是分散到多種多樣的複雜現象裡，所以就不是獨立自足的。只有在精神中、在具體的、自由無限的自己與自己一致的精神中，眞正的絕對的意義才在它的具體存在中顯現爲眞正獨立自足的。❻

在精神意義力圖從直接的感性事物中解放出來而獲得獨立自足的路程中，我們碰見過出自想像的崇高化和神聖化。具有絕對意義的首先是絕對或太一，這種絕對能思想，脫淨一切感性因素，自己和自己發生關係，而且在這種關係中把它所造成的另一體，即自然和一般有限事物，設立爲否定面，爲本身變化無常的東西。只有自在自爲的普遍的東西才顯現爲駕御全部世界的客觀力量，不管這種太一被帶進意識和表現出來時對它所創造的事物是採取明確的否定的態度，還是以肯定的泛神主義的方式內在於這些被創造的事物裡❼。但是對於藝術來說，這種觀照方式有雙重缺陷。第一，這種形式基本意義的太一和普遍性還沒有從本身上得到明確的定性和分化爲差異面，因而還沒有顯出可以看作精神的眞正的個性和人格，能表現爲既可供感性觀照又符合精神內容的具體形象。精神的具體理念卻要求精神從本身得到定性（自決定）和見出差異（自分化）。精神既把自己化爲對象，在這種雙重化❽之中就獲得了一種外在顯現，這雖是肉體的，卻仍完全是由精神滲透的，因而單就它本身來看，這種外在顯現就恰恰表現出精神，讓精神作爲它的內在意義，它就是精神的外在形狀和實際存在。

其次，從客觀世界方面來看，這種本身未現差異的抽象的絕對還有另一個缺陷，那就是使實際現象本身無實體性，因而不能把絕對眞正地表現於具體形象。

和對神的抽象而普遍的莊嚴性格的頌贊相反，我們在這種藝術形式向較高一級轉化之中，看到在東方出現過一個藝術階段，其中藝術專使人想到消極方面，即變化無常，災禍痛苦以及由生到死的過程。這裡是差異面單獨出現，沒有由主體綜合成爲獨立自足的統一體。但是這兩方面，即本身獨立的統一體和它所現出的差異面和定性，只有在經過調解所轉化成的具體的整體裡，才能產生眞正的自由的獨立自足性。

結合到這個觀點，在崇高之外，我們還可以趁便提到也是從東方開始發展的另一種觀照方式，這就是與唯一的神的獨立自足性不同的個別的人身，被理解爲具有內在的自由、獨立自足性和無所依存性，這種觀照方式當然不能超出東方文化教養所允許的程度。採用這種觀

---

❻ 這一段說明只有具有自意識的精神才是絕對的、獨立自足的、自己決定自己的，和它的實際客觀存在處於統一的，也才可以用作眞正藝術內容的。單純的自然界事物則沒有自覺性，各自孤立而且互相依存、互相影響，顯不出絕對或獨立自足性。

❼ 這裡說的是兩種不同的象徵型藝術觀點：一種是在崇高的藝術裡精神超越自然，否定自然；另一種是在泛神主義的藝術裡，神內在於自然界，詳見本卷上文關於「崇高」的部分。

❽ 精神認識到自己，就既是主體又是客體或對象。

照方式的主要是阿拉伯人。他們居在沙漠裡，面對著無邊大海似的平原，頭上是晴朗的天空。在這樣的自然界裡，他們要依靠自己的勇氣和膂力乃至維持生活的手段，如駱駝、馬和刀矛之類。他們不像印度人那樣軟弱和缺乏個性，也不像晚期伊斯蘭教詩歌中的泛神主義，他們所顯示的是個人性格的堅強獨立性，他們也聽任外在事物保持它們的明確界定的直接現實狀態。和個人性格的這種初步的獨立性相聯繫的是忠實的友誼、對賓客的殷勤、高尚的風操，但是也有無饜的報仇欲，永不能忘的仇恨，以及發洩仇恨時所表現的絕不饒人的激情和極端無情的殘酷。但是在這種基礎上所發生的一切都顯得在人世間是合乎人情的事。這不外是一些報仇的情節、愛情的關係、自我犧牲的高貴品質，其中沒有什麼幻想和奇蹟的意味，一切都是按照事物的必然聯繫確鑿不移地進行著。我們前此已經見過，希伯來人也有與此類似的對現實事物的觀照方式，他們也是實事求是，不僅看到事物的實際效用，也看到它們的自由的力量。性格的堅強獨立性以及仇恨和復仇方面的野蠻性，在原始猶太民族性格中也是根深柢固的。不過猶太人和阿拉伯人有一個顯著的差別：在猶太人中間，連最強有力的自然事物的形象之所以被描繪出來，並不是爲著顯示上帝的威力，在上帝面前一切事物都失去獨立性，就連仇恨和報復也不是私人對私人的，而是整個民族的仇恨，是向上帝表示的忠貞。例如晚期的《詩篇》特別是《先知書》[9]所禱祝的往往是其他民族的災禍和滅亡，這些作品的氣魄也往往表現在咒罵方面。

以上所說的一些觀照方式之中當然也有些眞正的美和藝術的因素，但是這些因素是互相外在的、分裂的，沒有達到眞正的統一，只是憑虛假的關係結合在一起。因此，神的觀念性的抽象的統一，還不能產生見出眞正個性的完全恰當的藝術表現形式，而自然和人的個性，無論從內在或外在方面來看，也還沒有顯出由絕對以否定的方式滲透進去。需用作基本內容的意義是外在的，而要表現它的現象則是確定了的，這就產生了第三種即比喻的藝術活動。在比喻裡意義和形象兩方面完全各自獨立了，而把雙方結合在一起的則只是進行比喻活動的那個看不見的主體，因此，意義外在於形象的缺點就更顯得嚴重，就成爲一種對眞正的藝術表現起消極或否定作用的因素。如果這種否定作用眞發生了，意義就不再是一種本身抽象的理想，而是一種在本身而且由本身確定的內在意義，作爲這種具體的整體，這內在意義本身就包含它的另一面，即本身完整而明確的形式或表現方式，因此，它在這種外在存在裡，作爲它所特有的形式裡所表現的和顯出的意義就只是它自己[10]。

---

[9] 《詩篇》和《先知書》均見《舊約》。

[10] 以上總結古典型藝術以前的象徵型藝術的三個主要階段，即不自覺的象徵、崇高和比喻三種方式。它們都顯出內在意義和外在形象的分裂，沒有達到眞正的統一。這一缺點就導致古典型藝術的產生。從內容（意義）和形式（所顯現的形象）的不同程度的統一著眼，黑格爾把東方各民族的象徵型藝術都看作希臘古典型藝術的一些準備階段。這是西方中心論的一種表現。

1.古典型藝術的獨立自足性在於精神意義與自然形象互相滲透

這種本身自由的整體在它自確定中所轉化成的另一體裡仍然保持著它自己的獨立，這內在意義在它的外在存在裡仍然是自己與自己一致，這種整體或內在意義就是絕對眞實的、自由的、獨立自足的，它在自己的客觀存在裡不表現別的，就只表現它自己。但是在藝術領域裡，這樣的內容意蘊還不是表現於無限的形式，也就是說，它還不是以自己爲對象的思想，把自己看作本質的絕對的東西，使自己取觀念性的普遍性形式而成爲客觀的⓫，而是仍表現於直接的自然的感性存在。但是意義既然是獨立自足的，它在藝術裡就需從它本身獲得它的形象，它本身就應包含它的外在存在的原則。因此它固然必須回轉到自然，但是它仍統治著外在的因素（自然），這外在的因素既然是內在整體本身的一個方面，就不再以單純自然的客觀事物的身分而存在，它已沒有獨立自足性，而只是精神的表現。在這種互相滲透之中，由精神轉化成的自然形象和外在存在那一方面也因而直接獲得它本身的意義，不再把這意義暗示爲某種從物體現象割裂開來、與物體現象不同的東西了。這就是符合精神概念的精神與自然的同一，它不只是停留在兩對立面的平衡上，而是把精神提升爲更高的整體，在它的另一體裡仍維持住它自己的獨立，把自然的化成理想的，使自己通過自然而且就在自然中表現出來。古典型藝術形式的概念就以這種統一爲基礎。

(1)這種意義與形體的統一還可以更確切地理解成這樣：在它們的既已完成的統一體裡就不再有分裂，不致使內在意義又脫離形體和具體現實而回到它本身，作爲只是內在的精神性，因而又回到差異雙方的對立。表現精神的那個客觀外在因素，按照它的概念來說，既然是完全受到定性的和向特殊分化的，那麼，自由的精神，在由藝術加工而獲得適合的現實存在之後，就只能是一種既受到定性而又本身獨立自足的，處在自然形象中的精神的個性。因此，形成眞正的美和藝術的中心和內容的是有關人類的東西；但是作爲藝術的內容，有關人類的東西，按照已經討論過的理想概念來說，需具有具體個性的本質定性，而且獲得恰當的外在顯現，這外在顯現雖然處在客觀存在中，卻脫淨了有限事物的缺陷。

(2)從此可以看出，古典型的表現方式，按照它的本質來說，已不再是嚴格意義的象徵的方式，儘管某些象徵的因素在這裡有時還起附帶作用。例如希臘神話，如果它是由藝術掌握了的，如果就它的精髓來理解它，就屬於古典型的理想，而不屬於象徵型的美，它是按照眞正的藝術理想的性格表現出來的，儘管某些象徵型藝術的殘餘還依附在它上面，像我們將來還要談到的——如果我們要追問：是什麼樣的確定的形象才能和精神形成這種統一體，而不只是對它的內容的一種暗示呢？我們就可以從這個定義裡得到答案：在古典型藝術裡，內容和形式需是互相適合的，就形象方面說，也要求本身具有整體性和獨立自足性。因爲整體具有獨立自足性，這是古典型藝術的基本定性，這就要求雙方的每一方，無論是精神內容方

⓫ 這就是說，藝術還不是哲學，它的內容意義還不表現爲普遍概念，而只表現爲具體形象。

面，還是它的外在顯現方面，都需本身就是整體，就是這整體形成了作品全體的概念。只有這樣，每一方才是在本身上與另一方統一的，因此，它們之間的差異就變成同一對象之中的純然形式的差異，從而使整體顯得是自由的，而雙方也顯得是互相適合的，因爲這整體在每一方都表現出來了，而在這雙方裡都是同一件事。正由於缺乏在同一個整體之內的這種自由的雙重化，象徵型藝術才在內容和形式兩方面都缺乏自由。這裡精神對本身就不清楚，因而顯示出它的外在現實不是它自己所特有的，不是通過它自己自在自爲地設立的[12]。另一方面，它的形象本應顯出意義，但是這意義只在其中一部分或某些因素上見出[13]。由於外在存在（形象）對於它所要表現的內在意義還是外在的，它首先要表現的就不是所要表現的意義而只是它本身，如果它在顯出本身以外還暗示出什麼其他意義，那就要對它勉強施加一些暴力，使它顯得不自然。在這種矯揉造作之中，這外在存在既不像是它自己，又沒有變成另一方面，即意義，而是以謎語方式把不倫不類的東西拼湊和混淆在一起，或是變成一種單純的外在裝飾，把一切事物的獨一的絕對意義加以神聖化[14]，一直到最後憑單純的主觀任意性就它（外在形象）與和它相隔很遠的乃至和它不相干的意義進行比喻。如果要消除這種不自由的聯繫，形象本身就必須自有意義，或者說得更確切一點，自有精神的意義。這種形象在本質上就是人的形象，因爲只有人的形象才能以感性方式把精神的東西表現出來。人在面孔、眼睛、姿勢和儀表等方面的表現，固然還是物質的而不是精神之所以爲精神的東西，但是在這種形體本身之內，人的外在方面不像動物那樣只是有生命的和自然的，而是肉體在本身上反映出精神。通過眼睛，我們可以看到一個人的靈魂深處，而通過人的全體構造，他的精神性格一般也表現出來了。所以肉體如果作爲精神的實際存在而屬於精神，精神也就是肉體的內在方面，而不是對外在形象不相干的內在方面，所以這裡的物質（肉體）並不包含或暗示出另外一種意義。人的形象固然與一般動物有許多共同處，但是人的軀體與動物的軀體的全部差異就只在於按照人體的全部構造，它顯得是精神的住所，而且是精神的唯一可能的自然存在。所以精神也只有在肉體裡才能被旁人認識到——在這裡我們還不能說明這種緊密聯繫的必要性以及靈魂與肉體的特殊的對應。我們需假定這種必要性作爲前提。人的形象上當然也有死亡和醜陋之類，取決於其他影響和依存條件的因素；如果有這種情況，藝術的要務正在於消除單純自然與精神之間的差異，使外在形體成爲美的，澈底塑造過的，受到生氣灌注的[15]，在精神上是活的形象。

所以在這種表現方式裡，涉及外在形象方面已不再有象徵的因素，而一切單純的追求、

---

[12] 象徵型藝術的意義還不是自覺的，它的形象也不是自覺地由意義決定的，所以對意義不能完全符合，不能和意義形成統一整體。

[13] 例如金字塔只有一部分見出所象徵的崇高氣魄，其中還有其他部分見不出這個象徵意義。

[14] 例如印度用牛、猴之類動物象徵梵。參看本卷第一部分（論印度詩）。

[15] 即中國畫論中的「氣韻生動」。

勉強、歪曲和顛倒也都已消除了。因爲精神如果已認識到自己是精神，它也就成爲本身完備和明晰的，而它和符合它的形象之間的協調也同樣成爲完備的、現成的，不需要由想像另造出一種與現成的結合相對立的結合才可以出現。古典型藝術形式也不只是一種通過肉體來描繪的膚淺的人格化，因爲應形成藝術作品內容的全體精神是從肉體中顯出來的，完全和肉體統一起來的。從這個觀點也可以研究一下藝術摹仿人的形象這一看法。按照普通的看法，選取人的形象來摹仿，這仿佛是一種偶然的事。我們反對這種看法，認爲藝術到了成熟期，按照必然規律，就必須用人的形象來表現，因爲只有在人的形象裡，精神才獲得符合它的在感性的自然界中的實際存在。

這番關於人體和它的表現的話也適用於人的感情，本能衝動、事蹟、遭遇和行動。這些因素的外在方面，在古典型藝術中也不只是自然的、有生命的，而是見出精神的，內外兩方面也達到了充分的統一。

(3) 由於古典型藝術把自由的精神性作爲具體的個性來掌握，而且直接從肉體現象中來認識這種個性，它就往往遭受到擬人主義的指責[16]。例如在希臘人當中，克塞諾芬尼就已指責過這種表現神的方式，他說，如果獅子們是雕刻家，它們就會讓它們的神具有獅子的形象。法國人有一句俏皮話與此也很類似：上帝按照他自己的形象創造了人，但是人也回敬了上帝，按照人的形象把上帝創造出來了。如果聯繫到下一階段藝術，即浪漫型藝術，來看這個問題，我們可以說，古典型藝術美的內容正和藝術所反映的宗教一樣，還是有缺陷的，但是缺陷並不在於擬人主義。我們毋寧說，古典型藝術，單從藝術觀點來看，的確是夠擬人主義的；如果從較高的宗教觀點來看，它的擬人主義就還太不夠。基督教卻把擬人主義推得更廣，因爲按照基督教義，上帝不僅是一個按照人來造型的個體，而是一個實際存在的個體，既完全是上帝，又完全是一個處在一切實際生活情況裡的有血有肉的人，不僅是一種按照人來造型的美和藝術的理想。如果我們把絕對看作一種抽象的本身無差別的東西，它就不能有任何方式的形象表現；但是如果上帝就是精神，他就應顯現爲人，顯現爲個別的主體，而不能顯現爲觀念性的人，他就要在實際上進展到具有時間性和外在形狀的直接的自然生命。這就是說，按照基督教的觀點，這裡有一種無終止的運動，把自己推到極端對立，只有否定（消除）本身上的這種分裂，然後才能回到絕對的統一。變成人的神就落在這個分裂階段裡，因爲神是作爲實在的個別主體，作爲與統一和實體相對立而出現的，他在這種一般的時間性和空間性的存在裡就感受到分裂的情感、意識和痛苦，以便終於消除矛盾對立而達到無限的和解。按照基督教的看法，這個轉變過程的關鍵就在上帝的本質。實際上在基督教裡上帝是作爲絕對自由精神來理解的，其中固然也有自然和直接個別存在這一方面，但這一方面也是必然要被否定（消除）的。在古典型藝術裡卻不然，感性因素並沒有被消除（否定），

---

⑯「擬人主義」把人以外的事物（包括神）都描繪成人。

因此也就不能上升到成爲絕對精神。所以古典型藝術和它的美的宗教還不能滿足精神深處；不管它本身多麼具體，它對於精神還是抽象的，因爲它還沒有經歷上述無限主體從矛盾對立到和解的運動，而只是一定的自由個體處在適合它的實際存在中所感到的一種未受干擾的和諧，一種在它的現實存在中的平靜、一種幸福、一種對自己的滿足感和偉大感、一種永恆的肅穆和福澤、一種縱使在災禍和苦痛中也不會失去鎮定自持的態度。古典型藝術還沒有深入地發展到植根於絕對的那種矛盾對立裡去，也還沒有使它達到和解。因此，它也還不能認識到與這種矛盾對立有關的一方面，這就使主體本身僵化爲與倫理和絕對相對立的抽象的人格，以致忽視罪孽和罪惡，以及主體內在生活本身的破壞、瓦解、不穩定，忽視在精神和感性兩方面所產生的不美、醜陋和卑鄙的整個分裂領域。[17]古典型藝術不越出眞正理想的純潔土壤的界限。

2. 希臘藝術作為古典理想的實現

談到古典理想在歷史上的實現，幾乎不消指出，這要到希臘人中間去找。古典美以及它在內容意蘊、材料和形式方面的無限廣闊領域，是分授給希臘民族的一份禮品。這個民族值得我們尊敬，因爲他們創造出一種具有最高度生命力的藝術。按照他們的直接現實生活去看，希臘人生活在自覺的主體自由和倫理實體的這兩領域的恰到好處的中間地帶。他們一方面不像東方人那樣固執一種不自由的統一，結果產生了宗教和政治的專制，使主體淹沒在一種普遍實體[18]或其中某一方面之下，因而喪失掉他的自我，因爲他們作爲個人沒有任何權利，因而也就沒有可靠的依據。另一方面希臘人也還沒有走到主體沉浸於自我，使個人與整體和普遍性的東西割裂開來，以便陶醉於自己的內心生活，只有靠進一步回到一種純粹的精神世界的內在的整體中，才能達到和實體與本質的重新統一。[19]但是在希臘的倫理生活裡，個人固然是本身獨立自足和自由的，卻也還沒有脫離現實政治的一般現存的旨趣，以及積極內在於當前實際情況的精神自由，按照希臘生活的原則，倫理的普遍原則和個人在內外雙方的抽象的自由，是處在不受干擾的和諧中的；在這個原則在現實生活中還在流行而且保持住它的純潔性的時期，政治要求和與它有別的主體道德理想之間還沒有顯出彼此獨立和對立；政治生活的實體[20]就沉浸到個人生活裡去，而個人也只有在全體公民的共同旨趣裡才能找到自己的自由。美的感覺，這種幸運的和諧所含的意義和精神，貫串在一切作品裡，在這些作品裡希臘人的自由變成了自覺的，它認識到自己的本質。因此，希臘人的世界觀正處在一種中心，從這個中心上，美開始顯示出它的眞正生活和建立它的明朗的王國；這種自由生活的

[17] 這些都是古典型藝術所忽略的與矛盾對立有關的一方面，也就是通常所說的反面的或消極的東西。
[18] 指宗教、政治和倫理的信條或理想。
[19] 以上兩方面指前此的象徵型藝術和後此的浪漫型藝術的精神特點。
[20] 即政治的理想和信條。

中心不只是直接地自然地存在著，而是由精神觀照產生出來，由藝術顯示出來的；這是一種介乎既有思索教養，卻又不假思索這兩種情況的中心，它既不把個人孤立起來，也還不能把個人的消極方面、痛苦和災禍帶回到積極的統一與和解裡去；這種中心，像一般生活一樣，同時也只是一個轉捩點。儘管他們在這個轉捩點上攀登上美的高峰，刻劃出一些個性鮮明的人物在精神上具體而豐富，仿佛其中蕩漾著一切音調，但是從這轉捩點去看已成過去的東西，它們雖然已不是作爲絕對的無條件的東西，卻還是作爲次要方面和背景而呈現出來。㉑就是根據這種世界觀，希臘民族使他們精神方面的神㉒現形於他們的感性的、觀照的和想像的意識，並且通過藝術，使這些神獲得完全符合眞正內容的實際存在。希臘藝術和希臘神話中都見出這種（內容與形式的）對應，由於這種對應，藝術在希臘就變成了絕對精神的最高表現方式；希臘宗教實際上就是藝術本身的宗教，至於後起的浪漫型藝術儘管還是藝術，卻顯出一種更高的不是藝術所能表現的意識形式。

3. 藝術創作者在古典型藝術中的地位

我們在上文既然一方面把本身自由的個性確定爲古典型藝術的內容意蘊，而另一方面又爲形象要求同樣的自由，從此就可以見出，這兩方面的完全融合，不管本身表現得多麼直接（自然），卻不能是一種本來就是天造地設的統一，而是必須顯得是一種由主體精神造成的結合。古典型藝術，由於它的內容和形式都是自由的，只能起於自己認清自己的（自覺的）

那種精神的自由。因此就生出了第三點，藝術家獲得了一種不同於前一階段的地位。這就是說，他的作品顯得是理智清醒的人的自由創作，他既知道自己所想做的事，也能做到自己所想做的事，所以他既不會對他們想要表現於感性觀照的意義和實體性的內容毫不清楚，也不會由於技巧能力的缺乏而在完成作品中受到阻礙。

如果我們進一步把藝術家的這種改變過的地位看得更精確一點，就可以看出他的自由表現於以下幾方面：

(1) 關於內容，它首先表現於這樣一個事實：他無須像象徵型藝術家那樣在動盪不寧的醞釀中去搜索內容。象徵型藝術在工作中始終受到拘束，先要製造和闡明內容意蘊，而這種內容意蘊又只是初次的（原始的），這就是說，一方面是仍在直接自然形態的事物，另一方面是普遍、太一、改變、轉化、生長和消逝這些內心中的抽象概念。但是正確的東西不是一霎子就可以找到的。所以象徵型藝術的表現雖然本來是應該闡明內容的，本身卻還是一些謎語和待解決的課題，只顯示出力求明晰的掙扎和心靈在反覆搜尋中動盪不寧和孜孜不輟的努力。與這種辛苦的搜尋相反，對於古典藝術家來說，內容是現成的，已經完成了的，所以它

㉑ 希臘藝術鼎盛期處在神話傳統剛要過去的轉捩點上。

㉒ 各種理想的化身，本是抽象的東西變成了具體形象。

對於想像來說，在基本意蘊上是已經確定了的，它來自信仰，民族信仰或是歷代相傳曾經發生過的事蹟。對於這種客觀的確定了的材料，藝術家可以自由處理，他無須親自去經歷孕育的過程，也無須費力探索它對藝術的眞正意義，對於他來說，一種自在自爲的內容已經擺在那裡，供他信手拾取，任他憑自己的意思去自由地再造。希臘藝術家們是從民族宗教中吸取材料的，而這民族宗教是已開始由希臘人從東方接受過來而加以改造過的。菲迪亞斯是從荷馬史詩中取來天帝宙斯的，就連悲劇詩人們也不是親自創造出他們所描繪的內容。基督教的藝術家們如但丁和拉斐爾，也只是就傳統信仰和宗教觀念中現成的東西來塑造形象。就某一方面來看，崇高風格的藝術固然也有類似的情況，不過有一個差別，那就是在崇高裡，對內容即太一實體的關係不讓主體性行使它的權利，享受獨立的抉擇。反之，比喻的藝術形式對意義和所用形象固然有所選擇，不過這種選擇卻全憑主觀任意性，沒有形成古典型藝術概念所要求的來自創造主體的那種具有實體性的個性。

(2) 對於藝術家來說，在民族信仰、傳說以及其他實際情況裡，愈易找到現成的絕對自由的內容，他也就愈能集中精力去替這種內容塑造恰當的外在藝術顯現形式。就這一層來看，象徵型藝術就不免要在無數形式中徘徊搜尋，仍找不到一個完全合適的形式，要憑馳騁奔放的幻想，毫無約束和節制，不能把總嫌不合適的形象配合到所找到的意義上去；古典型藝術家卻不如此，他卻知道約束和節制。這就是說，在古典型藝術裡，內容本身就決定著它的自由的形象，而那形象本身也就自在自爲地符合那內容，因而藝術家顯得只是完成按照概念本身既已成就的東西。如果象徵型藝術家要勉強把意義嵌到形象上去，或是把形象嵌到意義上去，古典型藝術家卻就意義去塑造形象，仿佛只是就現成的外在顯現形式上洗刷，去一些不適合的附贅懸瘤。在這種活動中他儘管排除了任意性，卻不只是在臨摹或墨守成規，而是在整體上有所改進。凡是要從頭搜尋和發明眞正內容意蘊的藝術就不免忽視形式方面；但是在創造型式成爲主要興趣和藝術家的特殊任務的地方，隨著描繪的進展，內容也就不知不覺地逐漸形成，正如我們已往所見到的，如果形式與內容都完善，兩者總是攜手並進的。從這方面看，古典型藝術家是在爲當時現成的宗教世界服務的，他運用藝術的自由遊戲，把當時現成的材料和宗教觀念更生動鮮明地發揮出來。

(3) 這番話也適用於技巧方面。對於古典型藝術家來說，他所用來工作的感性材料[23]也應該是現成的，應該是已經消除掉一切生硬和粗糙之類缺點的，而且是直接順從藝術家意圖的，這樣才能使內容按照古典型藝術的概念，通過這種外在的軀體而自由地毫無阻礙地呈現出來。所以古典型藝術需處在一種熟練技巧高度發展的階段，才能使感性材料聽從藝術家隨意指使。這樣一種技巧的完善，如果要直接能把心靈和它所構思的東西都表達出來，又要假定藝術中一切手藝操作的成規都已經高度發達了，而這種情況主要地要在一種穩定的宗教

[23] 「感性材料」指藝術媒介，如聲音、顏色，線條之類。

裡才會出現。例如像埃及的那種宗教觀，就替自己創造出某些確定的外在形象、偶像和巨大建築，它們的類型變成了固定的，而在形式與形體的傳統的千篇一律之中，仍使不斷發展的熟練技巧有廣闊的用武之地以改進或深造。這種手藝成規必須先已存在（儘管還有些拙劣離奇），然後古典美方面的天才才能把機械的熟練加以改造，使它達到技巧的完美。因爲只有到了單純的機械性的技藝已不再成爲困難和障礙的時候，藝術家才能致力於自由塑造型式，這中間實際的練習同時也就是一種深造或改進，這是和內容與形式的進展密切聯繫在一起的。

4. 題材的劃分

涉及古典型藝術的劃分，人們通常取較一般的意義，把每一件完美的藝術作品都稱作古典型的，不管此外它還具有其他性質，例如象徵型的性質或浪漫型的性質。我們現在用「古典型的」這個詞當然也採取藝術完美這個意義，不過有一點不同，我們認爲這種完美必須植根於內在的自由的個性，與它所藉以顯現的那種外在存在之間的澈底的互相滲透，所以我們把古典型藝術及其完善，和象徵型藝術與浪漫型藝術都明確地區分開來，後兩種藝術類型的美無論在內容上還是在形式上都是完全另樣的。我們在這裡也不按照它的慣用的較不明確的意義，把「古典型的」這個詞用來討論表現古典理想的那些藝術門類，例如雕刻、史詩、某些特殊種類的抒情詩以及某些特殊形式的悲劇和喜劇。這些特殊的藝術門類雖然都刻下古典型藝術的烙印，只有等到第三卷討論各門藝術及其分類時才能談到。我們目前所要詳細討論的是在上文已界定其意義的那種古典型藝術，所以我們可以用作題材劃分的根據只是從這個古典理想的概念本身產生出來的不同的發展階段。這種發展主要有下列幾個階段：

我們必須注意的第一點就是：古典型藝術不像象徵型藝術那樣是藝術的最初階段或開始，而應理解爲結果。象徵型的表現方式是古典型藝術的前提，所以古典型藝術是要從象徵型表現方式的發展過程中發展出來的。進展的關鍵在於內容具體化爲明確的自覺的個性。要表現這種個性，既不能運用基原自然的或動物的自然形象，也不能運用和自然形象胡亂混雜在一起的人格化和人體形象，而是要用完全由精神灌注而顯出生氣的人的軀體。自由的本質在於由自己決定自己是什麼，所以初看像只是古典型藝術起源的條件和前提，而應放在古典型範圍之外的題材還應放在古典型範圍之內，才能顯示出古典型是怎樣克服不適合理想的消極因素，而達到眞正內容和正確形象的。通過這種形象塑造過程，眞正的古典型的美，無論在內容上還是在形式上，才能由自己產生出來。這就是我們要在第一章裡討論的出發點。

在第二章裡我們就追溯這種發展過程一直達到古典型藝術的眞正理想，在這裡希臘人的新的美好的藝術神的世界形成中心點。我們將從精神個性與直接和這種個性聯繫在一起的人體形象這兩方面，來追溯這個藝術神世界的發展。

第三，古典型藝術這個概念不僅包括古典美自生展的過程，而且還包括古典美的解體，這就導致另一個領域，即浪漫型藝術。古典美的領域中神們和個別的人們，先由藝術意識產生出來而後又從藝術意識中消逝了，於是藝術意識或是轉回到希臘藝術在其中曾攀登過完美高峰的自然方面，或是轉向一種失去了神的鄙陋凡庸的現實世界，把其中虛僞的和消極的因素暴露出來。這種解體導致藝術主要因素的分裂，而原先由這些因素直接融合成美的那種和諧卻是古典型藝術的精髓。這種解體中的藝術活動就是第三章的題材。內容和外形既已分裂，內心世界獨立地處在一邊，和它割裂開的外在世界處在另一邊，退回到自身的主體就不再能從以往的那些形象中找出能表現它所理解的現實，於是從一種更絕對自由無限的新的精神世界[24]吸取內容，爲著表現這種較深刻的內容意蘊，就要四處搜尋新的表達方式。

[24] 指基督教，這裡說的是古典型藝術的解體導致浪漫型藝術的產生。

第一章　古典型藝術的形成過程

自由精神這個概念之中直接地包含著精神回到自己，爲自己而存在而且客觀地存在著這樣一個階段，儘管像過去已經指出過，這種沉浸到內心世界的情況，既不是脫離精神中一切實體性的因素，和自然中一切有持續性的因素的那種主體的否定或消極的獨立自足化，也不是進一步發展到眞正無限的主體自由所由形成的那種絕對的和解。精神的自由無論表現爲什麼形式，一般都要經過否定單純的自然性（即與精神對立的那種自然）。精神首先要從自然中退回到自己，把自己提升到超越自然而且降伏自然，然後才能在自然（作爲一種無抵抗的因素）中無拘無礙地統治著，把自然轉化爲一種能表達精神的外在存在。如果要問古典型藝術要否定或揚棄什麼具體對象，才能獲得精神的獨立自足性，回答就是：古典型藝術的對象並不是單純的自然而是已由精神意義滲透了的自然。所以要揚棄的就是象徵型藝術用直接的自然形體去表達絕對的那種表達方式。在象徵型藝術裡，藝術意識或是在動物之類對象裡直接見出神，或是徒勞無益地企圖用虛妄的方式勉強追求精神和自然的眞正的統一。正是要揚棄或改革這種虛妄的結合，才能使理想成其爲理想，使理想在它自己的領域裡成爲制勝的力量去自由發展。

這裡可以趁便解決一個相關的問題：希臘人是否曾從其他民族借來他們的宗教呢？我們前已見到，按照古典型藝術的概念，它就必然要用一些從屬的觀點作爲它的前提，這些前提就它們實際出現和隨著時間進展而分化的情況來說，對於要從它們出發而努力塑造出來的那種較高的藝術形式是一種現成的資料，是新發展的藝術的出發點。❶不過涉及希臘神話方面，我們找不到歷史的證據來證明它的起源也是如此。但是希臘精神對這些前提或現成資料的關係，基本上是一種製造（Bilden）的關係，說得更確切些，是一種起否定作用的改造（negative umbilden）的關係。假如不是經過推陳出新，觀念和表達觀念的形象就都會照舊不變。希羅多德在前文引過的關於荷馬和赫西俄德的一段話裡固然說過，這兩位詩人替希臘人創造了神，但是他也明確地說過某些神是來自埃及的。詩的創作並不排除從其他民族借取材料，但是必然要經過改造。事實上在希羅多德所提到的那兩位大詩人所屬的時代之前，希臘人早就有了一些神話觀念。

如果進一步追問這種對目前尚不符合理想，而應該使其符合理想的材料所進行的必要的改造，究竟具有什麼樣的明確的特性，我們就會發現神話的內容是用一種素樸方式去表現的。希臘神的體系的主要行動就是繁殖自己，從過去神族的生命史出發來形成自己。此外，要使神們作爲具有肉體形象的精神性的個體而存在，一方面就需要精神不是用只有自然生命的動物來顯現它的本質，毋寧說，要把只有自然生命的動物看作有損精神尊嚴的、導致精神於災禍和滅亡的；另一方面，精神也要超越自然的基本因素，不用這類因素的混亂的表現方

---

❶ 古典型藝術的前提或現存的資料是象徵型藝術所提供的，所以古典型藝術即「較高的藝術形式」和「新發展的藝術」，要以象徵型藝術爲出發點。

式。與此相反，對於古典神的理想來說，還需使精神不只是像個人精神那樣處在抽象的有限的孤立自足狀態，和自然及其基本因素的力量相對立，而是要按照精神的概念，使精神本身就包含一般自然生命的基本因素作爲它的組成部分。正如神們在本質上就是既具有普遍性而同時又是一些受到定性的個體，在肉體方面也應具有自然性作爲一種起廣泛作用的基本的自然力量，和精神活動交織在一起。

根據這個觀點，我們把古典型藝術的形成過程劃分如下：

第一個要點是貶低動物性因素，把它排斥到自由的純潔的美的領域之外。

第二個更重要的方面是通過克服原先看作神的一些原素性的自然力量❷，使眞正的神的種族獲得不容爭辯的統治，這就涉及舊神和新神之間的鬥爭。

第三，精神既已獲得了自由權之後，上述否定的趨向又變成肯定的，原素性的自然就變成了由神們的個體精神滲透的肯定性的方面❸，這些神從此仍把動物性因素擺在自己的周圍，儘管只是作爲外在的符號或標誌。

從這些觀點出發，我們現在約略地指出這三個階段的一些較明確的特徵。

1. 貶低動物性的東西

在印度人和埃及人中間，一般地在亞洲人中間，我們看到動物或至少是某些種類的動物是當作神聖而受到崇拜的，他們要藉這些動物把神聖的東西顯現於直接觀照。因此，在他們的藝術中動物形體形成了主要因素，儘管它們後來只用作象徵，而且和人的形狀配合在一起來用，再到後來只有人才作爲唯一眞實的東西而呈現於意識。只有到精神達到自覺的時候，動物生活的昏暗的內在方面才不再受到崇敬。古代希伯來人就早已如此，前文已經提到過，他們把全體自然界事物，既不看作象徵，也不看成神的體現，而是外在事物本來有什麼力量和生命，他們就說它們有那種力量和生命。不過就連在古希伯來人中間也偶爾還有敬畏有生命的東西這種習俗的殘餘。例如摩西就禁止人吃動物的血，因爲生命就在血裡。但是人應該可以吃凡是對他適合的東西。向古典型藝術過渡中應該注意的下一步就是把動物的崇高地位和價值降低，而且把這貶低本身用作宗教觀念和藝術創作的內容。這方面有無數事例，我們只從其中挑選下面幾個。

A. 動物供祭（犧牲）

在希臘人中間，某些動物比起其他動物顯得占較優先的地位，例如在荷馬所描寫的犧牲裡（《伊利亞特》，II，三〇八；XII，二〇八），蛇就是一種特受寵愛的精靈。當時某一種動物是專爲供祭某一個神的，另一種動物則專爲供祭某另一個神的。還有在路上跑的野兔、向左飛或向右飛的鳥兒以及動物的內臟，都被認爲是徵兆而受到研究。從這些事例固然可以

---

❷ 即上文「基本的自然力量」和「基原自然」，在古代指地水火風「四大」。

❸ 精神原先否定自然，在現階段卻肯定自然，用它用爲符號。

看到某種對動物的崇拜，因爲神們通過這些動物向人宣示預兆，基本上只是一些很零散的感示，在一剎那中顯出的神旨，其中當然還有些迷信成分。更重要的是用動物作祭供而且把祭供吃掉。印度人的辦法卻相反，他們把被視爲神聖的動物完全放生不殺，並且善加護養，而埃及人甚至在被視爲神聖的動物死後，還替它們防腐。希臘人則把犧牲本身看作神聖的。人通過犧牲來表示他願意把自己所視爲神聖的東西供獻給神，而自己卻寧可不享用。但是希臘人也還有一個特點，他們的犧牲典禮卻同時是一次饗宴（《奧德賽》，XIV，四一四；XXIV，二一五），他們獻給神的只是動物的一部分而且是不能吃的部分，至於肉則留作自己饗宴之用。從此在希臘本土就產生了一個神話。據說古代希臘人用犧牲祭神是非常隆重的，把被犧牲的動物全部用火燒掉。就連窮人們也不能反抗這種大浪費。普羅米修斯於是向天神宙斯央求，天神才准許此後人們只需用動物的一部分供祭，其餘部分可以留作己用。普羅米修斯於是宰了兩頭牛，把兩副肝全燒作祭供，把兩頭牛的骨頭包在一張牛皮裡，把肉包在另一張牛皮裡，讓天神選擇。天神受了騙，選擇了骨頭，因爲體積顯得比較大些，這樣肉就留給人了。所以在人把牛肉吃完之後，供神的那一份就放在同一堆火裡燒掉了。但是天神把火從人那裡奪去，因爲沒有火，肉的部分也就無用。這辦法卻沒有生效，普羅米修斯把火偷走了，因爲心裡歡喜，回去跑得比飛還快，因此，像傳說所說的，送喜信的人們到現在跑起來還飛快——希臘人就是用這種方式去解釋人類文化的每一步進展，並且把它表現在神話裡，在意識裡保存下來。

B. 狩獵

與此相聯繫的還有一個類似的例證，可以說明動物性的東西受到進一步的貶低，這就是關於一些著名的狩獵的傳說，人們把這些狩獵聯繫到一些英雄，並且看作值得感謝和紀念的事情而保存下來。獵殺的動物都是危險的敵人，例如海克力士獵殺尼米亞地方的獅子，洛爾涅地方的九頭蛇，以及麥勒阿格獵殺卡里頓地方的野豬之類，都被視爲值得把英雄提到神的行列中的豐功偉績，而在印度，人們卻把毀滅某些動物視爲罪行，犯者就應該處死。在這類狩獵事蹟裡其他象徵意義當然也在起作用，或是作爲基礎，例如在關於海克力士的事蹟的神話裡，就涉及太陽和它的運行，所以這類英雄事蹟也提供一個基本因素，可以用象徵來解釋，不過這類神話同時也可以照明確的字面意義來解釋，即把它們看成涉及造福人類的狩獵，呈現於希臘人意識的就是這個意義。和這方面有類似聯繫的還可以聯想到伊索的某些寓言，特別是前文已經引過的甲殼蟲寓言。甲殼蟲是一個古埃及的象徵，埃及人或埃及宗教觀念的闡明者把甲殼蟲下的球形的糞團看作世界球，在《伊索寓言》裡它出現在天神面前，但是寓言加上一點重要的東西：老鷹不尊重甲殼蟲所保護的野兔❹。阿里斯托芬卻完全拿它來

---

❹《伊索寓言》裡「鷹與甲殼蟲」的故事敘述鷹追兔，兔求救於甲殼蟲，甲殼蟲替兔向鷹求情，鷹瞧不起甲殼蟲，把兔吃掉。甲殼蟲於是覓鷹巢毀鷹卵，鷹逃到它的護神宙斯膝上下卵，甲殼蟲於是銜著一個糞團投到宙斯膝上，宙斯起身抖掉糞團，鷹卵仍落地打碎了。阿里斯托芬在喜劇裡譏誚蘇格拉底，說甲殼蟲趁他仰頭望天把糞落到他口裡。

開玩笑。❺

C.變形❻

第三，貶低動物性的東西在許多變形記裡也有明顯的表現，例如奧維德所詳細描繪的那些變形，顯出了他的聰明才智和微妙的情感和見識，但是也寫得很囉唆，缺乏內在的偉大的主導的精神，只是把單純的神話遊戲和外表的事實雜湊在一起，其中看不到一種較深刻的意義。但是那些變形並不是沒有深刻意義的，正是為這個緣故，我們在這裡又提到它們。這些變形記就材料來看，大部分是很離奇粗俗的，這並不是由於當時文化的腐朽，而是像《尼伯龍根之歌》一樣，是由於一種粗野自然狀態的腐蝕；從第一卷到第十三卷，就內容來說，它們比荷馬史詩還更古老，其中夾雜著宇宙學以及腓尼基，佛里基亞和埃及等國的一些外來象徵因素，誠然是按照人的方式來處理的，但是粗俗的底子還是保存著；至於特洛伊戰爭以後所敘述的變形記，雖然取材於過去傳說時代，其中夾雜著後來的阿雅斯和伊尼亞斯的事蹟，卻有些不倫不類。

(1)一般地說，我們可以把變形看作和埃及人對動物的看法，以及對動物的崇拜是相反的，因為從精神的倫理方面來看，變形對自然是抱否定態度的，它們把動物和其他無機物看成是由人淪落而成的形象。因此，如果埃及人把一些自然元素的神提高到動物，使它們獲得生命，變形的情況就恰恰相反，像前文已經提到過，自然事物形狀被看作人所遭受的變形，爲著要懲罰他的某種或輕或重的過錯或罪行；這種變形被看作一種剝奪神性的災難的痛苦的生存，在這生存中人就不能再保持人形。所以這種變形不能指埃及人所理解的靈魂輪迴，因爲這種靈魂輪迴是一種不涉及罪孽的變形，人變成獸，反而被看成一種提高。

就整體來說，變形記並不是一個完整而謹嚴的神話系統，儘管由精神流放到裡面去的自然事物是多種多樣的。現在舉幾個例子來說明。

在埃及人中間，狼發揮著很大的作用，例如歐西里斯在他的兒子荷魯斯與泰風❼鬥爭時，作爲他的兒子的援助人和保護人而出現，在一系列的埃及貨幣上他也和荷魯斯站在一起。一般地說，狼與日神的聯繫是很古老的。但是在奧維德的《變形記》裡，路康變形爲狼，卻被說成是對他的瀆神罪的懲罰。❽據說巨靈族在被征服後（《變形記》，I，一五〇—一二四三），他們的屍體被打成粉碎，大地濺了他們的兒子們所灑的血，就溫暖起來，就使這熱血重新獲得生命，爲了不要留下巨靈這個野蠻種族的痕跡，她就造成了人的種族。但

---

❺ 參看本卷第一部分第三章，一，「寓言」節和注。

❻ 參看本卷第一部分第三章，三，「變形記」節。

❼ 歐西里斯（Osris），埃及的陰間皇帝，已前見；荷魯斯（Horus），埃及的日神，泰風（Typhon），歐西里斯的弟兄，風神的父親，巨靈族之一。看下句，荷魯斯可能同時是狼神。

❽ 路康（Lykaon），傳說中希臘阿克第亞國王，用人肉享天神，天神用電火把他打死，變爲狼。

是巨靈的這批後裔仍然不敬神，酷嗜殘殺、兇猛成性。天神於是召集諸神會議，要把這個凡人種族消滅掉。天神告訴諸神，路康怎樣用詭計欺騙了他，他這位雷電的驅遣者和眾神之王。天神說，他聽到當時人世的鄙劣情況，就從奧林匹斯山下凡，到了阿克第亞，給了預兆，告訴人們有一位神要降臨，於是人們就開始祈禱。路康首先譏笑這種虔誠的禱告，大聲喊道：「我要檢驗一下這究竟是一個神還是一個凡人，眞相將會大白。」天神繼續說：「路康準備趁我夜裡睡熟時殺害我，想趁此測出眞相。他還不滿足於此，他還用刀割了一隻摩拉西種的山羊，把半死半生的一部分煮起，把其餘的部分放在火裡烤好，把這兩部分都放在我面前讓我吃。我就用復仇的火焰把他的房子燒成灰燼。他畏懼起來了，就逃開那裡，當他走到寂靜的田野裡，他就號啕大叫，想說話卻說不出來。他嘴裡滿是狂怒，心裡渴想殘殺，就去屠殺牲畜，直到現在還在喝它們的血；他的衣服變成了毛皮，他的手膀變成了蹄爪，他變成了一隻狼，還保持著狼的原形的特徵。」

在普洛克涅變形成燕子的故事❾裡，也可以見出與此類似的因凶行而遭到的嚴懲。普洛克涅向她的丈夫特魯斯央求，如果他寵愛她，就請他允許她去看她的妹妹，或是請她的妹妹來看她，特魯斯就趕忙把船放下海，藉帆櫓的幫助，很快地就到達了庇利烏斯國的海港。他一見到他的姨妹斐羅米爾，就對她發生了有罪的愛情。當他動身回國時，他的岳父邦第安要他發誓沿途要用慈父的愛去保護她，並且盡快地遣送她回來，因爲她是他老年的安慰。但是他把船一抵岸，野蠻的特魯斯就把她禁閉起來，她恐懼萬狀，含淚追問她姊姊在哪裡，但是他把她強姦了。她滿腔忿恨，聲稱要把羞恥拋開，親自揭露他的罪行。特魯斯就抽出刀來，把她抓住綁起，把她的舌頭割掉，向妻子佯言斐羅米爾已經死了。接著悲傷的普洛克涅就從肩上撕下華麗的衣裳，穿上喪服。她在空墓上豎立起一座墓碑，去追悼她妹妹的命運，實際她妹妹並沒有死。斐羅米爾怎樣辦呢？身遭幽禁，被剝奪去了說話的能力，她就想施巧計，用紅線在一件白衣上繡出特魯斯的罪行，暗下把這件衣送給她的姊姊。普洛克涅從這上面知道了她妹妹的令人傷心的消息。她不言語也不哭，一心一意地要報仇。那是酒神祭典的時節。受了悲痛的復仇女神的驅遣，她直奔到她妹妹那裡，把她從囚房裡拖出來帶著走。回到自己家裡時，她正在暗算怎樣去對特魯斯進行嚴酷的報復而遲疑不決之際，她的兒子伊提斯來了。她睜著兇惡的眼睛盯著他，他多麼酷似他父親啊！二話沒有說，她就行了凶。她們把這孩子殺掉，烹給特魯斯吃，特魯斯這樣就吃了自己的血肉。接著他要看兒子，普洛克涅告訴他說，你要看的孩子就在你自己肚子裡。他正在四顧搜尋，一再追問叫喚，斐羅米爾就把孩子的血淋淋的頭端給他看。他一看到，就跳開餐桌，悲痛號啕，說自己成了兒子的墳墓，接著就拔出刀來，衝向邦第安的兩個女兒。但是這時她們已長了翅膀飛開了，一個飛到樹林裡，一個飛到屋頂上，[10]至於特魯斯自己，儘管還在悲痛，想著要報仇，也變成了一隻鳥，頭頂

---

[9] 參看本卷第一部分第三章「變形記」節和注。

[10] 斐羅米爾變成夜鶯，普洛克涅變成燕子。

上長著一個羽冠，嘴殼伸得特別長，名字叫做戴勝。

另外一些變形卻來自比較輕微的過錯。例如西格弩斯變成天鵝[11]，阿波羅的第一個鍾情的對象達芙涅變成一棵桂樹[12]（《變形記》，I，四五一—五六七），克利蒂變成向陽花[13]，納西瑟斯愛自己，瞧不起姑娘，在鏡中欣賞自己的影子[14]，畢布理斯[15]愛上自己的哥哥，遭到他鄙視，就變成現在還因她命名的那條泉水，在一棵大橡樹陰下流著（《變形記》，IX，四五四—六六四）。

不過我們不應該迷失在細節中，爲著過渡到下一節，我只提一提庇耶里德九姊妹的變形。根據奧維德（《變形記》，V，三〇二），她們都是庇耶羅斯[16]的女兒，向女詩神挑戰要和她們競賽。我們認爲重要的只是女詩神們和九姊妹所唱的歌詞的差異。九姊妹歌唱諸神的混戰（《變形記》，V，三一九—三三一），不公平地把榮譽歸給巨靈族，縮小諸神的偉大功績。據說泰風[17]從地心鑽出來，大鬧天宮，嚇得諸神紛紛逃竄，逃到埃及才歇下來，已疲倦不堪。根據九姊妹的歌詞，泰風也追到埃及，諸神只得僞裝起來，他們的領袖據說是朱彼特，因此利比亞的阿蒙神至今頭上還戴著彎曲的角[18]。此外還有德里耶變成烏鴉，色麥勒的後裔變成山羊，日神斐布斯的妹妹變成貓，天后朱諾變成雪白的牛，女愛神維納斯變成魚，交通神墨丘利披上鷺鷥的羽毛。[19]

在這些事例裡，變成動物形狀對於神們都是一種屈辱。儘管他們變形並非由於犯了罪過而受到懲罰，畢竟還是由於怯懦，他們才自願地變成動物形狀。卡利俄佩卻不然，她歌頌的是希銳思[20]的功績和歷史，她說希銳思是第一個人用彎曲的犁頭去耕地，在地裡種果實和生產的營養品，也是第一個人制定了法律，我們全體都沾到她的恩惠。「我要歌頌的就是她，她是值得歌頌的，但願我的詩才值得歌頌她！」當卡利俄佩唱完了，庇耶里德九姊妹卻斷定她們自己是競賽中的勝利者；但是她們正要開口說話，揮手叫嚷時，卻發現她們的手變成了翅膀，胳膊上長了羽毛，每個人都看到其他八姊妹嘴都變成了喙。她們正要表現自己的悲

---

⑪ 西格努斯（Cygus），文藝神阿波羅的兒子。

⑫ 達芙涅（Daphne）女河神，被阿波羅追趕，禱神求援，被變成一棵桂樹。

⑬ 克利蒂（Clyie），河神的女兒。

⑭ 納西瑟斯變水仙花的故事已見本卷第一部分第三章「變形記」節注。

⑮ 也已見第一部分第三章注。

⑯ 庇耶羅斯（Pieros）是傳說中一位希臘國王。

⑰ 注見上文。

⑱ 阿蒙（Ammon）是埃及的最高神，相當於希臘的宙斯，即羅馬的朱彼特，看文義，阿蒙頭上長角，是受朱彼特逃埃及時僞裝的影響。

⑲ 以上都出自《變形記》或古代傳說，不詳注。

⑳ 卡利俄佩（Kalliope），史詩女神，九女詩神之一；希銳思（Ceres），女穀神。在比賽中庇耶里德歌頌反抗天上諸神的巨靈族，而女詩神則歌頌天上諸神，特別是穀神。

痛，鼓動的翅膀卻送她們飄到空中，化成了啄木鳥，在樹林裡叫號。她們一直到現在，據奧維德說，還保留著原來的那種多嘴多舌喋喋不休的老習慣（《變形記》，V，六七〇）。

這裡變形還是一種懲罰，在多數事例中，是對不敬神的懲罰。

(2) 關於其他一些神和人變形為動物的著名的事例，如索爾色[21]能使人變成獸，被變形者固然不是直接由於犯了什麼罪過，但是處在動物的情況至少仍然顯得是一種災禍和屈辱，連為私圖而造成這種變形的主體也不能因此獲得榮譽。索爾色只是一個次要的不很煊赫的女神，她的能力只是單純的魔術，而交通神卻能援助尤利西斯，終於使那些中魔的旅伴脫了險。與此類似的有天神宙斯所扮成的各種形狀，為著劫掠歐羅巴，他變形為牛；他追求列達，就變形為天鵝；他變形為一陣金雨，使達妮受了孕[22]；這些變形目的都在欺騙，要達到的都不是精神性的而是粗鄙的出於自然衝動的意圖，經常遭到天后的有理由的妒嫉。在許多古老的神話裡，一般生殖方面自然生活的觀念在這裡（《變形記》裡——譯者）由想像虛構成一些關於神和人的父親（天神宙斯——譯者）淫行的零星故事，不過他不是以自己的原形而且大半也不是以人形，而是故意扮成動物和其他自然界事物的形狀來從事他的淫行的。

(3) 最後還有些人獸同體的雜種，也沒有被希臘藝術拋棄掉，不過動物性部分是被看作缺乏精神性的和由墮落來的。例如在埃及，牡山羊孟德斯是被崇敬為神的（希羅多德的《歷史》，II，四六），根據雅布倫斯基[23]的意見（見克洛伊佐的《古代民族的象徵和神話》，I，四七七），它象徵大自然的生殖力，特別是太陽的生殖力。人們崇拜這種牡牛達到了淫穢的程度，據詩人品達說，連女人們也獻身給這些動物。在希臘，畜牧神潘恩㉔卻是令人見到就恐懼的神；後來在一些山神、林神和畜牧神身上，牡山羊的形狀只以次要的形式出現在腳上，而在最美的標本上面，只是兩個尖耳朵和兩個小角才保存著牡山羊的形狀，其餘各部分都是按照人形而構成的，而獸形的部分則縮成微不足道的遺痕。儘管如此，林神在希臘並不是一種高級神，不代表什麼精神力量，他們的性格特徵總是淫逸、放蕩、快活。他們固然也有時表現出較深刻的意蘊，例如慕尼克所藏的一座林神雕像描繪出林神把幼小的酒神抱在懷裡，帶著深情厚愛的微笑看著他。他並不是酒神的父親，只是酒神的照管人，他對著嬰兒

㉑ 索爾色（Circe），日神的女兒，住在啊呀島上，尤利西斯在特洛伊戰爭結束後，乘船回希臘，路過啊呀島，他的旅伴們飲了索爾色的藥酒，都變成了豬，交通神送給尤利西斯一種草藥根，解了藥酒的魔力，索爾色被迫使他們還原爲人，並且和尤利西斯結了婚，事見荷馬史詩《奧德賽》。

㉒ 據希臘神話，天神宙斯很好色，歐羅巴（Europa）是腓尼基的一個公主，在海濱遊戲時，天神變牛把她劫走；列達（Leda）是斯巴達的一個公主；達妮（Danae）是阿戈斯的一個公主；這些凡人女子和宙斯結婚之後生下來的有神和有名的英雄。

㉓ 雅布倫斯基（Jablonski, 1660-1741），德國新教神學家。

㉔ 潘恩（Pan），希臘的山林畜牧神，人身羊腳，和埃及的孟德斯相當，據說他愛惡作劇，常突然出現在過路人面前，引起他們恐懼。山神（Faun）和林神（Satyr）都和畜牧神潘恩同類，在文藝作品中代表喜劇方面的精神。

的天眞純潔所表現的喜悅頗類似聖瑪利對基督的愛，這在浪漫型藝術裡卻提高到具有高度的精神性。在希臘人中間，這種最美的慈愛還僅限於林神這一次要的範圍裡，顯示出它的來源要回溯到動物的自然的生活，所以由林神之類低級的神表現出來。

與此類似的中間（雜種）形象還有半人半馬的怪物[25]，也是以自然方面的淫逸和肉慾爲主要的性格特徵，精神方面卻退居次要地位。但是齊薙當然比較高貴，他是一位能幹的醫生，阿基里斯的塾師，不過作爲一個小孩的教師，他並不能擺在神的行列，而只表示他具有凡人的才智。

從此可見，在古典型藝術中動物形狀在各方面都受到改變，總是用來表示罪惡、低劣、單純自然而缺乏精神，而在希臘以外，它們卻曾用來表示正面的絕對的東西。

2. 舊神和新神之間的鬥爭

第二個階段比上述貶低動物的階段較高一級，這就是古典型藝術中的眞正的神們既然以自由的自我意識（自覺），即精神性的個性本身所固有的力量，爲他們的內容，他們也就能作爲認識和意志的主體，即作爲精神的力量，而呈現於觀照。它們被表現爲人的形象，這人性的因素不是由想像從外面強加於這種內容的一種單純的形式，而是內在於意義、內容或內在因素本身。至於神性的因素一般是按照本質作爲自然和精神的統一來理解的；這兩方面都屬於絕對；只是這種諧和（統一）的不同的表現方式才形成這一階段的各種藝術形式和各種宗教的發展階段。按照我們的基督教的觀念，神是自然界和精神界的創造主，因而被視爲不能在自然中有直接的存在，因爲他只有從自然存在退回到他本身，作爲精神的絕對的自爲存在，才是眞正的神。只有對有限的凡人的精神，自然才處在對立地位，才成爲一種界限和範圍；有限的凡人的精神如果要打破這種界限和範圍，它就只有在認識方面用思考來掌握自然，在實踐方面能實現精神觀念、理性、善和自然之間的和諧，才能把自己提升到無限。而這種無限的活動就是神，因爲神才達到對自然的統治，他作爲這種無限的活動及其認識和意志，本身就是自爲的（自覺的）。

在眞正的象徵型藝術所表現的宗教裡，情況卻與此正相反，我們在前文已經見到，內在的觀念性因素和自然這兩方面的統一是一種直接的結合，因而這種結合在內容意義和形式兩方面都以自然因素爲其基本定性。所以太陽、尼羅河、海洋、大地、生和死，以及生殖和再生殖的自然過程，以及一般自然條件的變化過程，都被看作神的一種存在和生活而受到崇拜。不過這些自然力量在象徵型藝術裡是原已經過人格化的，因而被擺在和精神因素相對立的地位。如果按照古典型藝術的要求，神既與自然相和諧（統一），就應分化成爲一些精神的個性[26]，單純的人格化就還不夠。因爲人格化如果只以純然一般的力量和自然活動（作

㉕ 原名桑陀（Zentaur），這種人首馬身的怪物住在希臘北部山中，大概象徵騎士生活。齊雍（Chiron）是其中最著名的一種，他還擅長騎射和體育，所以做了阿基里斯的塾師。

㉖ 即變成一些個別的各有個性的神。

用）爲它的內容，那就還完全是形式的，並沒有滲透到內容意蘊裡，並不能使其中精神因素及其個性獲得具體存在。所以古典型藝術的情況就必然與此相反，被貶低的不是動物性，而是一般自然力量，以便精神性得到相應的提高；因爲形成基本定性的已不是人格化而是主體性格。但是另一方面古典型藝術中的神們也還不應該不再是自然力量，因爲神在古典型藝術裡還不應作爲本身絕對自由的精神而達到表現。但是自然只有在兩種情況裡才見出一種被創造的服從意旨的創造物，和與它割裂開來的創造主之間的關係：一種是像在崇高藝術裡那樣，神還是作爲太一實體的本身抽象的觀念性的統治而表現出來的；另一種是像在基督教裡那樣，神是作爲具體的精神，提高到成爲精神存在和具有人格的自爲存在，享有完滿自由。這兩種情況都不符合古典型藝術觀點。古典型藝術的神還不是自然的主宰，因爲它還沒有把絕對精神當作他的內容和形式；神已不再是自然的主宰，因爲失去神性的自然事物和人的個性之間的在崇高藝術裡那種關係已經消失，兩者的關係已調節成爲美，在美裡一般與個別、精神與自然這雙方面在藝術表現裡都充分享受各自的權利而毫不削減。所以古典型藝術中的神仍然保持著自然力量，不過這種自然力量不是作爲一般的大自然來理解的，而是太陽、海洋等等的明確的因而有局限的活動（作用），一般地說，就是這種特殊的自然力量顯現爲一些精神的個性，而且就以這種精神的個性爲它們各自特有的本質。

古典的理想，像上文所說的，既然不是直接現成的，而是只有通過否定精神形象中的消極因素的過程才能出現的，所以對起源於較早的宗教觀念，和藝術觀點之中的生糙的、不美的、粗野的、離奇的純然自然性，或幻想性的因素進行改革和提煉，就成爲希臘神話的基本旨趣，因此就要達到表現的是一定範圍內的一些特殊事物的意義。

我們現在如果要就這一要點進行較詳細的研究，我得馬上聲明：我們現在的任務不是對希臘神話中的多種多樣的觀念進行歷史的研究。這方面與我們有關的只是上述改造過程中的一些主要階段，要說明的是這些階段對於藝術及其內容的形成所具有的普遍意義。至於那些數不清的個別神話、故事和傳說，以及一些涉及地方性和象徵性的東西，總的說來，雖然在新神世界中還保持著它們的權利，而且還偶然附帶地出現於藝術形象，畢竟和我們要探討的主題無關，我們只好把這一大堆材料推開，只在舉例時才提到它們。就大體來說，我們可以把現在往前走的道路和雕刻的歷史發展過程進行比較。因爲雕刻按照神們的眞正形象把他們表現出來供感性觀照，形成了古典型藝術的眞正中心，儘管詩（不同於雕刻所特有的鎭靜自持的客觀性）可以把神和人表現得更完滿些，或則說，把人的世界和神的世界按照它們的活動和運動表現出來。正如在雕刻裡開始的主要階段就是把本無形式的從天上掉下來的（自然的）石頭和木頭塑造爲人的形象，才成了雕像，例如羅馬派使節去隆重地搬運到羅馬的那座小亞細亞的偉大女神帕什弩斯的雕像就是這樣。我們在這裡也是要從尚無形式的生糙原始的自然力量開始，只把這些自然力量提高到具有精神性的個性和凝聚爲固定的形象所經歷的步驟標誌出來。

在這方面可以區分出三個最重要的步驟。

首先應引起我們注意的是神諭，神諭還只通過自然事物把神的本無形象的見識和意志宣示出來。

第二個要點涉及一般自然力量以及法權之類抽象概念，這些是眞正具有神性的個體[27]的發祥地和基礎，是他們出生和活動所必有的前提——他們是些舊神，不同於新神。

第三，也是最後，絕對必要的向理想的進展，是把原先對自然活動和最抽象的精神關係所進行的一些膚淺的人格化，作爲本身次要和消極的因素而加以否定，把它們排擠到後面去，通過這種貶黜（否定），獨立自足的精神個性以及它的人的形狀和行動才獲得鞏固的統治。這種變革形成了古典神的起源史中的關鍵，它在希臘神話中以既素樸而又明確的方式，表現爲新神和舊神的鬥爭，即表現爲巨靈族的崩潰和以宙斯爲首的神族的勝利。[28]

A. 神諭

關於第一點，即神諭，我們在這裡無須詳談，它的要點只在於：在古典型藝術中單純的自然現象不再受到崇拜，既不像古波斯人那樣向石油礦和火祈禱，也不像埃及人那樣把神仍看作不可思議的、神祕的、無聲的謎語，而是把神看作有知識、起意志的主體，能憑自然現象向人類啓示他們的智慧。古希臘人就是本著這個看法去向多多納神壇求神諭[29]，問他們是否可以採用來自蠻族的那些神的名字，神諭回答說：「用它們。」（希羅多德的《歷史》，II，五二）

(1)神們宣諭所用的符號大部分是很簡單的；在多多納，這些符號就是聖橡的響聲、流泉的細語以及起風時銅器的震動聲。在提洛島[30]，用的是桂樹的響聲。在德爾菲[31]，風吹銅鼎的聲響也是決定性的預兆。除掉這些自然聲響以外，人本身也是神諭的喉舌，他失去清醒的理智，進入靈感狀態，弄得神魂顛倒，例如德爾菲的女巫受地下迸發的蒸汽麻醉，弄得神志不清，就說出神諭，或是求神諭的人在特羅浮尼烏斯崖洞[32]裡看到一些幻相，對這些幻相進行解釋，就得到答案。

(2)但是這些外在符號還要加上第二方面的因素。在神諭裡，神固然被看作知識的主體，所以最著名的神諭都來自知識之神阿波羅，不過他宣示意旨時所採取的完全是曖昧的自然的形式，一個自然的聲響或是一些不相聯貫的字音。形式既然曖昧，精神性的內容也就隱晦，所以需要解釋和說明。

---

[27] 即具體的個別的神。

[28] 流傳下來的希臘神話以宙斯（天神）爲主，他是在造反和推翻了舊神族即巨靈族之後，才獲得統治權的。

[29] 多多納（Dodona），希臘最古的求神諭的地方，天神宙斯的神壇所在，神諭是通過風吹樹葉聲來解釋的。

[30] 提洛島（Delos）是愛琴海中一個小島，阿波羅神壇所在地，桂樹是代表阿波羅的聖樹。

[31] 德爾菲（Delphi），希臘最著名的求聖諭的地方，阿波羅神廟所在。

[32] 特羅浮尼烏斯是建築德爾菲神廟的工程師，死後即葬在附近的崖洞裡。

(3) 這種說明儘管把原來僅取自然形式的神的啓示化爲精神形式而成爲意識的對象，它本身畢竟還是隱晦的、模棱兩可的。因爲神在他的知識和意志方面是具體的普遍性，他的言語或詔諭也就應是具體的普遍性。但是普遍的東西不是片面的和抽象的，而是具體的，既包含這方面又包含另一方面的。[33]人作爲無知者和有知的神對立，所以人也是在無知中接受神諭的，這就是說，神諭的具體的普遍性對於人來說是不明確的，所以當他要按神諭來作出決定時，人從神諭的模棱兩可的意義中只能挑選某一方面，因爲每一個特殊情境之下的行動是有定性的，所以人只能按照神諭的某一方面作出決定而排除其中的另一方面[34]。但是一旦他發出動作了，把所做的事在實際中完成了，這件事就變成他自己的事，他需爲它負責，這時他就陷入衝突；他馬上就看到神諭所包含的另一方面是反對他或對他不利的，他的動作的命運，違反他的認識和意志，就落到頭上，知道這種命運的不是他自己而是神們。反之，神們又是一些確定的力量，他們的詔語，如果也具有這種確定性，例如阿波羅慫恿奧瑞斯特復仇的神諭[35]，也就由於這種確定性而導致衝突。

因爲在一種情況下啓示神旨的神諭所取的形式，是完全不確定的表面語言或是文字的抽象的內在意義，內容本身就會由於這種模棱兩可性帶來分裂或衝突的可能，所以在古典型藝術裡用神諭形成內容，使神諭占重要地位的不是雕刻而是詩，特別是戲劇體詩。但是在古典型藝術裡神諭畢竟還占有重要地位，這是因爲其中人的個性還沒有達到內在性（精神性）的最高峰，而只有在這種最高峰上主體才能完全憑自己替自己的行動作出決定。依我們近代人的意義來了解的「良心」在古典型藝術中還沒有地位。希臘人固然往往憑自己的情慾去行動，不管那種情慾是好是壞，不過應該鼓舞他而實際上也是在鼓舞他的那種眞正的情致卻是從神們那裡來的，神們的內容和力量就是這種情致所屬的一般。希臘英雄們或是胸中充滿著這種情致，或是在神們不是直接現在眼前命令他們怎樣行動時，就求教於神諭。[36]

B. 舊神與新神的差別

在神諭裡，內容來自有知識和起意志的神們，而外在顯現的形式卻是抽象的外在的自然的東西，所以另一方面[37]，自然的東西，從它的普遍的力量及其作用來看，就變成了內容，從這種內部中獨立自足的個性先要掙扎湧現出來，然後才獲得一種形式的膚淺的人格化，作

---

33 即模棱兩可。

34 傳說波斯大帝若克色斯征希臘，遣使者到德爾菲求神諭，回答是「一個強大的國家要遭傾覆」，他認爲這是勝利的預兆，但結果遭到傾覆的不是希臘而是波斯。這個傳說可以說明黑格爾的意思。

35 奧瑞斯特在父親被母親謀殺之後，阿波羅在神諭中勸他逃到雅典娜神廟裡謀復仇，事見埃斯庫羅斯以這事爲題材的《阿伽門農》等三部曲。

36 黑格爾往往把倫理信條或理想叫做神，它是情致的來源，也是詩中人物行動的動力。只有在情致這種動力不發生作用時，人物才去從神諭中找行動的動力。前一種情況在古典型藝術中是主要的。

37 與內容對立的形式方面，亦即自然現象方面，神通過自然的東西啓示他的意旨，所以自然的東西又成爲神諭的內容，其缺點在於還沒有獨立自足的個性。

爲它的最近似的形式。對這種單純自然力量的拋棄以及這種自然力量所由克服的對立鬥爭，就是我們要感謝眞正古典型藝術的重要貢獻，所以我們要就這一點進行較充分的研究。

(1) 首先應該指出的是這樣一種情況：現在我們所要討論的不是一種作爲一切事物起源的本身既已完成的脫淨感性因素的神，像在崇高藝術裡或一部印度藝術裡的世界觀那樣，而是一些自然神，首先是自然的一些普遍力量，提供了起點，這就是渾沌，塔塔路斯、愛越布斯這整系列的地下幽靈，以及天神烏冉努斯、地神蓋亞、巨靈族的愛若斯和庫若諾斯之類舊神[38]。從這些舊神產生了一些較有定性的自然力量，例如赫利歐斯和俄侃諾斯之類[39]，這些神是後來一些在精神上個性化了的神的自然基礎。這樣就出現了一套由想像造成而由藝術加以形象化的神譜和宇宙學，其中最早的一批神對於觀照還是不明確的或體積巨大無比的，同時還帶有很多的象徵性質。

(2) 這些巨靈族神之間有下列幾種較明確的差別：

① 首先是些天體和地球的威力，是些沒有精神的倫理的內容，因而還是些醜陋、龐大、無形式的神，像印度人或埃及人的幻想出來的那樣。他們和其他一些自然怪物，例如布朗特、斯特洛普、百手考陀、布里阿羅伊斯、基吉斯之類巨靈族神[40]，原先都一起受天神烏冉努斯和後來的庫若諾斯的統治。庫若諾斯這個巨靈族的頭目顯然象徵時間，他把他的子女全呑吃掉，就像時間把它所產生的一切終於消滅掉一樣。這個神話不是沒有象徵意義的，因爲自然生命實際上都受時間的控制，只讓可消逝的東西獲得存在，例如史前時代的一種人

民，還只是一個民族或部落，還沒有形成國家，還不追求本身的固定目的，終於被時間的威力所淹沒掉，沒有留下任何史蹟。只有在法律、道德和國家政權裡才有不隨世代消逝的固定的東西；詩神也是如此，她也使一切作爲自然生活和實際行動，而隨時間消逝的東西能持久和固定下來。

②但是屬於這個舊神體系的不只是一些單純的自然力量，此外還有些駕御自然元素的威力。特別重要的是通過氣、水和火之類原始的自然元素的力量對金屬進行最早的加工。我們在這裡可以提到考里邦特、特爾欽、善的精靈和惡的精靈們，帕塔肯、侏儒、矮子之類身小腹大，擅長開礦的神靈們。41

---

38 混沌（Chaos）即天地開闢以前神和人所從出的渾茫無限空間，據希臘神話，混沌生天神烏冉努斯（Uranos）和地神蓋亞（Gaia），天神和地神交配生巨靈族神（Titanen），子女共十二人，天神把其中六個兒子拋到陰間，地神憤怒，唆使他們造反，把天神推翻，由巨靈族之一庫若諾斯（Kronos）繼承天神位。這些都是後來由宙斯（Zeus）推翻的舊體系。

39 赫利歐斯（Helios）舊日神；俄侃諾斯（Okanos）舊海神。

40 這些都是舊天神的子女，一些長了五十個頭和一百隻手的怪物，巨靈族神據說是舊天神的血灑在地上長成的大而且醜的怪物。

41 考里邦特（Korybanten），生育女神的女司祭們，在祭典中敲鑼狂歌狂舞；特爾欽（Telhinn），海神的後裔，能呼風喚雨，發明了各種技藝，包括農藝；帕塔肯（Pätaken）未詳，所舉的這些神或精靈都與用金屬的手工藝有關。

首先應該提到普羅米修斯，他在由舊神到新神的轉變過程中占著突出的地位。他是巨靈族中一個特別的神，他的故事值得特別注意。他和他的兄弟愛庇米修斯原來都是對新神友好的，他後來以人類救星的身分出現。[42]人類除掉這一點以外，在和新神與巨靈族舊神的衝突中沒有起過什麼作用。普羅米修斯把火帶給人類，使人類有可能滿足自己的需要，從事發展各種技藝；從此技藝才不再是自然的東西，過去巨靈族好像和技藝沒有什麼密切的關係。[43]為盜火這件事，宙斯懲罰了普羅米修斯，後來海克力士才把他從痛苦中解救出來。乍看起來，這些普羅米修斯的主要事蹟都見不出巨靈族的特徵；而且人們還不難看出這裡有些不一致處，普羅米修斯和穀神希銳思一樣，是人類的恩人，卻被算在舊巨靈族諸神之列。但是如果研究得更仔細一點，這裡就沒有什麼不一致處。柏拉圖著作中有幾段提供了充分的說明。例如那裡有由賓客向青年蘇格拉底說的一段神話，據說在庫若諾斯的時代，人類從地裡生出來，神親自照顧到人類的一切；但是接著就出現一個相反的運動，大地就需專心照管自己[44]，以致動物都變成野蠻的，人類原來可以信手拈來他們的食物和日用必須的東西，現在卻無依無靠了。就在這個時候（見柏拉圖的《政治學》，Bekk，II，2.二八三頁），普羅米修斯把火帶給人類，但是技藝卻是由赫斐斯托斯和他的女助手雅典娜帶給人類的[45]。這裡可以見出火與就生糙材料加工的技藝是分得很清楚的，只有火才是由普羅米修斯帶給人類的。在《普羅泰戈拉》對話裡，柏拉圖還就普羅米修斯的神話作了進一步的敘述（I，1.一七○—一七四頁）。從前有一個時候，只有神而沒有可朽的種族。到了預定的應該產生可朽的種族的時候，神們就在地的內部把他們造成，用的材料是土和火以及土和火的混合物。等到神們要把人類帶到陽光裡的時候，就把他們交給普羅米修斯和愛庇米修斯，去按各個人所應得的分配給他們各種能力。愛庇米修斯請求他哥哥把這個分配的差事交給他一人承擔，他說：「我分配了，請你來檢閱。」但是愛庇米修斯不恰當地把全部能力都分配給動物，沒有剩下什麼給人類。普羅米修斯來檢閱，就發現到其他有生命的東西都照顧得很周到，應有盡有，而人類卻裸著身體，沒有掩護，也沒有武器。但是規定要讓人類從地下走進陽光裡的日子已經到了。想幫助人類而不知道給什麼好，普羅米修斯就從赫斐斯托斯和雅典娜那裡偷來了他們共同的智慧和火（因爲沒有火，他們的智慧就得不到，也沒有用），把火送給了人類。人類因此得到了對生活爲必要的智慧，但是還沒有政治技藝，因爲政治技藝還在宙斯那裡，普羅米修斯沒有辦法闖進宙斯的天宮，天宮的四周都站著令人望而生畏的守衛者。但是

---

42 普羅米修斯（Prometheus）從天神那裡盜火給人類，受天神迫害，事見埃斯庫羅斯的《普羅米修斯在束縛中》悲劇。他的名字在希臘文中意思是「事前思考」，他的兄弟愛庇米修斯（Epimetheus），字義是「事後思考」。

43 巨靈族神還只代表自然力量。

44 英譯注：對人類生活不再關心。

45 赫斐斯托斯（Hephaestos）鐵匠神，火神；雅典娜（Athena），雅典的護神，也是手工藝的護神。

他偷偷地鑽進了赫斐斯托斯和雅典娜合做手藝的工作室裡，從赫斐斯托斯那裡偷到了用火的技藝，從雅典娜那裡偷到了紡織的技藝之後，就把這些技藝送給了人類。人類從此就有了滿足生活需要的能力。但是由於愛庇米修斯的錯誤，普羅米修斯卻爲盜竊而受到了懲罰，像上文已經說過的。緊接著上面的故事柏拉圖又談到人類當時還沒有爲著抵禦動物、保證自己安全的戰爭技藝，這種戰爭技藝只是政治的一個組成部分；因此，人們聚居在城市裡，但是那裡還沒有政治組織，他們自相欺凌，又回到分裂局面，於是天神被迫派遣交通神把廉恥和正義（法）送給人類。

在這些段落裡，滿足身體舒適和直接生活需要的目的，與滿足倫理、法律、所有權、自由、共同精神生活目的的政治組織之間的區別劃分很明確。普羅米修斯並不曾把這種倫理的和法律的東西教給人類，他教給人類的只是征服自然，利用自然來滿足人類需要的本領。火和利用火的技巧本身並不是什麼倫理性的東西，紡織的技藝也是如此，它們都首先只爲私圖和個人利益服務，對人類生活的普遍方面和公眾生活並沒有關係。普羅米修斯既然沒有把精神的和倫理的東西分配給人類，所以不能屬於新神而只能屬於巨靈族舊神。赫斐斯托斯固然也掌握著火和用火的全部技藝，而卻是一個新神，但是宙斯把他從奧林匹斯山上拋到地上，他以後就成了一個跛腿的神。所以我們看到穀神希銳思和普羅米修斯一樣是人類的恩人而卻列在新神之列，這裡並沒有什麼不一致之處，因爲穀神教給人的是農藝，而農藝是和財產、婚姻、習俗和法律緊密聯繫在一起的。[46]

③此外還有一種第三體系的舊神。這裡所包括的固然不再是些人格化的單純的自然力量，不再保持著原來粗野或奸詭，也不再是服務於次要的人類需要的那些駕御個別自然元素的力量，而是很接近觀念性、普遍性和精神性的一些神。但是這些力量或神還缺乏精神的個性，以及適合這種精神個性的形象和顯現，所以他們在作用上還或多或少地和自然的必然性與本質保持密切的關係。作爲例證，可以提到關於涅米什斯、狄克、厄運弩、幽門尼德、慕伊銳等神的概念[47]。這裡當然已經含有法權和正義的確定意義，但是這種必要的公理還不是作爲道德的精神和實體來理解和表現的，而只是最一般的抽象概念，或是在精神關係之內的涉及自然關係的一種不明確的公理，例如骨肉之愛及其公理並不屬於自覺精神的自由，因而

---

[46] 黑格爾認爲人類首先通過生產去滿足直接需要，然後才進入政治生活或精神生活，他根據這個標準把希臘神分爲僅涉及自然力量的舊神和涉及社會生活的新神兩種。這裡有些創見，但是他把直接自然需要和社會生活的對立絕對化了。他自己舉的穀神的例子就說明這種對立並不是絕對的。

[47] 涅米什斯（Nemesis），運氣女神，分配禍福給人類，特別使過分幸運而驕矜的人遭到災禍；狄克（Dike），掌時令和正義的女神；厄運弩（Eiyn）和幽門尼德（Eumeniden）都是復仇女神，前一個名稱較古，即後來羅馬人所稱的富里亞（Furiae）；她們是一群長著翅膀的、頭髮裡纏著蛇的、眼睛淋血的少女，專以報仇爲業；慕伊銳（Moirae），命運女神，三姊妹，最小的持紡紗杆，管出生；第二個持紡錘，管一生命運；最長的持剪刀，剪斷生命線。

也不屬於明文規定的法律，而是與此正相反，只是一種不可調解的復仇的公理[48]。

關於進一步的研究，我只提出一兩個觀點。例如涅米什斯所代表的力量就是貶黜原已提高的人，把過分幸福的人從他的高位推下去，因而恢復到平衡。這種要求平衡的公理只是抽象的和表面的，固然也在精神情況和關係的範圍裡起作用，卻不是把這些精神情況和關係作為這種公理的內容。

另一個主要方面就是關於家庭情況的公理之所以劃歸舊神掌管，是由於這種公理所根據的是自然關係，因而和明文規定的公共法律是相對立的。這個道理可以用埃斯庫羅斯的《復仇的女神們》[49]作為最明白的例子來說明。這些兇惡的少女們追捕歐瑞斯特，因為他殺害了自己的母親，而這次殺害是新神阿波羅命令他進行的，為的是不讓被暗殺的丈夫和國王阿伽門農的仇得不到報復。所以全部悲劇表現出這兩種神力之間的鬥爭，這兩派神都親自出場，站在敵對的兩方面。一方面是復仇女神們，幽門尼德姊妹，而這些女神們卻又有「善心神」的稱呼，我們對「兇狠婦」（我們把復仇女神們改稱為這樣的神）所慣有的概念是粗魯野蠻的。因為她們追捕歐瑞斯特，是要維持一種本質性的公理，所以在施加嚴刑之中她們並不只是可恨的、野蠻兇狠的。但是她們在反對歐瑞斯特時所要維持的公理，只是植根於血緣關係的家庭中的公理。歐瑞斯特所撕毀的母子之間最親密的聯繫，正是復仇女神們所代表的實體。阿波羅卻反對這種植根於血緣，而且從血緣裡感覺到的感性自然的道德，他要維護一種更深刻的公理，即受損害的丈夫和國王所應享受的公理。這種差別乍看起來像是表面的，因爲雙方所努力維護的都是家庭這同一範圍裡的道德。但是埃斯庫羅斯的深刻的想像，卻在這裡發現出一種矛盾，這個矛盾並不是表面的而是始終涉及本質的（從這一點看，我們對這位詩人的想像應該更加欽佩）。這就是說，親子關係是以自然一體爲基礎的，而夫妻關係卻來自婚姻，婚姻就不只是起於單純的自然的愛或自然的血緣關係，而是起於自覺的願望，因而屬於自覺意志的自由道德範疇。[50]所以不管婚姻與愛和情感有多麼密切的聯繫，它究竟不同於愛的自然情感，因爲它還帶有不依存於自然情感的自覺的職責，縱使愛情已消逝，這些職責還要受到承認。比起母子的自然聯繫來，婚姻生活實體性的概念和認識較晚起也較深刻，它形成國家的開始，而國家是自由的有理性的意志的實現。同理，國王對公民的關係也是一種政治的聯繫，即平等權利，法律和帶有自覺自由精神的各種旨趣的聯繫，這就說明了舊女神幽門尼德姊妹爲什麼要懲罰歐瑞斯特，而阿波羅這位代表智慧和道德自覺性的神，爲什麼要維護丈夫和國王的權利。阿波羅對抗幽門尼德姊妹是有道理的，他說：「克呂泰謨涅斯特

---

48 德文Recht可指「法」，「法律」、「法權」、「正義」、「公理」等等，這裡指的特別是報仇方面的理由，例如父母被殺害，子女就有理由報仇，如一些希臘悲劇所涉及的，這種理由就是這裡的所謂「公理」。

49 復仇女神的拉丁稱呼是Furiae，意譯爲「兇狠婦」，情節見卷一第三章衝突一文和注。

50 親子關係是自然的、不經選擇的；夫妻關係是經選擇的，有自由意志做基礎的，黑格爾因此把夫妻關係看得比親子關係能顯出更高的道德。

51 歐瑞斯特爲著報父仇而殺掉的母親。

拉[51]弒夫弒君的罪如果得不到報復，我就會喪失光彩，把天后和天神所建立的聯繫看得一文不值。」（埃斯庫羅斯的《復仇的女神們》，第二〇六—二〇九行）

同樣的矛盾出現在《安蒂岡妮》[52]悲劇裡，儘管它所涉及的完全是人類的情感的行動，而旨趣卻更深刻，這部悲劇是一切時代中的一部最崇高的，而從一切觀點看都是最卓越的藝術作品。這部悲劇中的一切都是融貫一致的；國家的公共法律與親切的家庭恩愛和對弟兄的職責，處在互相對立鬥爭的地位。女子方面安蒂岡妮以家庭職責作爲她的情致，而男子方面國王克里昂則以集體福利爲他的情致。波里涅開斯帶兵進攻自己的祖國，在忒拜國城門下被打死了，國王克里昂於是下令，禁止人收葬這個國家公敵的屍首，違令者就要處以死刑。但是安蒂岡妮卻不服從這個只顧到國家公共福利的法令，受妹妹對哥哥的敬愛所鼓舞，替他舉行了葬禮。這樣做，她所依靠的是神們的法律，但是她所崇拜的是陰間的神們（《安蒂岡妮》，四五一行），是掌內在的情感、愛和骨肉之情的神們，而不是陽間的神們，不是掌自由自覺的民族和國家生活的神們。

(3) 關於古典型藝術觀中的神譜，可以提出的第三點是舊神們在威力上和在統治期限上彼此之間的差別。這裡我們要注意的有三點。

① 第一點是這些舊神是按照先後承續的次序而出現的。根據赫西俄德，混沌生地神蓋亞和天神烏冉努斯等等，接著是庫若諾斯和他的家族，最後是宙斯和他的家族。這個次序一方面顯示出由抽象的無形象的自然力量到較具體的、形象已較明確的自然力量的上升，另一

方面也顯示出精神力量對自然力量占優勢的開始。埃斯庫羅斯在他的《復仇的女神們》裡讓德爾菲神廟中的女巫這樣開始她的禱告：「在這禱告中我首先膜拜的是第一個下神諭者地神蓋亞，其次就是特米斯[53]，她在這廟裡繼她母親之後作出這種預言。」鮑桑尼亞[54]也說地神是第一個下神諭者，卻認爲她後來把職位傳給達芙妮。詩人品達在另一種次序裡把夜神擺在第一，其次是特米斯，接著就是月神斐伯，最後是日神斐布斯（即阿波羅）。詳細研究這些差別是有趣的，但不屬於我們的範圍。

②其次，這種先後承續的次序既然顯出神們向深刻化和豐富化的進展，也就顯出舊神體系中較早較抽象的一些力量的下降。最初最老的一些神力的統治權被剝奪掉了，例如庫若諾斯推翻了烏冉努斯，後來的神力接替了舊神們的位置。

③改造[55]的這種否定的關係是我們一開始就定爲古典型藝術第一階段的本質，通過上述新神代替舊神的方式，這種否定的關係就成爲古典型藝術第一階段的眞正的中心。在這裡人格化成爲神達到表現，以及在前進運動中趨向人的精神的個性所取的一般形式，儘管這種個

---

[52] 關於《安蒂岡妮》見卷一第三章注[120]。

[53] 特米斯（Themis），天神和地神的女兒，繼地神掌德爾菲神諭，後來阿波羅繼承了她的職位。

[54] 鮑桑尼亞（Pausanias），羅馬時代地理學家，《希臘遊記》的作者。

[55] 「改造」指由舊神到新神的轉變過程。

性起初還只表現於不明確的無形式的形象，想像卻已把新神對舊神的否定態度當作衝突和鬥爭來看。但是重要的進展在於古典型藝術的眞正內容和特有形式都由自然轉到精神。這使我們能看到上述精神個性的進展和衝突已不再專屬於舊神體系，而是落在新神爲著鞏固他們對舊神的長久統治所進行的戰爭的範圍裡。

C. 舊神們的挫敗

自然和精神的對立是絕對必要的。因爲我們在前文已經看到，精神作爲眞正的整體，它的概念（本質）就它本身來看，只在於把自己分裂開來，本身既是客體（對象），又是主體[56]，以便通過這種對立，從自然裡解脫出來，然後作爲勝利者和勝利者的威力，自由地明朗舒暢地對待自然。所以精神本身的本質中的這種首要因素[57]也就是精神對自己的觀念（認識）中的首要因素。從歷史的實際情況來看，這個轉變表現爲由自然人改造爲具有法治的情況，即具有所有制、法律、憲章制度和政治生活的社會人的前進過程。從神的永恆的觀點來看，這就表現爲通過具有精神個性的神們來戰勝自然力量的過程。

(1)這場鬥爭表現出一種極大的轉捩點，它是神們的基本事蹟，只有通過這種事蹟，舊神和新神的主要差別才可以顯現出來。所以我們對突出這種差別的戰爭，不應看作一般神話，而應看作形成轉捩點的和表現新神的形成過程的一種神話。

(2)神們這場猛戰的結果是巨靈族舊神的挫敗和新神們的勝利，從此新神們就獲得了穩固的統治，被想像從各方面加以發展。巨靈族舊神們遭到放逐，被迫住在大地裡層，或是像海神那樣，在這明朗歡樂的世界的黑邊緣上徘徊著，還有其他的舊神仍在忍受各種各樣的懲罰。例如普羅米修斯被釘在什提亞[58]的山崖上，一隻無饜的老鷹在吃他的那副吃了又長的肝。坦塔羅斯[59]在陰間被一種永不可解的渴病所折磨，薛西弗斯[60]永遠被迫把石頭推上山頂而那石頭卻永遠再滾下來。這些懲罰正像巨靈族的自然力量本身一樣，本身漫無邊際，是一種惡性的無限，對當然事物的渴望，或主體的自然欲念的無饜足狀態，永遠在重複出現，永遠得不到安靜或滿足。希臘人具有神明的正確的感覺力，他們並不把對空闊渺茫的追求看作人類的一種最高理想，像我們近代人那樣，而是把它看作應受天懲的罪孽，要把犯者打到陰曹地府裡去。

---

56 精神能認識自己，所以既是主體，又是客體。

57 精神認識自己因而有能駕御自然的能力。

58 什提亞（Sythia），黑海北岸古國名。

59 坦塔羅斯（Tantalus）洩露了宙斯的祕密，被打到陰間一個湖裡，他患狂渴病，伸手去捧水，水就退下，不讓他掬著。

60 薛西弗斯（Sisyphus），神話中的柯林特國王，性貪婪、好欺騙，被流放到陰間，罰他把一塊石頭推上山頂，每次石頭剛到山頂就又滾下來。見《伊利亞特》卷六，一五三行。

(3) 如果我們泛泛地追問從現階段以後，對於古典型藝術來說，是什麼因素應退到後面，不應再作爲最終的形式和恰當的內容而保持它的價值，我們就應該回答說，首先就是自然因素。與此同時，應該從新神世界中消逝去的還有一切混亂的、離奇古怪的、不明晰的東西，一切自然與精神，本身有實體性的意義與偶然的外在形狀這二者之間的雜亂混淆。在這種新神世界裡，凡是還沒有足夠的精神性的漫無節制的觀念的產品都沒有地位，都必須逃開白日的陽光。人們不管怎樣把巨大的卡比里們和考里邦特們[61]之類生殖力量的體現打扮起來，這些形象從各方面來看，畢竟都多少屬於意識尚未破曉時的情況——還不消說歌德所描繪的，在布羅肯山上把母豬當馬騎的鮑博也是屬於這種情況的[62]。只有精神性的東西才要求陽光；凡是還沒有顯現出來的，本身還沒有顯出明晰意義的東西都還是非精神性的，就還需退回到黑夜和昏暗裡。是精神性的東西就要顯現自己、淨化自己，把幻想的任意性以及形象和其他混亂的象徵雕飾都要淨化去，因爲精神性的東西要由自己決定自己的外在形式。

同理，我們在現階段發現，凡是只限於自然需要及其滿足的人類活動也退到後面去了。像特米斯和狄克之類神所體現的古老的公理，都由於不是由起源於自覺精神的法律所規定的，也失去它們原有的無限效力了；另一方面，純然地方性的因素雖然還起些作用，卻也已經過轉化，納入帶有普遍性的神們的形象中去，作爲一種殘餘的痕跡而留下來了。正如希臘人在特洛伊戰爭中是作爲一整個民族而鬥爭和勝利的，荷馬所寫的神們已把和巨靈族舊神們的戰爭視爲過去的事，也已形成一種本身固定明確的神的世界，此後又通過詩和造型藝術而日益獲得更完滿的界定和固定。這種顛撲不破的固定性在於希臘神們在內容意義上只涉及精神，而這種精神不是就它的抽象的內在意義來看的，而是就它和適合於它的外在存在處於同一體來看的，正如在柏拉圖的思想裡，靈魂和肉體天然形成一體，在這種天衣無縫的堅實狀態中，這個統一體就是神性的、永恆的。

3. 否定過的舊神因素以肯定的方式保留在新神體系裡

儘管新神們勝利了，有關舊神的東西在古典型藝術裡仍然受到保存和崇敬，有時還保持上文說過的那種原始形式，有時採取了改造過的形式。只有狹隘的猶太民族神才不許自己身旁有其他神，因爲儘管由於他的定性，他沒有越出只是一個民族的神的局限，猶太神卻要在一切中作爲太一。這樣一種神只能作爲天地主宰通過創造自然才能眞正地顯示出他的普遍性，但是在其他方面，他是亞伯拉罕[63]的神，他帶領以色列民族出埃及，在西奈山上頒布法律，把迦南地方分配給猶太人[64]。他和猶太民族是一體，這種緊密的聯繫使他成爲只是猶太

---

[61] 卡比里（Kabiren）和考里邦特（已見前註）都是佛里基亞民間節日慶祝中所崇拜的神們，與酒神有密切聯繫。一說這兩種神實是一事，職掌生育。

[62] 鮑博（Baubo），歌德在《浮士德》裡所寫的一種怪神。

[63] 希伯來民族的始祖。

[64] 事見《舊約》裡的《出埃及記》，希伯來民族到埃及逃荒，後由摩西（代表神）帶領逃出埃及，在西奈山（紅海東岸）頒布十誡，要他們在迦南（即巴勒斯坦）定居。

民族的神，因此，他既不作爲精神而與自然處於肯定的一致，又不能脫離他的定性和客觀存在，眞正作爲絕對精神而顯示出他的普遍性。所以這位嚴峻的民族神是很狂熱的，由於心懷妒嫉，下令叫人把其他的神都看作僞神。希臘人卻不然，他們從一切民族中發現他們的神，肯把外來的因素吸收進來。古典型藝術的神具有精神的和肉體的個性，因而不是太一和唯一的神，而是一種特殊（個別）的神性，這種神性，像一切特殊的東西一樣，身旁還圍繞著一系列其他特殊的東西，或是把它們作爲自己的另一面而與它們對立，它就是從這另一面產生出來的，這另一面就還保著它的效力和價值。這種神的情況就像在自然界各個領域裡所發生的情況一樣。儘管植物界代表地質的自然形成的眞理[65]，而動物界又代表比植物界較高的眞理，山嶽和沖積地仍然是樹木花卉所由滋生的土壤，而樹木花卉又和動物界並存。[66]

A. 祕密教儀

希臘人保存舊神因素的最初形式是祕密教儀。希臘的祕密教儀之所以稱爲「祕密」，並不是說希臘民族對這些教儀的內容意義不是家喻戶曉的。與此相反，大多數雅典人和不少的外方人都參加愛琉什斯的祕密教儀[67]的傳授典禮，只不過不准把在傳授典禮中所學習到的東西說出來。近代人特別費大力去研究這些祕密教儀所含的確切的觀念，以及人們在慶祝中所進行的宗教活動。但是大體說來，這些教儀裡並不像隱含著多大智慧，或是深刻的認識，而只是保存了一些古老的傳統，成爲後來眞正的藝術加工改造的基礎，所以這些教儀就內容來說，並不是什麼眞實的高尚的美好的東西，而只是一些沒有多大意義的低劣的東西。這種被奉爲神聖的內容意蘊在祕密教儀中從來沒有清楚地表現出來，而只是用一些象徵符號來暗示的。事實上保密不說出的祕奧也是屬於地、天之類巨靈族舊神的，而可以顯示出來的，而且可以由自己顯示出自己的只有精神。從這方面來考慮，象徵的表現方式也就是這些祕密教儀的祕密中的另一面，因爲在象徵表現裡意義總是曖昧的，表現意義的外在形式總要包含一些有關意義以外的東西。例如穀神德米特和酒神巴庫斯的祕密教儀，也曾被人從精神方面去解釋，因而具有深刻的意義，但是這種意義畢竟不是它的形式所能充分表達的，所以不能很清楚地從形式中顯出來。所以祕密教儀對藝術沒有發生多大影響。儘管有人說埃斯庫羅斯故意透露穀神德米特教儀中的祕密，實際上他也不過說過阿特密斯[68]是穀神德米特的女兒，這算不得多大的智慧。

---

65 植物分布取決於地質情況。

66 比喻在希臘不同歷史階段不同民族的神可以並存。

67 這是希臘最著名的祕密教儀，崇拜的對象是穀神德米特（Demeter，即前文已見的希銳思）和她的女兒普西芬妮（Proserpina），即冥后，傳說她們都是農業生產的護神。教儀在愛琉什斯（Eleusis）舉行（地點在雅典西南）。

68 阿特密斯（Artemis），女獵神，主生育的女神，後來又變成女月神，據希臘神話中一般的說法，她是天神宙斯和列陀（Leto）的女兒，阿波羅的妹妹。她掌生育，所以與穀神也有聯繫。

B.保存在藝術表現中的舊神

其次，對舊神的崇敬和保存，在藝術表現本身中可以看得較清楚。上文我們已提到普羅米修斯，說他是一個遭到天懲的巨靈族舊神。但是我們也發現他獲得了解放。因爲普羅米修斯送給人類的火（因此他教會人類食肉），也和大地與太陽一樣，是人類生存中一個重要因素，是滿足需要的一個必不可少的條件，因此他長久受到人類崇敬。在索福克勒斯的《伊底帕斯在柯隆納斯》悲劇裡有這樣一段話（第五四—五六行）：

「這是聖地，因爲統治它的是海神和送火的巨靈，普羅米修斯」。

注釋家還補充了一段，說普羅米修斯像火神赫菲斯托斯一樣，在學園裡和雅典娜一起受到崇敬，人們還指出雅典娜聖林裡有一座廟，入口附近有一個台座，上面立著普羅米修斯和赫菲斯托斯兩神的雕像；根據利西馬科斯[69]的記載，普羅米修斯表現得較老，手裡持著笏，赫菲斯托斯卻表現得較年輕，居次要地位；台座上有一個祭壇，是兩神共用的。所以按照神話，普羅米修斯並不是永遠受懲罰，他的鐐銬由海克力士替他脫下來了。這個解放的故事也有幾個特點值得注意。普羅米修斯被解除了痛苦，據說是因爲他預告過宙斯，說他的第十三個後裔有顛覆他的統治的危險。這位後裔就是海克力士。在阿里斯托芬的喜劇《群鳥》裡，海神向海克力士說過（一六四五—一六四八行），如果他和宙斯簽訂放棄諸神統治權的條約，他就會自己損害自己，因爲宙斯死後，遺產終於要落到他手裡。事實上海克力士是唯一的凡人[70]登上了奧林帕斯，由凡人變成了神，所以他的地位比仍屬於巨靈族的普羅米修斯要高些。海克力士和他的後裔是推翻舊神統治的。他的後裔粉碎了舊王朝和舊王室的權力，因爲這些舊王室專橫自私，對人民漫無法紀，做了許多殘暴的事。海克力士本人雖曾替其中一個統治者服務，但不是作爲一個追求權位者而戰勝了這種專制的野蠻統治。

與此類似的還有我們在上文已經舉過的例子，可以在這裡再提一下，那就是埃斯庫羅斯的《復仇的女神們》。阿波羅和復仇女神們的鬥爭要由雅典的最高法院判決。這在大體上是一個由凡人組成的家庭，雅典娜作爲民族精神的體現，當了首席法官，她應該解決這場衝突。法官們投判罪的和投宣布無罪的票數相等，因爲對復仇女神們和對阿波羅都一樣崇敬，但是雅典娜的白石[71]判決了阿波羅勝訴。復仇女神們大聲叫嚷，反對雅典娜的判決，但是巴拉斯[72]平息了她們的氣憤，允許她們在柯隆納斯的聖林裡有一個祭壇，享受崇拜。爲此，復

---

[69] 利西馬科斯（Lysimachides），西元前四世紀亞歷山大大帝東征中的一個名將。

[70] 據神話，海克力士是天神宙斯和希臘的一個公主阿爾克美娜（Alcmena）的兒子。

[71] 即主席的最後決定票。

[72] 巴拉斯（Pallas），雅典娜的別名。

仇女神們應保佑人民不受地、天、海、風之類自然元素的災害，還保證田地不歉收，生命種子、生殖和生育不出差錯。巴拉斯自己則擔負起照管戰爭和神們的鬥爭的任務（《復仇的女神們》，第九〇一行以下）。同樣，索福克勒斯在《安蒂岡妮》裡也不是只讓安蒂岡妮一個人受苦難，遭殺身之禍，由於她的死，克里昂也喪失了他的妻子和他的兒子希蒙，[73]這樣也就受到了懲罰。

C. 新神們的自然基礎

第三，舊神們還不但在新神們旁邊保留著他們的地位，更重要的是自然基礎在新神們身上也還保持住，而且由於它符合古典理想的精神個性，在新神們身上還有它的反響，它長久享受到崇敬。

(1) 因此，人們往往誤入迷途，按照希臘神們所採取的人的形狀和形式，把他們理解為自然元素的單純的寓意。其實希臘神們並不是一些單純的寓意。例如我們經常聽說赫利歐斯是日神、黛安娜是女月神、奈普頓是海神[74]。但是這樣把作為內容的自然元素和作為形式的用人的形狀的人格化割裂開來，以及把這兩方面的外在的結合看作神對自然事物的統治（如同我們在《舊約》裡所看慣了的），這和希臘人的觀念是不符合的。因為我們從來沒有發現過希臘人用表達這種概念的字樣，如果他們有這種概念，他們也就應當有表達這種概念的字樣。赫利歐斯就是太陽，看作神。[75]

(2)同時我們在這裡還必須堅持：希臘人從來不把單純的自然的東西看作神性的東西。他們有一種明確的看法：是自然的就不是神的；這一點有時雖未明說而卻由他們的神的概念所隱含著，有時卻明確地說出來了。例如普魯塔克在論伊西斯和歐西里斯[76]的文章裡談到對神話和神的各種不同的解釋。伊西斯和歐西里斯屬於埃及的觀照方式，比起希臘的相應的神們[77]，在內容上含有更多的自然因素；因爲他們所表達的只是由自然上升到精神的希冀和鬥爭。他們後來在羅馬享受到更高的崇敬，形成了一種主要的祕密教儀。不過普魯塔克仍認爲把這些神解釋成爲日、地或水之類是不恰當的。在日、地、水之類事物裡只有無邊際、無秩序、有缺陷的，和過分的東西才應歸到自然因素方面去，只有美好的有秩序的東西才是伊西斯的作品，而理智和理（λόγος）則是歐西里斯的作品。所以這些神身上一切具有實體性的東西都不是由單純的自然的東西所提供的，而是由精神的東西、普遍的東西、理和理智，以

---

[73] 希蒙是安蒂岡妮的未婚夫，她死後他就自殺了，他母親在他自殺後，哀傷過度，也死了。參看第一卷第三章注[120]。

[74] 赫利歐斯（Helios）、黛安娜（Diana）、奈普頓（Neptun）是舊神體系中的日神、女月神和海神。

[75] 說明希臘的神不是自然力量的寓意表現或人格化。

[76] 埃及的女月神（亦即女地神）和日神，已見本卷第一部分第一章三3節注。

[77] 即希臘的女月神和日神。

及符合規律的東西所提供的。

由於對神們的精神性有這種認識，希臘人也把一些較確定的自然因素和新神們區別開來。例如我們慣把赫利歐斯和塞勒涅[78]同阿波羅和黛安娜[79]擺在一起，而荷馬卻把他們分別得很清楚。海神俄侃諾斯和海神波塞頓[80]的關係也是如此。

(3) 第三，在新神們身上卻仍保留著自然力量的回聲，這些自然力量的作用（或活動）仍屬於神們的精神個性本身。精神和自然的這種肯定的融合的基礎在於古典型藝術的理想，我們在前文已經談過，所以在這裡只消舉幾個例子來說明。

① 波塞頓具有環繞地球的海洋的力量，仍如滂沱斯[81]和俄侃諾斯一樣，但是他的威力和活動範圍卻較遠大：他建立了特洛伊，而且是雅典的守護神，他一般是作為創建城市者而受到崇拜的，因為海有助於航業、商業和人與人的聯繫。新神阿波羅也是如此，他是知識的光、神諭的光，不過也還保存著自然光神赫利歐斯的遺蹟。浮斯和克洛伊佐等人對阿波羅是否代表太陽的問題固然進行過爭論，但是事實上我們可以說，他既是太陽，又不是太陽，因為他不僅有這種自然內容，而且提高到具有精神的意義。絕對應該注意的是知識和照明之間的本質的聯繫，自然的光和精神的光按照它們的基本的定性是站在一起的。光作為一種自然因素是起顯現作用的，儘管我們見不到光本身，光卻使它所照的事物成為可以眼見的。由於光，一切事物就成為認識的對象，對於旁人就有認識的意義。精神也具有這樣起顯現作用的性格，它是意識、知識和認識的光。除掉這兩種顯現作用的活動範圍不同之外，它們之間的

差別只在於這一點：精神能顯現出它本身[82]，在它所顯示給我們的東西之中，或是在爲它所造成的東西之中，它還保持著自己的本色；自然的光並不使它本身成爲知覺的對象，而只是使不同於它和外在於它的東西成爲知覺的對象，在這種關係中它從本身放射出來，不像精神那樣還反射到本身[83]，因此它還沒有達到較高的統一，在這種較高的統一裡，在另一體裡同時還是在自己本身[84]。正如光和知識有一種緊密的聯繫，阿波羅作爲一位精神性的神也還令人回想到太陽的光。例如荷馬把希臘軍營裡的瘟疫歸咎於阿波羅，就是把他看作盛夏中太陽的熱力。他的致命的箭也確實和太陽的光線有一種象徵的聯繫。在外在的描繪裡，我們必須根據較確切的標誌，來斷定一個神的意義主要地應該怎樣解釋。

特別是在追溯新神們的起源史之中，我們就易認出古典理想中的神們所保存的自然因

[78] 塞勒涅（Selene）、希臘女月神，是赫利歐斯（日神）的妹妹。

[79] 比赫利歐斯和塞勒涅較晚的希臘日神和女月神，新神比舊神自然性較少，精神性較多。

[80] 俄佩諾斯（Okeanos）是較早的海神；波塞頓（Poseidon）是較晚的海神。

[81] 滂沱斯（Pontus Euxinus），即現在的黑海。

[82] 精神是自覺的。

[83] 光沒有自我意識，精神有自我意識。

[84] 「另一體」指所認識的對象，「還是在自己本身」指自己不但認識到對象，同時也認識到自己。

素，這一點已由克洛伊佐顯示得特別清楚。例如在朱彼特[85]身上就有些特徵涉及太陽，海克力士的十二件偉績，例如其中的盜取赫斯珀理斯的金蘋果，也涉及太陽和一年十二月[86]。月神黛安娜含有大自然的公共的母親的意義，例如艾菲索斯[87]的黛安娜處在舊神和新神交替的階段，她的主要內容是自然、生殖和營養，這也表現在她的外形方面，特別是胸膛乳房部分。但是這種特點在希臘女月神阿特密斯身上完全不突出了，她是一個射殺動物的獵女，顯出一副青年女子的美麗的形象，只是半月形的弓和箭還使人回想到舊女月神塞勒涅。女愛神阿芙羅狄特也是如此，愈追溯到她在亞洲的根源，她就愈接近自然力量，等到她來到希臘，她就顯出魔力、秀美和愛情之類精神個性，儘管並沒有完全丟掉原來的自然基礎。女穀神希銳思也是以自然繁殖為出發點，後來才有精神的內容參加進去，這種關係是從農業和財產之類概念發展出來的。九詩藝女神繆斯是以泉水的流聲為自然基礎的；連宙斯自己也應看作普遍的自然力量，他是作為雷神而受到崇拜的。在荷馬史詩裡雷就已經是厭惡或贊許的符號，是一種預兆，因此就獲得一種精神的人道的意義。天后朱諾和自然的聯繫，在於神們所遨遊的天空和大氣層。例如傳說宙斯把海克力士放在朱諾的懷裡，她噴出的奶就變成了銀河。

②在新神們身上一般的自然因素一方面貶低了，而另一方面也提高了，單純的動物性因素也是如此。前文已討論過動物性因素的貶低，現在我們可以指出它們的積極方面。古典的神們既然擺脫了象徵的表現方式，獲得了自覺的精神作為內容，所以動物的象徵的意義也隨著動物的形象愈有權利，和人的形象以不倫不類的方式夾雜在一起，而愈趨於消失。動物

的形象因此只作爲標誌而出現，被擺在神們的表現爲人的形象的旁邊，例如鷹跟著朱彼特、孔雀跟著朱諾、鴿子們跟著阿芙羅狄特、獵犬跟著阿努比斯作爲陰間的警犬[88]之類。所以精神性的神們的理想中儘管還保留著一些象徵的因素，這種象徵因素卻失去了它的原始的意義，原來形成重要內容的那種單純的自然意義，現在只作爲一種殘餘和特殊外在標誌而留存下來，由於這種外在標誌的偶然性，它不免顯得很離奇，因爲它所指的已不是原始意義了。[89]此外，這些神的內在方面既然是精神的和人的，所以他們的外在形狀也不免現出人的偶然性和弱點。提到這點，我們不妨回想一下天神朱彼特的那麼多的愛情勾當。按照這些愛情勾當的原來的象徵的意義來看，我們在前文已說過，它們指的顯然是一般的生殖活動和大自然的

---

85 朱彼特（Jupiter），羅馬人所崇拜的天神，相當於希臘的宙斯，他所掌管的主要是雷雨。

86 大力神海克力士一生中做過十二件凡人無法做到的難事，其中第十一件是盜金蘋果。金蘋果是天后結婚時女地神送給她的禮物，交給赫斯珀理斯（Hesperides，「夜神的女兒們」）看守，它們生在海外遠方一個園子裡，由一條毒龍守護著。海克力士殺了毒龍，取回了金蘋果。

87 艾菲索斯（Ephesus），小亞細亞海邊城市，過去以月神廟著名。

88 阿努比斯（Anubis），埃及的引死人的陰魂到陰間的神，常帶著一條警犬。所舉各例都是用動物來標誌神的品質或職位。

89 例如中國過去民間神話中鶴作爲長壽的標誌，擺在壽星旁，總不免有些不倫不類，因爲鶴已不作爲一種通常的水禽來看待了。

生生不息。但是朱彼特和天后朱諾的婚姻既然應看作名正言順的關係，他的愛情勾當就是對妻子的不忠實，就有偶然的「露水姻緣」的外貌，就用臆造的穢史的性格偷換了原來的象徵的意義。

隨著一方面單純的自然力量和動物性因素，以及另一方面精神關係的抽象的普遍性的貶低，隨著這兩方面提升到精神個性的較高的獨立自足性（個性受到了自然的滲透，而自然也受到了個性的滲透），我們就已把必要的起源史定作古典型藝術本質的眞正的前提了，因爲在這個過程中古典理想就憑本身的力量形成符合它的概念的那種樣子了。精神性的神們的這種符合概念的實際存在，就把我們帶到古典型藝術的眞正理想，這種古典型藝術，與已被征服的舊的藝術形式相反，它所體現的是不可消逝的東西，因爲一般說來，凡是消逝都由於概念和它的客觀存在不契合。[90]

---

[90] 本章描述象徵型藝術作爲古典型藝術的準備階段。由象徵型藝術到古典型藝術的過渡，首先表現於神話中自然因素的降低和精神因素的提高，例如在希臘神話中，這種過渡表現於舊神和新神（舊神側重代表自然，新神側重代表精神）的鬥爭以及新神的勝利。在第一階段，新神一方面貶低了單純的自然力量，另一方面也把自然力量提高到具有精神的意義。這是批判繼承的過程，也是辯證發展的過程，在否定舊的東西的同時也肯定了而且提高了舊的東西，從而建立了新的東西。古典型藝術中新的東西主要是自覺的精神個性成爲決定內容和形式的力量，從而達到內容和形式以及一般與特殊的眞正的統一。

第二章　古典型藝術的理想

理想的眞正本質是什麼，我們在概括地討論藝術美時已談過了。現在要討論的是特殊意義的理想，即古典型的理想，這也已在討論古典型藝術這個概念時討論過了。現在所涉及的理想只是古典型藝術實際上達到了形成它的最內在本質的因素，而且把它表達出來了。從這個觀點看，古典型藝術所掌握的內容是精神性的，同時也把自然和自然力量納入精神領域裡，因此不把精神表達爲純然內在的生活和對自然的統制。關於形式，古典型藝術用的是人類的形狀、事蹟和情節，通過這些因素，精神內容就完全自由地透明地顯現出來，所用的感性材料不是只以象徵的方式去暗示意義的外在形體，而是精神自己就已把感性材料作爲符合精神本質的客觀存在而居住在它裡面。

本章可以劃分爲下列幾個部分：

第一，我們先要討論古典理想的一般性質。它在內容和形式兩方面都是涉及人類的，而且內容和形式互相滲透，達到最完滿的對應或契合。

第二，這裡所說的人類的因素既然滲透到肉體形狀和外在現象裡，就會形成一種受到定性的外在形象，只適合於一種明確具體的內容意義。這樣我們所看到的就是一種呈現於特殊個別事物的理想，理想就具體化爲一系列的採取人類形狀而存在的某些特殊個別的神和統治人類生活的力量了。

第三，這種特殊個別因素不是只有一種定性的抽象品，由這種定性的基本性格來形成全體內容和指導表現的片面性的原則，而是同時本身就是一種整體及其特殊個別因素的統一和協調。如果不是這樣，特殊個別因素就會成爲冰冷的和枯燥的，它就會缺乏理想在任何情況下都不可缺乏的生氣。

我們現在從普遍性、特殊性和個性這三方面，來進一步考察古典型藝術的理想。

1. 總論古典型藝術的理想

我們在前文已研究過希臘神們的起源，因爲神們對於理想的表現是中心，並且認識到他們屬於由藝術改造過的傳統。這種改造只能通過兩方面的貶低，一方面是貶低一般自然力量及其人格化，另一方面是貶低動物性因素及其象徵的意義和形象，這樣就可以獲得精神性的東西作爲眞正的內容意義，獲得人的顯現方式作爲眞正的形式。

A. 理想起源於自由的藝術創造

古典理想既然在本質上只有通過上述對過去材料的改造才可以出現，所以我們現在要指出的第二個方面就是理想是從精神產生出來的，因此它的根源在於詩人和藝術家的最內在最親切的東西，詩人和藝術家用既明晰而又自由的沉靜的思索把這種理想帶到意識裡來，而又抱著藝術創造的目的把它表達出來。有一個事實好像和這種創作方式不相容，那就是希臘神話根據較古老的傳統，含有外來的東方的因素。例如希羅多德在前已引過的一段話裡說過，荷馬和赫西俄德替希臘人創造了神，可是在其他段落裡，他又把這些希臘神和埃及等國的神緊密聯繫在一起。在他的《歷史》第二卷（第四十九章）裡，他明確地說過，把酒神戴奧迪修斯的名字以及菲勒斯和整套的崇拜儀式輸入希臘的是麥朗普斯[1]——但是他還補充了一句，說麥朗普斯是從提里爾人卡德茂斯和跟卡德茂斯到希臘博俄提亞邦的腓尼基人那裡學得崇拜酒神儀式的。這些自相矛盾的話在近代引起了很大的興趣，特別是克洛伊佐的研究。克洛伊佐試圖從荷馬史詩裡去找古代祕密教儀以及匯流到希臘的亞洲、帕拉斯基亞、多多尼亞、特拉西亞、沙摩特拉西亞、弗里基亞、印度、佛教、腓尼基、埃及，以及古詩人奧浮斯等方面的來源，此外還涉及許多個別地方的土生土長的因素之類細節。這些多種多樣的傳統根源，乍看起來當然和上述兩位詩人創造了神們的名稱和形象的說法是不相容的。但是承襲傳統和自己創造這兩方面是完全可以統一的。傳統在前，它是出發點，當然要流傳下來一些因素，但是傳統並不同時帶來神們的眞正內容意義和正確的形式。這種內容意義是上述兩位詩人從自己的精神裡提供出來的，他們在就傳統材料進行改革之中也找到了眞正的形象，所以他們實際上就是我們在希臘藝術所驚贊的那種神話的創造者。不過荷馬所寫的神們也不因此就純粹是主觀的虛構或臆造，他們的根源在於希臘人民的精神和信仰，以及民族宗教的基礎。這些神是絕對的力量和威權，希臘想像的最高成就，一般美的中心，仿佛是由女詩神自己傳給詩人的。

在這種自由創造之中，希臘藝術家採取了一種和東方藝術家完全不同的立場。印度的詩人和哲人們也用現成的材料作爲出發點，例如自然元素、天空、動物、河流之類，否則就是一種抽象概念，即無形象無內容的梵。但是他們的靈感導致主體內在因素的破滅。他們接受了一種困難的任務，要就外在於他們的材料進行加工，由於他們的幻想漫無節制，缺乏任何堅定的絕對方向，他們的作品就不可能眞正是自由的和美的，他們只能始終困在材料裡，漫無約束地游離不定地矯揉造作。他們就像一位沒有地基的建築師，一些斷瓦頹垣、丘陵和懸崖成了他們的障礙，他們對自己要建築的房子心中沒有藍圖，所以他們所造成的只能是一堆粗野的不調和的離奇古怪的建築物，而不是一種由想像根據精神來自由創造出的作品。另一方面，希伯來詩人所給我們的是他們從上帝那裡聽來的啓示，所以這裡又是一種不自覺的靈感，和藝術家的個性與創造精神是割裂開來和區別開來的。正如崇高中一般情況一樣，抽象的永恆的東西，要通過一種和它不同而且外在於它的東西的關係，才能呈現於觀照和意識。

在古典型藝術裡情況卻與此相反，詩人和藝術家也還是一些先知者和宣教者，要使人們認識到絕對的和神性的東西。他們和東方的詩人和藝術家的情況有下列一些區別：

(1)第一，他們的神的內容不是外在於人類精神的自然，也不是唯一尊神（太一）的抽象概念，由此產生的只是一種膚淺的塑形或是一種無形象的內在意蘊❷，希臘神們的內容是

---

❶ 麥朗普斯（Melampus），傳說中的希臘預言家和醫生，據說崇拜酒神（Dionysus）的習俗是由他輸入希臘的。酒神據說起源於希臘半島以北的特拉西亞（Thracia）區域。酒神原是生育神，所以與菲勒斯（Phallus，男性生殖器象）的崇拜密切聯繫在一起。

❷ 這就是說，不像印度詩人那樣運用自然材料來象徵某一概念，或是把一切歸結到無形象的梵。

從人的精神和人的生活中取來的，所以是人類心胸所特有的東西，人對這種內容感到自由而親切的契合，他所創造的就是表現他自己的最美的產品。

(2) 其次，古典型藝術家們同時是些詩人，把這種材料和內容塑造成爲自由的本身完滿的形象。從這方面看，他們把自己顯示爲眞正的具有創造性的詩人。他們把多種多樣的外來因素都投進了熔爐，卻不像女巫們那樣只造出一些糟粕，而是用高深精神的純潔火焰，把一切混亂的、自然的、不純的、外來的和無尺度的東西都燒光，使它們熔成一片，顯出一種淨化過的形式來，原來用來塑造的材料只留下一點微弱的痕跡。在這方面他們的任務一部分在於消除傳統材料中，凡是無形式的、象徵性的、不美的、奇形怪狀的東西，一部分在於突出精神性的東西，使它個性化，替它找到適合的外在表現。在這裡我們第一次看到人的形象不再是人的動作和事蹟的單純的人格化，而是作爲唯一適合的實際存在而出現，像我們已經見過的。這些形式當然也是由藝術家從現實中發現到的，但是他先須把其中偶然的不適合的因素消除掉，然後才能顯示出人的精神內容，按照它的本質來看，適合於表現神和永恆的力量。這就是藝術家的自由精神的創造而不只是主觀任意的拼湊。

(3) 第三，神們既然不僅是爲他們自己而存在，而且也要在自然的具體現實和人類事件裡發揮作用，詩人的任務也就要涉及認識神們在這些人間事物的關係裡的現身和活動，以及闡明顯出神力干預的那些具體的自然事件和人的行動和命運，因此就分擔了司祭和先知的任務。我們近代人從近代散文氣的思索觀點出發，按照普遍的規律和力量去解釋自然現象，按照人的內心意圖和自覺的目的去解釋人的行動，希臘詩人們卻隨時隨地都要著眼到神性的東西，把人類活動表現爲神們的動作，通過這種闡明，才把神們發揮力量的各種不同方面都塑造出來了。因爲一系列的這種闡明就產生出一系列的可以顯示出這個神或那個神的動作。舉例來說，如果我們打開荷馬史詩，我們很難找到一件重要的事不是用神旨或實際的神助來解釋清楚的。這種闡明就代表詩人的見識，自造的信仰和觀點，例如荷馬就往往現身說法，說出自己的觀點，或是藉所寫的人物、司祭或英雄之口，來說出自己的觀點。例如《伊利亞特》一開始，就見荷馬親自把希臘軍營的瘟疫（卷一，九—十二行）解釋爲阿波羅懲罰阿伽門農的神旨，因爲阿伽門農不肯把所虜的女俘還給她們的父親庫理賽斯，在下文（卷一，九十四—一百行），荷馬還通過卡爾柯斯把這個解釋傳達給希臘軍。

在《奧德賽》的最後一章詩裡，當交通神伴送求婚者們的亡魂到日光蘭花園❸裡，他們碰見了阿基里斯和其他參加特洛伊戰爭的英雄們，後來阿伽門農也來到這裡時，荷馬也以同樣的方式描述了阿基里斯的死（卷二十四，四一—六三行）：

「希臘人打了一整天的仗，等到天神宙斯把交戰的兩軍隔開來之後，他們才把這具高貴

---

❸ 在希臘神話中的西方極樂世界裡，英雄們的陰魂到這裡雖死而不朽。

的屍體運上船，把它洗乾淨，哭了一陣又一陣，然後把它塗上油。突然間海上傳來一陣神的號哭聲，驚惶的希臘人正想跳下空船艙裡，一位見聞廣博的老人，名叫涅斯忒，把他們攔住了，這位老人的智謀一向是頂高明的。」

接著他這樣解釋了這個現象：

「『這是他母親帶著不朽的女神們踴出海面來迎她的死了的兒子』❹。聽了這句話，忠勇的希臘人就不再恐懼了。」

這就是說，他們懂得了這是怎麼回事：這是人情之常，哀傷的母親來會兒子，他們目所見耳所聞的只是他們親身經歷過的事；阿基里斯就是他們自己的兒子，他們自己也在悲傷。所以阿伽門農轉向阿基里斯，繼續談他的故事時就這樣描繪當時普遍的悲痛：

「你的四周站著海上老叟的女兒們在哀悼，她們穿著仙裳；還有那九位女詩神也在輪流唱美妙的挽歌，阿高斯❺人聽著沒有一個不流淚，都被那清脆的歌聲感動了」。

但是特別使我百讀不厭的是《奧德賽》裡另一次神的顯現。尤利西斯在他的浪遊航程中

（卷七，一五九—二〇〇行），因爲在幽里阿洛斯運動會中拒絕參加擲石餅的比賽，受到斐阿克人[6]的侮辱，他滿面怒容地用粗魯的話回答了他們。接著他就站起身來，挑選了一個最大下最重的石餅，把它拋出去，遠遠超過了目標。有一個斐阿克人在石餅落的地方畫了一個記號，大聲嚷道：「就連一個瞎子也可以看到這塊石頭，它和旁的石頭不混在一起，遠多了。你在這次比賽中沒有什麼可怕的；沒有哪一個斐阿克人擲石餅能趕上你或是超過你。」他這麼說；但是久經風霜的神明的尤利西斯卻在比賽場中看見一位對他懷善意的朋友，心裡十分喜悅。在這裡荷馬把那位斐阿克人的話語和鼓勵，解釋爲善意的雅典娜的顯現。[7]

B. 古典理想中的新神們

還有一個問題：這種古典方式的藝術活動的產品是什麼，希臘藝術的新神們有什麼樣的性質？

---

❹ 阿基里斯據說是女海神特提斯（Thetis）的兒子。

❺ 阿高斯是希臘北部一個城邦，阿伽門農是這裡的國王。

❻ 斐阿克人（Phaeaken），據說住在地球極西端一個國裡。

❼ 這一節說明希臘古典藝術的神代表精神思想，但不停留在抽象概念，也不運用象徵的方式，使自然事物勉強暗示精神意義，而是用最適宜於表現精神的人體來表現神性，因而內容與形式能完全吻合；另一特點是古典理想的表現是自覺的創造，是精神的產品。

(1) 能使我們對這些神有最普遍、最完滿的概念的是他們的集中的個性，這種集中的個性使多種多樣的次要的細節，個別的動作和事件，都圍繞著一個單純的統一體的焦點。

①這些新神引起我們注意的首先是具有實體性的精神個性，這種個性從必然界的特殊事物的繁複現象，以及有限事物的繁複目的所產生的動盪不寧狀態中脫離出來，回到自己所特有的普遍性上，也就是把自己更安穩地安置到一種永恆的明白的基礎上。只有這樣，神們才顯現爲不可毀滅的力量，這種力量的未受干擾的統治，不是顯現於和許多異質外在的東西糾纏在一起的個別事物，而是顯現於他們所特有的不可變性和純眞性。

②但是另一方面，這些神們又不只是一些精神方面的普遍性的抽象概念，不是一般人所謂普遍的理想，而是一些個體，顯現爲一個理想，有它自己所特有的客觀存在和定性，這就是說，作爲精神，這種理想具有性格。沒有性格就顯不出個性。像前文已經指出的，從這方面看，這些精神性的神也有一種確定的自然力量作爲他們的基礎，同這種自然力量融合在一起的是一種確定的倫理性的實體，每個神各有一個界限明確的範圍可以發揮他的作用。這種個性所帶來的多種多樣的因素和特徵，歸結到一個單純的統一體，這就形成神們的性格。

③但是在眞正的理想裡，神的這種定性也不應該局限在窄狹的框子裡，只見出性格的片面性，而是要同時回到神性的普遍性。由此可見，每個神本身既然具有神性的（因而也是普遍的）個性作爲他的定性，他就有一個明確的性格，或是有一種概貌，游離於抽象的普遍性與抽象的個別性二者之間。就是這種情況使眞正的古典理想具有無限的安穩和寧靜，十全

的福慧氣象和不受阻撓的自由。

(2) 其次，作爲古典型藝術的美，由自己確定的神的性格並不只是精神性的，而是要外現於身體方面，成爲肉眼和精神都可以看見的形象。

① 這種美既然不只是以經過精神性人格化的自然因素和動物因素爲內容，而是以適合精神本身的客觀存在爲內容，它就只能附帶地採用象徵的方式，而且只限於單純的自然關係領域；它的正當的表現是適合精神——而且只適合精神——的外在形象，因爲這形象裡面的內在的內容憑自己就獲得存在，達到完整，通過這形象而顯現出來。

② 從另一方面看，古典美不能表現崇高。因爲產生崇高印象的只是抽象的普遍的東西，這種東西本身沒有明確的定性，對個別特殊的東西一般只持否定的態度，因而對任何具體的體現也持否定的態度。古典美卻不然，它把精神的個性納入它的自然的客觀存在中，只用外在現象的因素來闡明內在的東西。

③ 因此，外在形象正像它所表現的精神內容一樣，必須擺脫外在定性中的一切偶然性，一切對自然的依存和一切病態，必須把一切有限性，一切可消逝的暫時性的東西，以及一切事務性的東西都看作純然感性因素❽，必須使它（形象）的和神的明確的精神性格緊密

❽ 即非精神性的，僅涉及有限事物的，亦即物質的。

聯繫的那種定性得到淨化和提高，使它（定性）和人的形體的普遍形式能自由合拍[9]。只有無瑕疵的外在形式（其中一切弱點和有限性都消除掉了，一切任意的特殊性的毛病都克服了）才能符合精神的內在意義，讓這內在意義滲透到外在形式裡，藉外在形式而變成有形體的東西。

(3)但是因為神們既然要有明確的性格而同時又要回顧到普遍性，他們在所顯現的形象上也就應顯出精神的自我存在，即具有鎮靜自持，在外在形式裡感到安穩的意味。

①從此我們看到在眞正的古典理想裡，神們的具體的個性現出精神的這種高貴氣象，所以儘管它（個性）完全滲透到肉體的感性形象裡，卻仍使人感到它完全脫離了有限事物的一切缺陷。單純的獨立自足和對一切定性的擺脫就會導致崇高；但是古典理想既然外現於它所特有的客觀存在，即精神本身的客觀存在，它所含的崇高就顯得和美融成一片，就直接轉化為美。就是這種情況使得高貴表情或古典的美的崇高對於神們的形象是必要的。有一種永恆的嚴肅，一種不可改變的靜穆安息在神們的眉宇間，由此洋溢到整個形象。

②憑他們的這種美，神們仿佛提高到超越了自己的軀體，從此就產生出他們有福澤的崇高氣象（就是精神方面的獨立自足和鎮靜自持）與他們的美（這是外在的、肉體方面的）之間的矛盾。精神仿佛完全滲透在它的外在形象裡，可是同時又仿佛從外在形象裡退出來，凝聚在精神本身上。這就像一個不朽的神變形為可朽的人。

就這方面來看，希臘神們所產生的印象，頗類似我初次看到勞赫[10]所雕的歌德的上身像給我的印象，儘管不同處很多。你們也許都見過這座雕像：高額頭、強有力的彷彿居統治地位的鼻子、活躍的眼睛、豐滿的腮幫、和藹的精工細鑿的嘴唇，顯示出才智的頭部姿勢，眼光側向一方，略向上仰視，顯出全部的豐富的沉思的友愛的人道精神；此外還有額頭上那些仔細雕出的筋肉，神情以及情感和熱情的表現，在生氣蓬勃之中又有老年人的平靜、肅穆和高昂的氣象；和這些並列的還有因口中無齒而後縮的衰老的嘴唇、頸項和腮幫的鬆散，使鼻樑顯得特別高大，額頭顯得特別突出。這個堅定的形象的力量特別使人感到不朽，尤其是雕像的鬆散的環境⓫和昂起的頭使它顯得特別突出，很像一位圍著寬頭巾、披著飄蕩的長袍、拖著便鞋的東方人的形象。所現出的是一種堅定的強有力的無時間性的精神，在可朽事物的掩蓋之下，正要脫去這層掩蓋，但是暫時仍讓它無拘無礙地圍繞著自己。

希臘神們給人的印象與此頗類似，他們的高超的自由和精神的寧靜，把他們提高到超越了自己的軀體，使他們彷彿覺得自己的形狀和肢體不管多麼完美，畢竟是一種多餘的附屬品。但是整個形象仍然是氣韻生動，和精神生活是處在不可分割的同一體內，本身堅固的部

---

❾ 即形象所表現的神的精神性格，能恰如其分地通過人的形體表現出來。

❿ 勞赫（C.D.Rauch, 1777-1857），德國雕刻家，著名的作品有腓特烈大帝、杜勒、歌德、席勒等人的雕像。歌德的雕像是半身的，在德國到處可以見到複製品，黑格爾對歌德半身像的這種描述是很精確的。

⓫ 英譯注：「大概指展出時所用的帷幕」。但看下文應指服裝，半身像上部服裝很鬆散。

分與本身柔弱的部分並不是互相脫節的，精神並沒有脫離肉體而上升，而是雙方形成一個完美的整體，流露出精神的鎮靜自持、雍容肅穆的氣象。

③但是由於上述矛盾既存在而又不表現爲內在的精神意義，和它的外在形象的區分和割裂，那矛盾所含的否定面也就內在於這個不可分割的整體，而且就在這個整體上面表現出來了。有些見識深刻的人在古代神們的形象中，感覺到形體完美之中畢竟還有一股哀傷氣息，上面所說的情況就屬於這種崇高精神的範圍。神的靜穆和悅不應降低到個別場合下的歡樂和滿足感，永恆的和平也不應降低到表現出自滿和舒適時的微笑。滿足感起於我們各個人的主體方面與環境條件（現成的或是由我們自己創造的）的協調。例如拿破崙只有在自己獲得成功而使整個世界感到不滿時，才表現出最大的滿足感。因爲滿足感只是對自己的生存、活動和努力的贊許；到了極端，它就成爲每個油滑人都在所不免的那種庸俗市民的情感。但是這種情感和它的表現卻與造型藝術的永恆的神們不相干。自由的完善的美不能滿足於遷就某一種確定的有限的存在，它的個性在精神和形象兩方面儘管都是具有特徵的、本身明確的，卻不能離開自由的普遍性和鎮靜自持的精神性。正是這種普遍性在希臘神們身上被人說成是冷淡的。希臘神們只是對於我們近代人局限於有限事物的那種精神狀態才是冷淡的；就他們本身來看，希臘神們卻有熱力和生命；反映在他們軀體上的那種享福的和平狀態在本質上是一種對特殊個別事物的超脫，對可消逝的事物的冷漠，對外在界的否定（這種否定卻不帶煩擾和痛苦），對塵世間無常事物的拋棄，正如他們的明朗的精神深刻地超然蔑視死亡、

墳墓、損失和時間性，正因爲深刻，他們本身也就包含著這種否定態度。神的形象上愈現出嚴肅和精神的自由，也就愈使人感覺到這種高超氣象與定性和軀體之間的衝突。那些享福的神們仿佛也爲他們的福氣或肉體性而哀傷；從這些神的形象上可以見出等著他們的命運及其發展。上述高超與特殊、精神性與感性存在這二者之間的矛盾一旦實際出現了，它會終於導致古典藝術本身的衰頹。

(3)[12]第三，如果我們追問哪一種表現方式才符合上述古典理想的概念，那麼，主要的觀點在上文泛論理想時就已經說得很詳盡了。所以在這裡要說的只是這一點：在眞正的古典理想裡，神們的精神個性並不是就它對外在事物的關係來理解的，即不是通過它們向特殊分化所導致的衝突和鬥爭來理解的，而是就他們的永恆的鎭靜自持，以及和平中的憂傷狀態表現出來的。因此，他們的確定的性格起作用時，不致激發他們的特殊個別的情感和情慾，或是迫使他們定下某種明確的目的。與此相反，他們正是要離開一切衝突和糾纏，離開一切對本身不協調的有限事物的關係，才能回到純然專注自我的狀態。這種最嚴峻的靜穆並不是僵硬的、冷淡的或死板的，而是沉思的，巍然不可變動的，這就是古典神們的最高的、最適合的表現方式。如果他們因此出現在確定的情境裡，那也不應是導致衝突的情況或動作，而是本

[12] 原文如此。

身無害而且也可讓神們保持他們的無害狀態的那種情境⓭。因此，在各門藝術之中特別適宜於表現古典理想的是雕刻，它可以表現出單純的鎮靜自持，使重點不在特殊性格而在普遍的神性。特別是較古的較嚴峻的雕刻堅持住理想的普遍性這一方面，只有到較晚的雕刻才發展到情節與人物性格的戲劇性的生動性。詩則不然，它卻要神們採取行動，這就是說，使神們要對一種客觀存在持否定態度，因而導致他們的衝突和鬥爭。造型藝術的靜穆，如果不離開它自己的最適合的領域，只能把精神對特殊個別事物持否定態度的這一方面，表現為上文所已詳論的那種哀傷而嚴肅的神情。⓮

2. 個別神的體系

作為憑感官來觀照的，用直接自然事物表現出來，因而成為具有定性的特殊個體，神性就必然要分化為多數形象。多神教對於古典型藝術原則是絕對重要的。如果想把崇高、泛神主義或絕對宗教（這種宗教觀把神理解為一種純然內在的精神性的人格）那種一神教的神表現於造型藝術的美，或是認為猶太教徒、伊斯蘭教徒或基督教徒，也可以像希臘人那樣從原始世界觀中，獲得古典型藝術形式去表現他們的宗教信仰內容，那就是極荒謬的。⓯

A. 個別神的多樣化

這一階段中的神既然是多數的，神的世界便分化為一系列個別的神，其中每個神都是一個與其他神相對立的個體。但是這些個體卻不只是以寓意的方式標誌某些一般特性，例如阿波羅不只是代表知識的神，宙斯不只是代表最高統治的神。宙斯也完全可以代表知識，而在《復仇的女神們》裡我們已看到阿波羅也保護歐瑞斯特王子，親自鼓動他復仇。希臘神的體系是由多數個體組成的，其中每個神儘管是一個具有明確性格的特殊的神，卻仍可兼有另一神的特性，構成一種綜合的整體。因為每一個形象，既然是神性的，就總是一個整體。只有這樣，希臘的許多個別的神才各有許多豐富的特徵。儘管他們的福氣在於他們在普遍神精方面的鎮靜自持超脫了雜多的有限的事物和關係，他們畢竟還有力量在多方面活動和發揮作用。他們既不是抽象的特殊，也不是抽象的一般，而是許多特殊都從它發源的一般。⓰

⓭ 即所謂「有定性的情境處在平板（無害）狀態」，參看卷一，第三章，二，（二），2「情境」節。

⓮ 這一節說明古典理想的神既具有精神的個性，又要顯示出普遍性，不帶有限（有定性）的個別事物的偶然性，在具體形象中顯出自由與靜穆，融化崇高於美；但由於對有限事物取超脫的或否定的態度，產生冷漠的印象，這就顯出這種神仍含有內在的矛盾，即精神與肉體、無限與有限的矛盾，因此靜穆和悅之中仍露出一點哀傷。這種矛盾還沒有表現於導致衝突的具體動作，最適合的表現方式是通過雕刻，特別是早期雕刻，詩則側重人物動作和衝突。

⓯ 古典型的造型藝術只適宜於表現多神教而不適宜於表現崇高和一神教。

⓰ 這一節說明希臘多神體系的神雖各有個性和專職，但主要的因素仍是普遍的神性。

B. 缺乏系統的分類

神的個別性既如上所述，希臘的多神體系就不能形成一個可依系統分類的整體。乍看起來好像有必要向聚居在奧林匹斯山的神們提出一個要求，說如果每一個別神應該是眞實的而在內容上又應該是古典的，他們作爲集體就應該表現出理念的整體，應該包括自然界和精神界的一切必然力量的整個範圍，從而使自己可以依系統分類，證明自己具有必然性。但是這種要求會帶來一種局限性：就要把到較近期較高發展階段的宗教裡才起作用的心靈力量，和絕對精神方面一般內心生活的力量，都排除到古典諸神範圍之外，從而使在希臘神話中實際得到表現的那些特殊方面的內容範圍縮小了。此外，還有兩個不能按系統分類的理由。第一，個別神既是多樣化，就必然有一些偶然因素摻雜進來，因而就不能按照概念上的差異去加以嚴格的分類，因爲不可能強使某個別神局限在某一種定性裡。其次，使個別神享受福慧生活的那種普遍性又會否定固定的特殊性，崇高永恆的力量悠然憑高俯視冷酷而嚴峻的有限世界，如果沒有這種不一致（或矛盾），在這有限世界中，神們的形象就會由於他們的局限性而受到歪曲。[17]

C. 多神體系的基本性格

所以希臘神話儘管把整個世界的主要的自然界和精神界的力量都表現得很充分，但是希臘神的全體，無論就普遍的神性還是就神們的個性來看，卻不能現出一個有系統的整體。如果現出一個有系統的整體，神們就不會是具有個性的神，而只是一些寓意式的抽象品，也就不會是一些具有神性的個體，而只是一些有限的受局限的和抽象的性格。

所以如果我們進一步研究希臘的多神體系，即一些主要神體系，來看看他們的簡單的基本性格是什麼，怎樣通過雕刻凝定下來，現出既是最普遍的而同時又是感性的具體的形象，我們當然會發現他們之間的基本差異，以及這些差異所形成的整體都是表現得很明確的，但是在特殊細節上則不免經常受到損失，創作實踐對這些細節就放鬆了謹嚴，違反了美與個性的要求。例如宙斯手操統治神和人的大權，但不因此就在本質上損害到其他神們的自由獨立性。他是最高神，他的權力卻沒有呑併其他神們的權力。他固然和天空、雷電以及自然界的繁殖生命力有聯繫，但是更多地要符合本質地代表國家的權力、事物的法律秩序、契約、信誓和主賓情誼之類的約束力量，總之，人類的實踐的和倫理的實體性的約束力量，乃至知識和理智的威力。他的弟兄們統治著海和陰曹地府。阿波羅表現爲知識的神，精神旨趣的代言者和美好事物的體現者，文藝女神的導師。刻在德爾菲的阿波羅神廟上的銘語是「認識你自己」，這個命令並不涉及人的弱點和缺點，而是涉及精神的本質，涉及對藝術和一切眞理的

⑰ 這一節說明希臘多神體系不能按概念分類的理由：主要方面的神的普遍性會否定概念的差異，納無限於有限不免使無限受到歪曲。

意識。至於巧計和口才，在下界也用得著的周旋本領，儘管夾雜著一些不道德的因素，卻仍屬於完備的精神範圍，這些就形成了交通神荷米斯所統治的主要範圍，他的任務之一是引導死人的陰魂到陰曹地府去；戰爭的威力是戰神阿瑞斯的主要特徵。火神赫菲斯托斯擅長手藝技術。酒、遊戲和戲劇表演之類振奮精神的自然威力是劃歸酒神戴奧迪修斯管轄的。女神們也有與此類似的內容體系。天后朱諾的主要職掌是婚姻的約束，穀神希銳思是農業的傳授者和促進者，授給人類兩種與農業有關的本領，一種是對滿足人類直接需要的那些自然產品的照管，要保證它們繁榮茂盛，另一種是財產、婚姻、法律之類精神性的事務，這是文化和道德秩序的開始。雅典娜代表節制、謹慎和守法精神；她是智慧、勇敢和熟練技巧的女神，她的既善思索又勇於戰鬥的少女性格體現了民族的精神，即雅典城邦的自由的實體性的精神，把這種精神客觀地表現為應受崇拜的神的統治力量。希臘的黛安娜[18]與小亞細亞艾菲索斯地方的黛安娜完全不同，她的主要的性格特徵是少女的貞潔所表現的堅強的獨立性。她愛打獵，一般不是一個沉思的少女，而是一個嚴峻的專術向外發展的少女。女愛神阿芙羅狄特（連同漂亮的邱比特一起，這個男愛神由古老的巨靈族的愛若斯變成一個男孩）代表人類的性慾和同類愛之類感情。

從精神方面形成的個別的神們所具有的內容大致如此。關於他們的外在表現，我們在這裡只消再說一遍，適合於表現神們的這種特殊性格的是雕刻。但是如果雕刻需把個性中所有的個別特點都仔細表現出來，它（雕刻）就不免要越出它原有的那種嚴峻的崇高，不過它仍可把多方面的豐富的個性集中成爲一個定性，即我們在上文所說的性格，然後把這種性格表現於簡單明瞭的形式，以供感性觀照，這就是說，把外表上最完備的、最本質的定性凝定在神的形象上。事實上從外在現實方面來看，雕刻所表現的形象永遠不是很確定的，縱使雕刻也像詩那樣就這內容加工，發揮成爲神的許多故事、遭遇和事蹟。因此，雕刻一方面理想性較強，而另一方面又把神們的性格個性化爲完全具體的人類面貌，使古典理想中的擬人主義[19]達到完備的程度。作爲理想的這種表現方式，作爲符合內在本質意義的外在形狀，希臘的雕刻形象就是自在自爲的理想，爲自己而存在的永恆的形象，古典型造型藝術美的中心。即使這些形象顯得是在參加具體的行動，糾纏在特殊的事件裡的時候，這種造型藝術的美仍然是基調。[20]

3. 諸神各別的個性

但是個性和它的表現卻不能滿足於性格的仍然相對抽象的特殊性。星辰完全是由它的簡單規律統轄著的，它們就表現了這種規律。很少數確定的性格特徵就足以界定礦物界的形

---

[18] 即獵神和月神阿特密斯，見上文序論部分的注。

[19] 即把非人的東西當作人來看。

[20] 本節說明希臘雕刻所表現的個別的神達到普遍性與特殊性的統一，特殊性服從普遍性，形成古典型造型藝術美的中心。

象。但是植物界就已現出無限豐富的最多樣的形式，例如過渡的形式、混合的形式，乃至變態的形式。動物的形體結構則顯出更廣泛的差異，以及和它有關的外界事物的交互影響。最後我們上升到精神界和它的顯現，我們就發現它的內在存在和外在存在都具有遠較繁複的多樣性。古典理想既然不固守獨立自足的個性而要使個性處於運動狀態，和其他事物發生關係，因而在其他事物上面發揮作用，所以神們的性格也就不能停留在它的本身還是實體性的[21]定性上，而是要結合到較廣泛的特殊事物。這種向外在存在展開自己的運動以及連帶的改變，才提供較確切的特徵來形成每個神的特殊性，正如只有這種運動和改變對於一個活的個性才是適合的和必要的一樣。但是這種特殊性同時是和個別特徵的偶然性聯繫在一起的，而這些偶然的個別特徵卻不能引回到實體意義的普遍性去；因此，每個神的這個特殊方面就變成一種積極因素，只能作爲外在的附屬品起陪襯和應和的作用。[22]

A. 個性化所用的材料

這裡還有一個問題：神們的這種特殊顯現方式所要用的材料是從哪裡來的呢？神們在向特殊分化之中如何向前發展呢？對於一個現實界的個別的人來說，如果要給他的發出動作的性格，他所介入的事件以及他所遭遇的命運提供較切近的實證性資料，這些資料就會是一些客觀情境，如出生時代、天賦資稟、家庭出身、教育、環境和時代的關係之類，乃至內在生活和外在情況的整個領域。這些材料都是當前客觀世界的組成部分，從這方面來看，個別的人們的生活記錄就會顯出最大限度的個別差異。但是自由的神們的形象卻不如此，他們並不存在於具體的現實界而只是由想像產生出來的。因此，人們不免相信，詩人們和藝術家們一般都根據自己的自由精神來創造理想，所以只是根據想像力的主觀任意性來挑選材料，來表現偶然的特殊性。但是這種看法是錯誤的。因爲我們對古典型藝術已給過這樣一個地位：它只有通過對必然屬於它自己領域的那些前提起反應，才能使它成爲眞正的理想。正是從這些前提中生出使神們具有生動個性的那些個別特殊細節。我們前已提到過一些主要前提，現在只消約略地回顧一番。

(1) 最早的豐富源泉是象徵型的自然宗教，這些自然宗教經過改造，就成爲希臘神話的基礎。但是因爲這些借來的特徵在希臘神話裡，是分配給表現爲具有精神個性的神們的，它們就必然要基本上失去原來作爲象徵符號的性格；它們現在不再能保存一種不同於個體本身所固有的和表現出來的意義。所以原先的象徵的內容現在變成了神性主體本身的內容；因爲那種內容既不涉及神的實體本質，而只是神的一種較偶然的特殊因素，所以這種材料內容就淪爲一種不相干的故事，一個行動或一件事，說是神在某一特殊場合所做的。全部早期宗

㉑ 即不能停留在抽象理想上。

㉒ 藝術形象中某些偶然的特殊細節與所要表現的普遍理想無直接關聯，但仍可起陪襯作用，所以仍可成爲積極因素。

教詩的象徵傳統就是這樣被接受過來，改造成爲表現某一主體個性的動作，採取了人類事件和故事的形式，這些事件和故事本來就應記在神們的帳上，而不是僅由詩人任意創造的。例如荷馬敘述到神們曾旅行到純潔的伊提俄庇亞[23]人們那裡作客，享受了十二天的盛宴，如果說這個故事純粹是詩人的想像虛構，那也就是很不高明的虛構了。宙斯出生的故事也是如此。據說克洛諾斯把他所生的孩子全都吞吃了，等到他的妻子瑞亞[24]懷孕她的最小的兒子宙斯時，她就跑到克里特[25]去生產，用一張皮把兒子裹起，拿一塊石頭給丈夫吞吃了。後來克洛諾斯把吃下去的孩子又都吐出來了，其中包括女孩子們和海神波塞頓。這個故事如果看作主觀的虛構，就會毫無意味；但是它流露出象徵意義的餘痕，因爲已失去了象徵的性質，就顯得是一種完全不相干的事件。女穀神希銳思和她的女兒普羅梭賓娜的故事與此也很相似。[26]這裡含有一個古老的象徵意義，即穀種的下地和發芽。這個神話把這個意義表現爲這樣一段故事，仿佛普羅梭賓娜有一天在山谷裡玩花，採了一棵一條根上長出一百朵花的水仙花。這時大地就升高起來了，陰曹地府的皇帝普魯陀從地下踊出，把哀傷的姑娘劫掠到他的金車上，帶到陰曹地府裡去了。她的母親希銳思很傷心。在大地上到處尋找了很久，卻找不到女兒。最後普羅梭賓娜回到了地上，但是宙斯要她永遠不嘗神們的飲食，才准她留在地上。不幸她有一次在神境摘食了一個石榴，因此罰她只能在春夏兩季回到地上來。這裡一般的意義也沒有保留住原來的象徵的形式，而是經過加工，變成一種人類的事蹟，這種事蹟只是憑許多外在的特徵從遙遠的地方顯示出一般的意義。此外，神們常有別名，這種別名也往往可以追溯到類似的象徵的基礎，現在卻已拋棄了象徵的形式，只用來使個性具有更多的明確性。

(2) 地方情況提供了另一個來源，使個別的神們獲得向特殊分化的實證性資料，這涉及神們的觀念的起源，他們的宗教儀式的流傳和輸入，以及他們受崇拜的主要地點。

① 儘管理想及其普遍美的表現要超出特殊地點及其特徵之上，而且在藝術想像的一般情況之中，要把許多個別的外在因素融化在一個符合實體意義的完整形象裡，上述特徵和地方色彩畢竟經常起作用，可以使個性具有較明確的，儘管是外在的表現，例如雕刻在要根據特殊性去塑造神像時，就要運用一些特殊的情況和關係。例如鮑桑尼亞就曾描述過他自己在一些廟宇、公共場所、廟宇中的珍寶庫和發生過重大事件的地方，所見到的許多帶有地方性的觀念、雕像、圖畫和傳說之類。希臘神話也是把由外方輸入的傳統和地方，色彩與本土的傳統和地方色彩雜糅在一起，這一切都或多或少地涉及一些國家的起源和建立（特別是通過殖民）的歷史。但是由於這許多專門材料在表現神們的普遍性之中已失去它們原來的意義，

㉓ 東非的古國，在現在的衣索比亞。

㉔ 瑞亞（Rhea），第二代女地神。

㉕ 克里特（Kreta），地中海裡一個島，是歐洲古代文化的一個中心。

㉖ 參看本卷第一部分注㊲，普羅梭賓娜象徵穀種，秋冬間埋在地裡，春夏才發芽露出地面。

所以有些這類的故事是蕪雜的、混亂的，對於我們沒有意義的。例如埃斯庫羅斯在他的《普羅米修斯》裡敘述了伊娥的浪遊[27]，這段故事在嚴峻的風格和外在的細節上活像一件浮雕，但是沒有接觸到任何倫理的、民族史的或自然方面的意義。關於柏修斯[28]、酒神戴奧迪修斯之類的神話也有類似情況，特別是關於宙斯的神話，例如關於他的保姆們，他對天后的不忠實，用鐵砧綁在她腿上，把她懸在空中搖盪，上不沾天、下不著地之類的故事。再如關於海克力士的神話集中了許多形形色色的材料，採取了完全是人類的外貌，表現為一些偶然的事件、行動、情慾、災禍以及其他事故。

②此外，古典型藝術的永恆力量，還在於把一些普遍性的實體表現為實際的希臘人的生活和行動，所以從英雄時代起的關於希臘民族起源的原始材料以及其他傳統的材料，在後來也有許多特殊細節的殘餘被附加到神們身上去了。所以在複雜的神話之中有許多特殊細節當然要隱射到一些歷史上的人物、英雄、古老的部落、自然界事件，以及毆鬥和戰爭之類事件。家庭和部落的劃分是國家的起點，所以希臘人還有家庭護神（Panaten）、部落護神乃至個別城市和國家的護神。由於這種神話與史實的雜糅，就有人認為希臘神們的起源一般都可以追溯到這種歷史上的事實，英雄和古代國王們。這個看法好像也有些可信之處，但是實際上是膚淺的。在近代使這種看法得到廣泛流傳的人是赫涅[29]。此外還有法國人尼柯拉·弗列越[30]也把不同派別的司祭之間的鬥爭，看作用來解釋神們之間的戰爭的一般原則。當然應該承認：這種歷史因素在神話中起過作用，某些部落曾使他們對神的看法發生影響，不同區

域的地方色彩對神們的個性化也提供了材料。但是儘管如此，神們的眞正的起源卻不在於這些外在的歷史資料，而在生活中的一些精神力量，神們就是被理解爲這些精神力量的。至於某些有實證的地方的和歷史的因素，之所以被引進來發揮較廣泛的作用，只不過是因爲用它們可以把個別神們的個性描繪得更明確些。

③再進一層，神既被表現爲人，尤其是在雕刻裡表現爲有肉體的現實的形象，而對這種形象人們又在宗教活動中持崇拜的態度，所以通過這種關係又出現一種新的材料，可以在神話中添些有實證的偶然性的東西。例如用哪些動物或果實作爲敬神的祭供、司祭們和人民穿什麼衣服、宗教儀式採取什麼程式之類情況，都可以積累一些最變化多方的個別細節。這些宗教儀式中每一種都有數不盡的因素和外在狀況，其中究竟是這種或那種因素和情況出現，可以憑偶然的機會，但是既然屬於宗教儀式，它就應該是固定的而不是可以任意變動的，就會轉到象徵的範圍。衣服的顏色就是一個例。在酒神祭典中用的就是葡萄的顏色，祕

㉗ 伊娥（Io），阿高斯邦的公主，被宙斯所愛，天后妒嫉她，對她進行迫害，逼得她到處流浪。

㉘ 柏修斯（Perseus），古希臘英雄。傳說女妖神梅杜莎的眼睛一看到人，人便化成頑石。柏修斯把她的頭砍下來隨身攜帶，遇見敵人，便把她的眼睛轉向他，把他化成頑石，因此所向無敵。他是馬其頓城邦的奠基人。

㉙ 赫涅（C.G.Heyne, 1729-1812），德國研究古典文化的學者。

㉚ 弗列越（Nicolas Fréret, 1688-1749），法國史學家。

密儀式的受傳者身上所裹的小鹿皮也是用這種顏色。神們自己穿的衣服和所用的符號也是象徵的，例如阿波羅的鞭、杖和許多其他外在的東西。這類東西逐漸變成了一種單純的習俗；在用它們時不會還想到它們的最初起源；我們從學術觀點才指出它們有什麼意義，但是對於當時人來說，它們都不過是一種單純外在細節，他們遵守這種細節是由於直接的興趣，例如遊戲、消遣、逢場作樂、對神的虔誠之類，因爲它是固定的習俗，人人都那樣辦，自己也就那樣辦。例如在我們德國，年輕人在夏天燒聖約翰節的火[31]，或是踴躍、向窗戶擲東西，這只是一種單純的習俗，它的本來的眞正的意義已經沒有人注意了。希臘青年男女在節日所跳的那種迴旋舞（就像迷徑那樣曲折）本來是象徵行星的螺旋式運動，這個意義後來也沒有人過問了，道理也是一樣的。人跳舞不是因爲要從此獲得一些思想，他的興趣只限於跳舞本身，以及它的優美動態所表現的賞心悅目的節日氣氛。形成原始基礎的意義所用的表達方式是供想像和感性觀照的，它本來帶有象徵性，現在一般卻已變成一種意象，其中許多個別細節之所以使我們高興，正如一篇童話故事或是歷史敘述中某時某地所發生的一件事，我們對它只說「原來如此」、「人們是這樣說的」，如此等等。所以藝術的興趣只能在於從這種已變成有實證的外在細節的材料之中抓住某一方面[32]，使它幫助我們對於具體的有生命的個別的神們看起來如在目前，而且還能依稀隱約地窺見一種較深刻的意義。

　　這種實證性的材料在經過想像從新加工之後，就使希臘的神們具有活人的魔力，把原來僅僅是有實體性和有力量的東西納入現在目前的個體裡，這種個體把絕對眞實的因素和偶然的外在的因素結合在一起，而且使對神們的觀念中本來就有的那種不明確性，得到較明確的定性和較豐富的內容。我們對故事細節和個別的性格特徵只能作出如上的估價，因爲這些因素在最初起源時雖帶有象徵的意義，而現在它們的任務卻只在於藉助神與人的比擬，充實神們的精神個性，使它具有感性方面的明確性，因此就加進去這些按照內容和表現都不是神的而僅屬於具體個人的任意的和偶然的因素。雕刻就它要表現純粹的神的理想而且要通過有生氣的軀體去描繪性格和表情來說，固然是最不能把極端個性化的結果變成可以眼見的一門藝術，但是它畢竟也還要在這方面發揮效用，例如對首飾的處理，在頭髮樣式上每個神也都不同，這不僅是要達到象徵的目的，而且是爲著加強個性化。例如海克力士頭髮很短，宙斯頭髮很厚，在空中飄蕩著。女月神和女愛神的捲髮的樣式不同，雅典娜頭戴鋼盔，上面雕著蛇髮人面的魔女像。此外武器、腰帶、髮巾和手環之類外在物事也可以起類似的個性化作用。

(3) 第三個提供材料來使神們顯出較明確定性的源泉，就是神們對具體現實世界及其豐富多彩的自然現象，以及人類行動和事蹟的關係。像我們在前文已經見到的，精神的個性，無論就它的普遍的本質還就它的個別的特殊性來看，是從較早期的具有象徵意義的自然基礎和人類活動產生出來的，所以它（精神的個性）現在仍作爲在精神上自爲存在的個體，而

㉛ 聖約翰節在德國是夏至節，在六月二十四日青年們上山焚火。

㉜ 例如愛神的箭、酒神祭典的葡萄色衣服、希臘節日迴旋舞之類。

與自然界和人類生活發生持續不斷的活的聯繫。就在這方面，像我們前已詳細討論過的，詩人的想像成爲經常豐產的源泉，許多歸到神們身上的故事，性格特徵和行動都是來自這個源泉。這個階段的藝術活動，在於把個別的神們和人類的動作很生動地交織在一起，把事件的個別性和神的普遍性聯繫起來，就像我們通常所說的（意義當然不同）：這種或那種命運是由神決定的。就在日常現實生活裡，希臘人遇到任何糾紛、需要、恐懼和希望，都要求助於神。原先本是一些外在的偶然的東西，司祭們把它們看成吉凶預兆，聯繫到人類的目的和情況來對它們進行解釋。如果有困苦和災難發生，司祭們就需說明禍源，辨認出神們的憤怒和意旨，並且指出消災免禍的辦法。詩人們在解釋這類現象之中又向前進了一大步，因爲他們把凡是涉及普遍的本質性的情致，人類的抉擇和行動的東西都歸之於神們和神們的行動；因此人類的活動顯得也就是神們的事蹟；神彷彿通過人來實現他們的決定。這類詩的解釋所用的材料都取自日常生活情境，憑這些情境詩人就說明究竟是這個神或那個神，在所描述的事件中宣示了他的意旨、發揮了他的作用。所以詩特別擴大了關於神們的特殊故事的範圍。在這裡我們可以再提一下我們在討論普遍力量與發出動作的個別人物之間的關係時所用的那些例子。[33]

荷馬把阿基里斯描繪爲在特洛伊陣前希臘人中最勇敢的人。這位英雄的無比優越是由荷馬這樣表達出來的：他全身沒有一處可以受損傷，唯一的例外是腳踵，因爲他母親把他浸到陰陽河裡時需抓住他的腳踵。[34]這個故事出自詩人的想像，詩人在解釋外在的事實。如果人們設想這裡說出的是一件眞事，設想古人相信它也就像我們相信一件憑感官認識到的東西一樣，那就會是一種粗魯的看法了，就會把荷馬和全體希臘人包括亞歷山大（他曾羨慕阿基里斯以及他有荷馬這樣詩人來歌頌他的幸運）在內都看成頭腦簡單的人了；例如阿德隆[35]就有這種看法，他想到阿基里斯的勇敢並沒有什麼了不起，因爲他知道自己的身體是不可損傷的。實際上阿基里斯的勇敢並不因此而有絲毫的減色，因爲他也知道自己要早死，卻從來不逃避艱險。《尼布龍根之歌》描繪過一個類似的情境，儘管描繪的方式完全與此不同。齊格菲身上長了一層像牛角那樣硬的皮，也是不可損傷的，但是此外他還有一頂魔帽，戴起來就沒有人能看見他。在隱形中他幫助龔特爾和布倫希爾德作戰，這就是只憑野蠻的魔術，不能替龔特爾和齊格菲的勇敢增加多大光彩。[36]在荷馬史詩中神們也常幫助某些個別的英雄，但是神們只代表人作爲個體所代表和要實現的那種普遍的理想，爲著實現這理想，人還需拿出

㉝ 見卷一，第三章，（二），3，B節。

㉞ 他的母親據說是女海神特提斯，他生下時她想使他不朽，曾把他浸到陰陽河裡，並預言他或是長壽而無名，或是享盛名而早死。腳踵沒有沾到河水，所以仍是可朽的。

㉟ 阿德隆（J.C.Adelung, 1732-1806），德國啓蒙運動中的學者。

㊱ 《尼布龍根之歌》（Nibelungenlied），中世紀日爾曼民族的史詩。詩中主角是齊格菲（Siegfried），他娶了龔特爾（Gunther）的妹子，幫助龔特爾向冰島國王后布倫希爾德（Brunhild）求婚，她要通過比武藝來決定是否嫁龔特爾，齊格菲因爲能隱形，在交戰中幫助龔特爾戰勝了布倫希爾德。

英雄的全副力量。否則神們在鏖戰中就需把特洛伊大軍全部消滅掉，才能澈底援救希臘人。荷馬卻不是這樣辦，在敘述主要戰爭時詳細描繪了個別戰士之間的搏鬥，只有當兩軍進行集體混戰時，戰神才出現在戰場上大動干戈，神們才站在對立兩方，交戰起來。這種處理不但因爲是提高而顯得優美壯麗，而且寓有深刻的意義，那就是荷馬把個別的卓越的功勳歸於個別的英雄們，把全體的一般的功勳歸於普遍的力量和權威[37]。

在另一個場合，荷馬也讓阿波羅上場，那是爲著要殺死穿戴阿基里斯的盔甲的帕特羅克洛斯（《伊利亞特》，XVI，七八三—八四九行）。帕特羅克洛斯三次沖進特洛伊鏖戰，像戰神一樣猛勇，三次他殺了九個敵人。等到他第四次進攻，阿波羅神由黑夜遮蓋住，從雜亂的人群中走上前來，打中了他的肩和背，扯下他的頭盔，把它扔到地上滾來滾去，碰著馬蹄發出叮噹的聲響，盔上的羽毛都沾染了血和泥，這是從來沒有人能猜想到的。阿波羅把他手裡的銅矛也打碎了，盾也從他肩上落下來了，他的披身甲也被神解下來了。當時的實際情況是帕特羅克洛斯在第四次進攻中，之所以在火熱的搏鬥中遭到挫敗是由於疲勞和自然的死亡。阿波羅的干預可以看作詩人對這種情況的解釋。就是在他垂危的時候，幼浮布斯才能在他背上兩肩之中刺了一矛；他還想再一次退出戰場，但是赫克特趕快奔上前來，又朝他的腰深深地刺了一矛。赫克特這時大樂起來，嘲笑這位垂死的英雄；但是帕特羅克洛斯用微弱的聲音向他說：「是宙斯和阿波羅打敗了我，你沒有費什麼勁，因爲他們把我的武器從肩上奪走了。像你這樣的人即使有二十個，我也能用我的矛頭一掃而光。但是厄運和阿波羅殺死了我；幼浮布斯，你是第二個殺我的人；赫克特，你是第三個。」這裡神們的出場參戰也只是爲解釋帕特羅克洛斯儘管有阿基里斯的盔甲的保護，爲什麼還弄得疲敝昏厥，乃至遭到殺身之禍。這並不是一種迷信或是無聊的幻想遊戲，而只是一種空議論，彷彿以爲阿波羅的干預降低了赫克特的聲譽，在這件事情的整個過程中，阿波羅扮演了一個並不十分光彩的角色，人們在這裡會只想到神的威力——不過這種看法只是根據散文式的知解力，所釀成的一種缺乏審美趣味的無聊的迷信。因爲荷馬每逢用神們的干預來解釋某一特殊事件時，這些神們總是人們內心生活中所固有的力量，就是人自己的情慾和思慮的力量，或是人所處的情況中的一般的力量，也就是人由於這種情況而遭遇到的一切事件的決定因素和力量。神們出現時往往顯出一些完全外在的純然實證性的細節，而這些細節卻有一種滑稽的意味，例如跛腿的赫菲斯托斯在神宴中擔任斟酒跛來跛去。一般說來，荷馬對於神們的這些顯現是否有現實基礎並不十分認眞。神們在這一次發出動作，在另一次卻寂然不動。希臘人知道很清楚，召來這些顯現（神）的是詩人們，如果他們相信這些顯現，他們的信仰也只涉及人心所固有的那種精神性因素，以及在當前事件中實際上起發動和推動作用的普遍力量。所以無論從哪一個觀點看，我們都無須抱著任何迷信，才能欣賞這些對神們的詩的描繪。

㊲ 指神和神所代表的普遍理想。

B. 對倫理基礎的維護

這就是古典理想的一般性質，我們將來在分論各門藝術時，對這種性質的發展還要進行較明確的討論。這裡只消補充一點：在古典型藝術中，無論是神是人，不管他們怎樣走向特殊的外在的方面[38]，卻都必須顯出對肯定性的（正面的）倫理基礎的維護。主體的性格和它的力量的實體性內容總是始終處於統一體。正如自然因素在希臘藝術中必保持住它與精神因素的和諧一致，而且儘管是符合內在因素的具體存在，還必須服從內在因素，人的主體內在方面也與眞正的精神的客觀方面[39]，也就是與善與眞的本質性的內容處於牢固的統一體。從這方面來看，古典理想既不知道有內在意義與外在形象的分離，也不知道有主體的（因而是目的與情慾中的抽象的任意性的因素）與抽象的普遍的因素這兩方面之間的割裂。所以人物性格的基礎必然永遠是有實體性的東西，而主體把自己局限在小我時所具有的那些惡劣的、有罪的和醜陋的東西，都是古典型藝術所一律拒絕表現的。在浪漫型藝術中占地位的生硬、粗俗、卑鄙和兇惡，對於古典型藝術是特別陌生的。我們固然也看到許多罪行，如弒母、弒父以及其他損傷家庭之愛和虔敬之類惡事，也經常用作希臘藝術的題材，但是這類罪惡不是作爲單純的可怕的兇惡行爲，也不是作爲所謂命運的無理性所產生的貌似必然的結果（像不久以前在我國流行的那種時髦觀念那樣），而用到藝術裡來的；在希臘藝術裡，如果人們犯了這種罪行，他們往往是秉承神的意旨或是得到神的保護，所以這類行爲每次都被表現爲從某一方面看實際上有理由可辯護的。

C. 轉向秀美和悅人的魔力

儘管有上述實體性的基礎，我們看到古典的神們在藝術上的形成過程是日漸從理想的靜穆走到個別的外在顯現的多樣化，走到對事件和動作的細節描繪。因此，古典型藝術終於在內容上走到向偶然的個性差異方面的分化，在形式方面走到悅人和吸引人。悅人的因素在於對個別特殊的外在現象的儘量渲染，從而使藝術作品把握住觀眾，不僅訴諸他們自己的實體性的內在因素，而且也和他們的有限的主體性格有千絲萬縷的聯繫。藝術作品的有限化⑩就使得它和本身也是有限的主體發生更親切的關係，主體在藝術形象裡重新認識到自己，就像他們在現實界本來的那個樣子，所以感到喜悅。神們的嚴肅變成了秀美，不是震撼人或是使人超越他的特殊性，而是使人平靜地安息在它裡面，只求它能使他喜悅。一般說來，當想像力掌握了宗教觀念，有意要按照美的要求把這些觀念自由地表現出來時，它就要使宗教虔敬的嚴肅性開始消失，就儘量用使人喜悅的因素，來損害宗教之所以爲宗教的東西，這正是

㊳ 即到具體現實世界中活動，在個別事件中顯出自己所代表的普遍的力量。

㊴ 黑格爾把倫理理想（普遍力量）看作客觀精神的內容。

⑩ 即著重具體細節的描繪。

我們現在所處的階段的情況。因爲通過悅人的因素並不能發展實體，神們的意義和普遍性方面，只能藉有限的因素、感性存在和主體內在生活去引起興趣和滿足興趣。所以在所表現的事物中，美的悅人的魔力所占的比重愈大，它們的秀美也就愈遠離普遍性，以及唯一的能滿足眞純趣味的那種深刻內容。

這種使神們的形象在外在的特殊方面得到明確定性的情況，要聯繫到過渡到另一藝術類型的發展。因爲外在方面所含的有限事物的多樣性如果獲得自由發揮作用的機會，最後就要和觀念及其普遍性和眞實性處於對立地位，就要開始使思想對不再符合它的現實感到不滿。[41]

---

[41] 第三節敘述希臘神們的普遍性在個別具體事物（主要是人的形象）中得到日益明確的定性的過程。這種具體化或個性化的過程所用的材料，以原始的自然宗教爲基礎，但擺脫了象徵的表現方式，也有一部分是人類的歷史事實附加到神們身上去的，其作用主要在於使神們得到更明確的個性化。神們的眞正起源卻不在這類歷史事實（即所謂「實證性資料」、「外在的」、「偶然的」因素），而在於人類生活中的一些精神力量，即所謂「有實體性的」、「倫理基礎」，亦即神們所代表的「普遍力量」，亦即人類行動的動力，普通所謂人生理想，即黑格爾所謂「情致」。希臘藝術始終維護「倫理基礎」，一般不表現純粹反面的東西，即使表現，亦必須見出正面的意義。一般與特殊的統一在雕刻中表現得最符合理想。希臘藝術後來的發展日益側重特殊細節與主體內在因素，嚴肅便變成秀美，震撼人和提高人的力量變成悅人和吸引人的力量。這就是向下一階段的藝術類型（浪漫型）過渡的開始。

第三章　古典型藝術的解體

古典的神們本身已包含著他們衰亡的萌芽，等到他們所固有的這個缺點由藝術的進展而爲意識所察覺的時候，神們自己的解體就帶來了古典理想的解體。我們曾把精神個性定作現階段出現的古典理想的原則，這種精神個性在直接的肉體的客觀存在裡找到了它的大致適合的表現。但是這種精神個性分化成爲一整體系的個別的神，這些個別的神各有並非絕對必然的定性，所以一開始就受到偶然性的支配，這就使永恆地操統治權的神們在內在意識裡和在藝術表現裡都遭到解體。

1. 命運

雕刻在它的鼎盛時期固然把神們看作一些有實體性的力量，把他們表現於形象，使他們泰然自若地安息在這種形象的美裡，因爲偶然的外在的因素在表現裡被壓低到最小限度。但是他們的雜多性就是他們的偶然性，而思想卻要把這些雜多的神還原到一個神性[1]，憑這唯一神性的必然威力，這些雜多的神互相鬥爭，互相貶低。因爲不管我們設想每一個別的神的力量具有多大普遍性，它的範圍畢竟是很窄狹的。此外，神們也並不是永遠地保持著靜穆，他們帶著不同的個別目的捲入運動中，因爲他們被具體現實世界的現成情況和衝突時而牽引到這裡，時而牽引到那裡，以便在這裡進行幫助，在那裡進行阻礙或破壞。神們作爲發出行動的個體所處的這些特殊個別的情況就帶有偶然性，這就會損害到神的實體性（儘管這種實體性還是起主導作用的基礎），並且使他們捲入受條件限制的有限世界的矛盾和鬥爭裡去。

由於神們本身就具有這種有限性，他們就和自己存在中的高貴、尊嚴和優美發生矛盾，這也就要使他們降落到任意的和偶然的領域裡去。眞正的理想如果要使這種矛盾不完全暴露出來，只有一個辦法，那就是像眞正的雕刻及其爲神廟製作的個別雕像所做的那樣，把個別的神們表現爲孤獨地處在幸福的靜穆中，但是沒有生活的氣息、不動情感，卻帶有上文所已提到過的那種哀傷神色。正是這種哀傷構成了他們的命運，因爲它顯示出還有某種較高的東西站在神們之上，使由雜多的特殊事物上升到普遍的統一體這種轉變成爲必然的。但是我們如果細看一下這種較高的統一體的性質和形狀，我們就會看到這種統一體和神們的個性與相對的有限性處於對立地位，是一種本身抽象的無形象的東西，也就是必然或命運，它在這種抽象狀態中只是一般較高一級的東西，對神和人都有約束力，但是本身又是不可理解的、不可納入概念的。命運還不是一種絕對的自覺的目的，因而還不是一種有主體性的有人格的神的意旨，而只是一種超然於個別的神們的特殊性之上的唯一的普遍的力量，因此它本身不能再表現爲一個個體，否則它就成爲許多個體之一，而不是統攝一切個體而超然於這些個體之上了。因此它既無形象，也無個性，在這種抽象狀態中，它只是一種單純的必然，無論是神還是人，都要把這種必然當作命運來服從，只要他們是作爲特殊個體而互相分裂開、互相鬥

❶ 即神的普遍性。

爭，力求片面地伸張自己的那一份個別力量，要超出自己的界限和需要之上；因爲命運對於他們是不可改動的。❷

2. 神由於擬人❸而解體

絕對的必然既然不屬於個別的神們，不是他們的自確定的內容中一個組成部分，而只是飄蕩於他們之上的一種無定性的抽象的東西，所以特殊個別的神們就既獲得自由而又逃不脫命運，他們需由於體現爲人而涉及外在事物，由於擬人而落到有限事物中，這就違反了神之所以爲神與實體之所以爲實體的本質。所以藝術中這些優美的神們的衰亡，是由神們本身所造成的必然現象，因爲意識終於不再能從這些神方面得到安息，就需從神們那裡退回到意識本身。總之，使神們對於宗教信仰和藝術信仰都終於解體的原因，首先是希臘的擬人主義的性質和方式。

A. 缺乏內在的主體性❹

因爲精神個性固然作爲理想而體現於人類的形象，卻也只是體現於直接的肉體的形象，而不是體現於自在自爲的人，而只有這種自在自爲的人，才能在他的主體意識的內在世界裡認識到自己和神有差別，卻又能消除（否定）這種差別，從而不能與神化爲一體變成本身無限的絕對的主體性。

(1) 造型藝術的理想所缺乏的正是這一方面，即不能把自己表現爲認識自己爲無限的內在主體性。那些造型美的形象不僅是用石頭和青銅雕成的，而且在內容和表現兩方面都缺乏無限的主體性。不管人們從美和藝術方面受到多麼大的精神鼓舞，這種精神鼓舞卻始終只是限於主體的，在觀照對象即神們身上卻找不著。但是眞正的整體卻也要求主體的自覺的統一和無限，因爲只有這種主體的自覺的統一和無限才能形成有生命能自覺的神和人。如果這種統一和無限不是絕對性質和內容中的一個主要組成部分，這種絕對就不是眞正的精神主體，而只是處在客體狀態，沒有自覺的精神❺。神們的個性當然也不是完全沒有主體方面的內容，但這只是作爲一種偶然的因素，而且在它的展現之中，只在神們的實體性的靜穆和幸福狀態那個範圍之外活動❻。

(2) 另一方面，與造型藝術的神們相對立的主體性也還不是本身無限和眞實的。我們將

❷ 第一節論古典型藝術解體的根源之一是命運觀。普遍性的倫理的實體既分化爲許多個別的神，涉及特殊，就帶有偶然性，所以需假定有一種統治這許多神的力量，這就是命運，而這種命運是盲目的必然，既無形象，也無個性，而同時又使神們陷於既自由而又要受命運支配的矛盾。

❸ 擬人就是把神當作個別的人來理解和表現。

❹ 內在的或無限的主體性，指主體的有自意識的或自覺的內心生活，惟其是自覺的，所以是無限的。

❺ 沒有自覺，自己就只能爲認識的對象，不能爲認識的主體。

❻ 神們的主體性見於具體個別情境中的動作，動作就涉及有限與偶然，而且拋棄了造型藝術理想的靜穆。

來在第三個藝術類型，即浪漫型裡會看得更清楚，這種本身無限和眞實的主體，是把本身無限的自覺的神作爲和自己相應的客體或對象的。但是現階段的主體在完美的神像裡並沒有把自己顯現出來，因而在觀照中也沒有把自己作爲對象或客體而帶到意識裡，所以這種主體還是和它的絕對客體分別開來和分裂開來的[7]，因此還只有偶然的有限的主體性。

(3)人們也許認爲上升到一個較高領域的轉變，似應由想像和藝術了解爲新的神們之間的一次鬥爭，就像由自然神的象徵轉變到古典藝術的精神理想時，所發生的舊神和新神的鬥爭那樣。但是事實卻正與此相反，這次轉變是在完全不同的另一領域裡，以現實生活中的有意識的鬥爭的形式來進行的。因此，藝術要用新的形式去掌握這種較高一級的內容，它就處在一種和前一階段完全不同的地位。這種新的內容是不能作爲可憑藝術來表現的東西而發生效力的，它無須藉助於藝術，就可以把自己表現出來；它先已站在憑理由來辯駁的散文性基地上，然後主要通過驚奇感、殉道感之類情感和宗教情操，進入主體的意識——同時帶著對一切有限事物與絕對之間矛盾對立的意識，這種矛盾對立在實際生活歷史裡表現爲一系列的事件，不是想像出來的，而是作爲事實而發生的。神性或神本身變成肉體，脫胎出世，生活著，忍受著苦痛，死了，又從死人中復活起來[8]。這種內容不是由藝術虛構出來的，而是在藝術之外本來就已存在著，所以不是由藝術從它本身取出的，而是尚待表現的現成的材料。前文所提過的第一次轉變和神們之間的鬥爭，是從藝術觀照和想像中起源的。這種藝術觀照和想像從內心生活裡創造出它的教訓和形象，於是向驚贊的人們提供出一個新神體系。古典的神們只有憑想像才獲得了他們的存在，而且只是在石頭和青銅裡或是在觀照裡存在，而不是有血有肉的或實際存在的神。所以出自擬人主義的希臘神們並沒有實際的人類生活，並非既是肉體的而又是精神的神。只有基督教才第一次把這種肉體和精神的現實當作客觀存在，表現爲神本身的生平事蹟，把它引到世界裡來。因此，這種肉體儘管作爲純粹的自然的和感性的（物質的）東西，而在意識中處於否定面的地位，卻仍受到尊敬，而擬人作用所產生的東西也就這樣被神聖化了。正如人原來是按照神的影像造成的，現在神卻是按照人的影像而造成了；誰看見了兒子，誰也就看到了父親，誰在愛兒子，誰也就在愛父親，神的存在是可以從客觀世界和現實生活中認得出的[9]。從此可見，基督教的神這種新的內容不是通過藝術的構思而進入意識的，而是作爲實際發生的一件事，作爲神變成肉體的歷史，從外面來到意識裡的。這種轉變不能以藝術爲出發點，否則就會使舊與新的矛盾對立在性質上變成太不倫不類了。因爲啓示的宗教[10]中的神在內容和形式上都是一種眞正實在的神，比起他來，他的

---

[7] 「絕對客體」指所觀照的神。只見自己與神的分別，沒有否定這分別而達到自己與神的統一，所以還不是無限的而只是有限的。

[8] 指基督教所崇信的耶穌基督，他代表浪漫型藝術的精神，不像希臘神們是由人想像出，表現於藝術，而且是外在於人的，基督在事實上就是神人一體。

[9] 基督教把上帝和耶穌的關係，乃至上帝和一般人的關係看作父與子的關係。

[10] 即由神啓示出來的宗教，與自然宗教對立，基督教就屬於啓示的宗教。

一切敵手都只是想像的虛構，不能和他擺在一個水準上來相比。希臘古典型藝術的舊神和新神卻都屬於觀念範圍，都只有一種現實性，這就是由有限精神把它作爲自然界和精神界的一些力量來理解和表現的，他們之間的對立和鬥爭都是嚴肅的。但是如果由希臘的神們到基督教的神的轉變也是由藝術來造成的，在這樣一種神與神的鬥爭的表現裡就不會有什麼眞正的嚴肅性[11]。

B. 向基督教的過渡作為近代藝術的題材

所以這種轉變和鬥爭在近代只能提供一種偶然的零星的藝術題材，這種題材沒有能形成一個藝術時代，在這種形式中沒有能在藝術發展的整個過程中形成一個首尾貫串的階段。我在這裡想趁便提幾個這方面的有名的事例。近代往往有人哀悼希臘藝術的衰亡，而對希臘的神與英雄們的深心嚮往也有多次由詩人們在詩裡表達過。這種哀傷之所以表現出來，主要是由於對基督教世界持對抗的態度。人們固然也承認基督教世界掌握著比過去較高的眞理，但是對此卻作了一點保留，認爲從藝術觀點來看，古典時代文化的衰亡畢竟是很可惋惜的。席勒的《希臘的神們》那首詩就以這種心情爲內容。我們值得費一點精力來研究一下這首詩，不僅從詩的觀點來分析它的美妙的描繪、鏗鏘的節奏、生動的形象，乃至其中所表現的那種幽美靈魂的哀傷，而且還要研究它的內容，因爲席勒的情致總是既眞實而又經過深思的。

基督教本身當然也含有藝術的因素，但是當它發展到啓蒙運動時代的過程中卻達到了一個轉捩點，就是憑思想和知解力把藝術的一個絕對必要的因素拋開了，這個因素就是實在的人的形象和神的顯現。因爲人的形象和它所表達出和說出的東西、人的事件、行動和情感，是藝術必須用來理解和表現精神內容的一種形式。現在知解力既然把神弄成了一種單純的思想方面的東西，不再相信神的精神在具體現實中的顯現，從而把思想中的神和一切現實存在割裂開來，這就導致這種宗教方面的啓蒙運動必然要接受一些與藝術不相容的觀念和要求。但是等到知解力再離開這些抽象概念而提升到理性[12]的時候，人們就重新要求具體的東西，也要求藝術表現具體的東西。啓蒙運動受知解力統治的時期固然也有它自己的藝術，但是方式是很散文氣的。我們在席勒的作品裡就可以看到這一點，他就是從這樣一個時期出發的，但是到後來他感覺到知解力不能滿足理性、想像和熱情的需要，於是他就對一般藝術，特別是對希臘古典型藝術及其神們和世界觀，懷著衷心的留戀。上面提到的席勒的那首詩就是由對當時思想抽象起反感而回到留戀古典型藝術時的心情所產生的。從這首詩的初稿來看，席勒對基督教的態度完全是進行駁斥的，後來這種嚴厲的語調才變得柔和一點，所反對的只是啓蒙運動時期的憑知解力的認識，這到後來也已開始喪失它的統治了。他首先讚揚希臘的世

---

[11] 因爲希臘的神和基督教的神在性質上完全不同，一是象徵自然的神，一是啓示宗教的神人合一的神，所以不能擺在同一水準上來進行嚴肅的鬥爭。

[12] 德國唯心哲學把理性看作高於知解力，參看卷一第二章注[40]。

界觀，因爲它把整個自然界看作全是生氣灌注的、充滿著神的。接著他轉到現代以及它對自然規律的散文式的理解和人對神的態度，他說：

「難道這淒慘的寂靜
就使我認識到我的造物主？
他的罩衣⑬像他自己一樣陰暗，
對他的禮贊只是我的忍讓。」⑭

忍讓當然是基督教的一個重要的因素，但是只有按照僧侶的觀念，基督教才要求人要摧殘他的性情、情感和所謂自然衝動，不讓他參與倫理的、理性的現實世界，家庭和國家的生活——這正是啓蒙運動以及它的宣揚神不可知的自然神的宗教觀念所強加於人的最高的忍讓，這種忍讓要人不去認識神和掌握神。但是按照眞正的基督教觀點，忍讓只是仲介作用和轉捩點的一個因素，通過它來消除一般純是自然的，感性的和有限的事物之中不適合的因素，以便使精神達到更高的自由以及自己與自己的和解⑮，這是希臘人所不曾知道的一種自由和幸福的境界。所以基督教並不宣揚要禮贊一個孤獨的神，脫離世界而自禁於自我的小天地的神，因爲神正是內在於上述精神的自由與和解之中的。從這個觀點來看，下面的席勒的名句就是完全錯誤的：

「神們既然比人還更富於人性，
人們也就比神更富於神性。」

因此我們要把他談到希臘神們的結尾部分中，所持的較晚的改正過的觀點看成更重要的，把它引在這裡：

「從時間的潮流中抽身出來，
解放了，他們飄蕩在班都斯高峰[16]；
不朽者在詩歌中必然要活下去，
在實際生活中卻必然要消亡。」

---

[13] 「罩衣」（Hülle）亦指軀體，客觀世界就是神的軀體。

[14] 「忍讓」（Entsagen）有「否認」、「拋棄」的意思，即拋棄人的一切肉體的自然和世俗的要求。這是基督教所宣揚的一種「美德」。

[15] 即沒有自我分裂，亦即靈與肉的統一。

[16] 班都斯（Pindus），古希臘北部的一座山，是文藝神阿波羅和九女詩神的聖地。

這幾句詩完全證實了我們在上文所說的話：希臘神們的寶座是在人的觀念和想像裡；他們在現實生活中並沒有地位，也不能使有限的精神獲得最高的滿足。

憑一些成功的輓歌而獲得「法國的提布路斯」稱號的巴尼[17]，在一部用史詩體寫的分成十章的長詩《神們的戰爭》裡，用另一種方式攻擊基督教，用滑稽和調侃的口吻、猥瑣的巧智、幽默而有才華的筆調，拿一些基督教觀念來開玩笑。但是這種戲謔沒有超過輕鬆靈巧的限度，還沒有褻瀆神聖和最卓越的事物，像在施萊格爾的《路辛德》時代所常見的那樣[18]。聖瑪利在《神們的戰爭》裡當然寫得很刻薄，多明尼克和方濟各兩派僧侶都成了一些酒徒，而尼姑們也成了一些蕩婦，總之，一切都很惡劣。但是到了最後，古代的神們都被征服了，他們從奧林匹斯退到巴那斯。[19]

最後的例子是歌德的《柯林特的新娘》。[20]他在這幅生動的畫面裡，更深刻地描繪了愛情的拋棄。這種拋棄並不是根據眞正的基督教義，而是根據對忍讓和犧牲精神的要求所作的曲解。歌德拿人類的自然感情和這種虛僞的禁慾主義作了對比，這種禁慾主義詆毀女子結婚，認爲強迫的獨身生活比結婚更爲神聖。正如在席勒的詩裡，我們看到希臘幻想與近代啓蒙運動的知解力的抽象產品之間的矛盾對立，在歌德的這首詩裡，我們也看到希臘人從倫理與感官兩方面要求出發的對於戀愛和婚姻的辯護，和從片面的不眞實的基督教觀點出發所得到的一些錯誤觀念，這兩方面的矛盾對立。歌德用很高明的藝術手法使一種恐怖氣氛籠罩著全詩，主要的原因在於當事人究竟是一個實在的女子、一個死人、一個活人，還是一個陰魂，始終教人摸不著底細。在運用詩律上他也顯出巨匠的手腕，把輕浮和嚴肅的音調雜糅在一起，這就加強了詩中的恐怖氣氛。

C. 古典型藝術在它自己領域裡解體

在試圖深入研究新的藝術類型（它與舊的藝術類型的矛盾對立，目前還不屬於我們在這裡按照其主要階段來討論的藝術發展過程之內）[21]之前，我們首先需對古典型藝術本身所經歷的轉變獲得一種較明確的認識。這個轉變的原則就在於在現階段以前精神個性是被看作與自然和人類生活中的眞正的實體和諧一致的，而精神在它的生活、意志和活動中自己認識到這種和諧一致，但是到了現階段，精神卻開始返回到內心生活的無限，但是所達到的並不是

---

⑰ 巴尼（Parney, 1753-1814），法國詩人，伏爾泰寫信給他時稱他爲「親愛的提布路斯」，提布路斯（Tibullus）是西元前一世紀羅馬詩人，以輓詩著名。

⑱ 《路辛德》（*Lucinde*）是德國浪漫派作家施萊格爾（F. Schlegel）的一部小說，寫他自己和一位女子的戀愛生活和婚姻生活。

⑲ 奧林匹斯山峰是宙斯和其他天神的居所，巴那斯山峰是阿波羅和九女詩神的居所。這句話的意思是放棄宗教的統治權，走到文藝領域。

⑳ 〈柯林特的新娘〉（*Brautvon Korinth*），歌德晚年寫的一首著名的民歌體抒情詩，寫一位少女已訂了婚，她母親因信基督教，要把她獻給上帝，她從墳墓裡逃出和未婚夫結了婚，結果斷送了他的性命。

㉑ 新的藝術類型指浪漫型藝術，這裡專論古典型藝術的發展階段。

眞正的無限，還只是一種形式的甚至於有限的回返到本身。㉒

如果細看一下與上述原則相對應的具體情況，我們就可看出我們已經說過的道理：希臘的神們是以現實中人的生活和行動所依據的實體性爲內容的。除掉在觀念中看到神們，我們還看到最高的定性和普遍旨趣是作爲一種現成的事實而存在的。正如對希臘的精神的藝術形象來說，精神顯現爲外在現實事物是基本的要求，人類的絕對精神的定性也要經過加工，成爲一種起顯現精神作用的眞正的現實事物，要求個別的人與這種現實事物中的實體性和普遍性和諧一致。這種最高的目的在希臘就是國家生活，公民社會以及它的倫理觀念和活的愛國思想，此外就別無更高更眞實的旨趣。像一般的塵世的外在現象一樣，這種國家生活也要終於變成過去。

不難指出，像享受希臘的那種自由的一個國家是和全體公民處於統一體的，全體公民把一切公眾事務中的最高的活動都掌握在自己手裡，這樣一個國家只能是又小又弱的，有時由於內部原因而遭覆滅，有時由於外部原因在世界史的進程中被消滅掉——由於個人與國家生活的普遍性之間的這種緊密的結合，一方面的結果是主體的特性和私人的特殊情況還不能實現它們的權利，找不到一種對集體無害的儘量發展的機會。這種主體的特性既然有別於實體而沒有納入實體，它就只是狹隘的服從自然本能的自私，走自己的道路，追求自己的不符合公眾利益的利益，因而變成毀壞國家的原因，因爲它拿主體方面的力量來對抗國家。另一方面的結果是上述那種自由還引起對一種更高的自由的要求。這就是主體本身的自由，主體不僅要求在具有實體性的整體，即國家裡，在既定的道德和法律的範圍裡享受自由，而且還要求在他自己的內心生活裡享受到自由，要使他憑主體的知識從他本身中產生好的正當的東西，並且要使這種好的正當的東西得到承認。主體要求意識本身成爲具有實體性的主體，因此在這種自由裡又產生了國家的目的與本身自由的個人的目的之間的一種新的失調。這樣一種矛盾在蘇格拉底時代就已開始出現了，而在另一方面，民主制度和暴民政治制度下所流行的虛榮心、自私自利和漫無法紀的情況，使現成的國家受到動搖，以致像克塞諾芬和柏拉圖這樣的人對於他們的城邦實況都感到傷心，因爲其中公眾事務都落在一批自私自利和輕浮放蕩的人們手裡。

所以這種轉變的實質首先在於獨立自在的精神與外在事物之間的分裂。精神既然與現實割裂開來了，在現實中就再找不著精神了，精神就變成抽象的精神了，但是還不像東方的太一神那樣抽象，而是自覺的實在的主體，在他的主體的內心生活裡見出一切在思維中具有普遍性的東西，例如眞實的、美好的和道德的東西，把它們牢固地掌握住，而眞正獲得的並不是對當前現實的認識，而只是他自己的思想和信念。這種情況既然停留在矛盾對立上面，既然對立雙方還僅僅是對立的，就只會是散文性的情況。不過在現階段還沒有出現這種散文情

㉒ 脫離外在世界，收心內視。

況。這就是說，從一方面看，這時固然出現了一種意識，它有堅決的意志要實現善，並且認爲要實現自己的這種意志，就只有通過表現自己的道德情操，和服從古代的神們以及古代的道德和法律。但是與此同時，這種意識對當前的現實和實際政治生活感到不滿，對古代思想，以及過去的愛國主義和政治智慧的解體都感到惋惜，因而當然處在主體的內心生活和外在現實之間的矛盾對立中。因爲那些眞正道德的單純概念並不能充分滿足它內心的要求，於是它就轉向它所否定和仇視的外在世界，目的在對它進行改造。總之，這種意識，如上面所說的，一方面當然具有一種由自己確定的亟待表現的內在的內容意蘊，而它所要應付的擺在面前的世界，卻是和這種內容意蘊相矛盾的，它所接受的任務就是表現這種現實，把它的違背善與眞的腐朽情況的形形色色都描繪出來；但是另一方面這種矛盾卻要在藝術本身上找到解決。這就是說，有一種新的藝術形式出現了，其中對立面的鬥爭不是通過思想來進行，不是停留在分裂中，而是用這樣一種方式把現實中腐朽愚蠢的實況描繪出來，要使它（現實）像是自己毀滅自己，就通過這種自毀滅來反映出眞正正確的東西畢竟是堅固耐久的力量，而愚蠢和無理性那一方面，並沒有力量來構成本身眞實的東西的對立面。這種新的藝術形式就是喜劇，像阿里斯托芬就在希臘人中間運用這種形式來處理當時現實的一些重要領域，不帶忿恨，而帶一種明快爽朗的笑謔。㉓

3. 諷刺[24]

但是上述喜劇式的解決雖符合藝術，卻終於站不住，因爲對立還是保持著對抗的形式，因而所帶來的不是一種詩的和解，而是在對立雙方之間建立一種散文性的關係，這就顯然要使古典型藝術遭到消滅了，因爲它使造型藝術的神們和優美的人類世界都消失掉了。我們在這裡需看一看有什麼藝術形式能在這個轉變階段提供和實現一種較高的表現方式。在討論象徵型藝術時，我們見到過它的終結表現於形象和意義的分裂，採取了多種多樣的形式，例如比喻、寓言、隱射之類。如果在現階段，同樣的分裂也是古典理想解體的根源，我們就要追

---

[23] 以上繼續論古典型藝術的解體。(1)希臘神們是用擬人的方式來想像和表現的，他們還缺乏人的精神所應有的自覺性，因而缺乏主體性、個性和現實性；神與人，無限與有限，都沒有眞正統一起來，在這方面古典型藝術比不上基督教的浪漫型藝術，這種缺陷導致它的解體；(2)說明由希臘的神們到基督教的神的轉變，以及兩種神之間的這鬥爭向近代藝術提供了題材，希臘神們在實際生活中已讓位給基督教的神，有些詩人對此表示惋惜，認爲他們在文藝領域還可以活下去，特別是啓蒙運動時期在席勒、歌德等人的作品裡；(3)在古典型藝術到浪漫型藝術的轉變之間，產生了一種新的藝術形式，喜劇；轉變的特點在於精神不滿足於客觀現實而退回到它本身，內心的理想與外在的現實發生了矛盾，喜劇的任務就在解決這種矛盾，解決的辦法是儘量描繪現實的腐朽方面，顯出這方面無力對抗普遍的眞實的和善的東西。在下一節中我們將會看到，矛盾並沒有眞正解決，喜劇已由古典型藝術的領域轉入散文的領域。所以本節標題是「古典型藝術的解體」。

[24] 主要指諷刺詩。

問現階段的轉變和過去象徵階段的轉變有什麼區別。下面就談這個問題。

A.古典型藝術解體和象徵型藝術解體的區別

在眞正的象徵和比喻的藝術形式裡，形象和意義本來就是分開的、互相生疏的，儘管它們也有些接近和聯繫；它們所處的關係卻不是對抗的而是友好的，因爲一旦雙方顯出某種類似點，這就成爲把它們結合在一起來進行比喻的基礎了。所以在這樣結合之後，如果雙方仍不免顯出分裂和互相生疏，那就不是由於雙方是互相敵對的，也不是由於本來是一種自在自爲的緊密的團結而後來遭到拆散。古典型藝術的理想卻不然，它一開始就顯出意義與形象，內在的精神個性與它的軀體，都完全融成一片。所以這種完整的統一體中的對立雙方如果又分裂開了，那就只能由於雙方不能再共處下去，原來的和平的和解關係要變成不團結和敵對的關係了。

B.諷刺

由於古典階段的對立雙方的關係採取了不同於象徵階段的形式，雙方的內容也就改變了，雙方現在是互相對抗的了。這就是說，在象徵型藝術裡，通過象徵的藝術形象而獲得一種寓意式的感性表現的是些抽象概念、一般性的思想，或採取一般性的感想形式而意義明確的格言；而在由古典型藝術到浪漫型藝術過渡階段中所採取的形式裡，內容雖然仍是類似象徵型藝術所用的那些一般性的思想的抽象概念，意見和出自知解力的格言，但是向對立雙方中意義那一方提供內容的，卻不是這些抽象概念本身，而是在主體意識裡，亦即在獨立自足的自我意識裡存在的那種抽象概念。因爲這個中間階段的基本要求是已達到了理想的精神性的東西，要以本身獨立的姿態出現。在古典型藝術裡精神個性本來就是主要的因素，儘管在它的現實方面，這種精神個性還是和它的直接的客觀存在結合在一起的[25]。現在這個過渡階段所要表現的主體性，卻在力求駕御對它已不適合的形象和外在現實。因此，精神世界就變成獨立自由的已脫離了感性世界，因而就通過這種回返到精神本身的過程，而使主體變成了自覺的，只滿足於自己內心生活的了。但是這種脫離外在界的主體在精神方面還不是以絕對爲內容、以自覺的精神性爲形式的眞正的整體，而是還不免和現實對立的一種純然抽象的、有限的、沒有得到滿足的主體[26]——與這種主體對立的有限的現實，也變成自由的或獨立的了，也正因爲眞正的精神的東西已離開它而退回到主體的內心世界，它既不想也不能把這種精神的東西再找回來，它就變成了一種無神性的現實、一種無生命的東西了。就是在這種情況之下，藝術帶來了一種從事思維的精神，一種單憑主體自身的主體，在帶有善與道德的認識與意志的抽象智慧中，對當前現實的腐朽持著敵對的態度。這種矛盾不得解決，內在界與

---

[25] 精神個性不是抽象的，而是在具體的人物身上體現的。

[26] 在這個過渡階段，浪漫型藝術階段的那種個人脫離現實生活，而陶醉於自己的內心生活的情況，已開始出現。

外在界處於更尖銳的失調，就是這種情況造成了對立雙方關係的散文性。一種高尚的精神和道德的情操，無法在一個罪惡和愚蠢的世界裡實現它的自覺的理想，於是帶著一腔火熱的憤怒或是微妙的巧智和冷酷辛辣的語調去反對當前的事物，對和他的關於道德與眞理的抽象概念起直接衝突的那個世界不是痛恨，就是鄙視。

以描繪這種有限的主體與腐化墮落的外在世界之間矛盾爲任務的藝術形式就是諷刺。一般關於諷刺的學說都站不住，因爲它們根本就不知道把諷刺擺在哪裡。諷刺和史詩不相干，也不屬於抒情詩，因爲諷刺所表現的不是情感生活而是關於善和本身必要的品質的一般概念。這種概念固然結合到主體的特殊性格，顯現爲這個或那個主體的道德品質，但是諷刺不能令人享受到表現所應有的自由的無拘無礙的美，而是以不滿的心情保持著作者自己的主體性和抽象原則與經驗的現實世界之間的失調。在這個意義上來說，諷刺既不是眞正的詩，也不是眞正的藝術品。因此，諷刺的觀點不能從史詩和抒情詩的觀點來理解，而是一般應當作古典理想的一種轉變的形式來理解。

C.羅馬世界是諷刺的土壤

按照它的內容意義來說，諷刺的作品所揭示出來的，既然只是古典理想在散文情況裡的解體，我們就不能從希臘那樣的美的國度裡替諷刺找到眞正的土壤。按照上文所描繪的那種諷刺是羅馬人所特有的。羅馬世界的精神特點是抽象概念和死板法律的統治，是美和爽朗的道德生活的破滅，作爲直接的自然道德發源地的家庭遭到了輕視，個性一般遭到了犧牲，完全聽國家政權擺布，只能在服從抽象的法律之中才能見到冰冷的尊嚴和知解力方面的滿足。這種政治道德的原則迫使各民族都要服從它的冷酷的統治，而在羅馬內部，拘形式的法律也一樣嚴峻，繁文瑣節，多如牛毛。這種政治道德的原則是和眞正的藝術不相容的。所以我們在羅馬看不見美的、自由的、偉大的藝術。雕刻、繪畫、史詩、抒情詩和戲劇體詩，都是羅馬人從希臘人那裡繼承下來學習的。

值得注意的是：可以看作在羅馬土生土長的只有喜劇性的滑稽劇，慶豐收和結婚的地方歌之類，而比較文明的喜劇，包括普勞圖斯和特倫斯[27]的作品在內，都是從希臘借來的，其中摹仿多於獨立的創造。就連愛尼烏斯[28]也是根據希臘的資料來源寫作，把神話變成了散文的。羅馬人所特有的藝術方式基本上是散文的方式，例如他們的教訓詩就是如此，特別是在它的內容是道德的時候，總是藉音律、意象、比喻、華辭麗藻之類外在的雕飾來裝扮一些空泛的感想。但是最突出的是諷刺。這裡往往是一種對周圍世界起義憤的精神力求從空洞的宣言裡得到發洩。這種在本質上是散文性的藝術形式只有在一個意義上才能成爲詩的，那就是它把現實界的腐朽形象擺到我們眼前，使這種腐朽由於它自

---

[27] 兩位著名的拉丁喜劇家。

[28] 愛尼烏斯（Ennius），西元前三世紀詩人，有「拉丁詩的始祖」之稱，但實際上是一個歸順羅馬的希臘人。

己的空虛而陷於總崩潰。姑舉賀拉斯爲例。作爲抒情詩人，他完全接受了希臘的藝術形式和表達方式的教養，但是在他所特別擅長的書信體詩和諷刺體詩裡，卻對當時羅馬習俗描繪出一幅生動的畫面，揭示出一些愚蠢荒唐的人物，由於所採取的手段不恰當，結果就是自毀滅。但是他的笑謔儘管是雋妙的，見出文化教養的，卻不能說是詩的，它只滿足於使壞人壞事成爲笑柄。在其他羅馬詩人的作品裡，正義與德行的抽象觀念和流行的罪惡形成尖銳的對照，時而是憤怒、煩惱、痛恨之類心情發洩於談論道德和智慧的空洞辭藻，時而是帶著高貴心靈的義憤向當時的腐朽和奴顏婢膝進行攻擊，或是拿當時的罪惡和古代的習俗、自由，以及過去的世界情況中的道德進行對比，但並不抱什麼眞正的希望或信仰，只是顯示出人們對這可恥的時代中的搖擺不定、變化無常，困苦和危險所能採取的態度不過是斯多噶派的恬靜冷漠和高尚靈魂的內心的貞固。這種不滿的情緒也部分地反映在羅馬的歷史著作和哲學裡。撒路斯提烏斯[29]攻擊道德的敗壞，而他自己卻也在所不免；李維[30]儘管在修辭上顯得秀雅，只是從描繪過去的好時代中去求安慰與滿足；特別重要的是塔西佗[31]，他懷著寬宏而深刻的憂世心情，用沒有枯燥毛病的筆調和生動鮮明的描繪，痛心地揭露當時的惡習。在諷刺詩人之中，柏修斯[32]最辛辣，比尤維諾[33]還更尖刻。後來的殿軍是希臘人路西安[34]，他用明快的嬉笑的口吻攻擊一切，包括英雄、哲學家和神們，特別把古希臘的神們的人情和個性寫得淋漓盡致。但是他往往只是喋喋不休地議論神們的形狀和行動的外表方面，不免使我們近代人感到厭倦。因爲我們一方面對他所要粉碎的東西久已不再置信，另一方面我們也認識到希臘神們的一些特徵，儘管遭到了他的嘲諷，從美的觀點來看，還是有永恆的價值。

今天不會再有成功的諷刺了。柯塔[35]和歌德曾經懸賞徵求諷刺作品，但是沒有收到諷刺詩。諷刺詩的一些固定的原則是和現代生活相矛盾的；一種抽象的智慧，一種故步自封的、違反現實的道德，不可能使虛僞的可厭的東西得到眞正的詩的處理，在眞理裡達到眞正的和解。

藝術不可能停留在這種抽象的內在的思想與外在客觀世界的分裂上，而不違反藝術所特有的原則。主體方面應當看作本身是無限的、自在自爲的，它儘管不容許把有限現實看作就

㉙ 撒路斯提烏斯（Sallustus），西元前一世紀羅馬史學家。

㉚ 李維（T. Livius），西元前一世紀羅馬史學家，以《羅馬史》著名。

㉛ 塔西佗（Tacitus，西元55-120），羅馬史學家，寫過《日爾曼民族的歷史和風俗》。

㉜ 柏修斯（Persius），西元一世紀羅馬詩人，傳下來的作品只有六篇諷刺詩。

㉝ 尤維諾（Juvenal），西元一世紀羅馬諷刺詩人，對後來西方諷刺詩的影響較大，他的諷刺詩傳下來的還有十六篇。

㉞ 路西安（Lucian），西元二世紀希臘諷刺作家，著有《神們的對話》、《死人們的對話》、《拍賣哲學家》等，影響頗大。

㉟ 柯塔（J. F. Cotta, 1764-1832），德國著名的出版家，歌德、席勒、費希特、謝林等人的著作大半由他出版。

是眞實的，卻也不和有限現實處在單純的對立狀態，對它取否定的態度，而是要進一步走向和解[36]，只有在這種和解活動中，它才能表現和上述古典型藝術的那種理想的個人相對立的絕對主體性格。[37]

[36] 「和解」是黑格爾所了解的「統一」，他強調主體與客觀世界如果停留在對立地位（如在諷刺作品中），即不可能有藝術。

[37] 這一段論古典藝術理想的解體，從羅馬時代盛行的諷刺詩可以見出。在諷刺詩裡，詩人的主觀理想變成抽象的、死板的、脫離現實而對現實持否定態度的，因此破壞了古典理想的主體與客觀世界，意義與形象、內容與形式的完全統一。諷刺的態度是散文性的，因此，在本質上不屬於藝術範圍。黑格爾拿由古典型藝術到浪漫型藝術的轉變和由象徵型藝術到古典型藝術的轉變作了比較，指出這二者之間的類似和差別。

第三部分　浪漫型藝術

序論　總論浪漫型藝術

浪漫型藝術的形式，是由藝術所要表達的內容的內在本質所決定的，正如我們前此在本書中每次所遇到的情況一樣。所以我們首先要把這種新內容所特有的原則弄清楚，這種新內容現在作爲眞理的絕對內容而進入意識，因而形成一種新的世界觀和一種新的藝術表現形式。

在藝術的開始階段，想像力傾向於努力從自然轉到精神。這種努力還只是對精神的追求，精神還沒有替藝術找到眞正的內容，因此只能用外在的形式來表現自然界的意義，或是表現具有實體性的內在因素（這才形成藝術的眞正中心）的無主體性的抽象概念。❶

與此相反，在第二階段，即在古典型藝術裡，精神形成了藝術內容的基礎和原則，不過精神只有通過否定自然界的意義才能顯出它自己；而有血有肉的感性的自然現象則提供適合精神的外在形式。這種形式卻不像在第一階段那樣只是表面的、不明確的、不由內容意義滲透的，而是由精神完全滲透到它的外在顯現裡，使自然的東西在這美妙的統一裡受到理想化，成爲恰好能表現具有實體性的個性的那種精神的現實事物，從而使藝術達到完美的頂峰。因此，古典型藝術是理想的符合本質的表現，是美的國度達到金甌無缺的情況。沒有什麼比它更美，現在沒有，將來也不會有。

不過還有比這種精神在它的直接的（儘管還是由精神創造來充分表現它自己的）感性形象裡的美的顯現❷還更高的藝術。因爲要藉外界因素來實現，從而使感性現實符合精神存在的這種統一畢竟是和精神的本質相矛盾的，因而迫使精神離開它與肉體的和解（統一），而回到精神與精神本身的和解。❸於是理想原有的單純的牢固的整體就分化爲兩方面的整體，一個是獨立自在的主體本身方面的整體，一個是外在現象的整體，通過這種分裂才能使精神達到它與它本身的內在因素的更深刻的和解。精神所依據的原則是自己與自己相融合（本身融貫一致），是它的概念和實際存在的統一，所以精神只有在自己家裡，即在精神世界（包括情感、情緒和一般內心生活）裡，才能找到適合它的實際存在。通過這一點，精神才意識到它本身就已包含它的另一體，即它作為精神的實際存在，從而才享受到它的無限和自由。[4]

1. 內在主體性的原則

精神原先要從外在的感性事物中去找它的對象，現在它既提升到回返到精神本身，它就從它本身獲得它的對象，而且在這種精神與本身的統一中感覺到而且認識到自己了。這種精神返回到它本身的情況[5]就形成了浪漫型藝術的基本原則。與此相聯繫的還有一個必然的含

---

❶ 指象徵型藝術階段的情況。「內在因素」指宗教或倫理的理想信條，「無主體性」指精神還沒有達到自覺。

❷ 即古典型藝術。比它更高的，即浪漫型藝術。

❸ 以前兩階段的藝術是用客觀世界表現主體精神，現在浪漫型藝術是用精神本身表現精神，所以它是精神與精神本身的統一。

❹ 自覺的精神能返視自己，自己成為自己的認識對象（「另一體」，亦即「實際存在」）。到了這一步，精神就是無限的、自由的。

❺ 精神回返到本身即所謂「內在主體性的原則」。

義：對於這個最後的藝術階段來說，古典理想的美，亦即形象最適合於內容的美，就不是最後的（最高的）美了。因為在浪漫型藝術階段，精神認識到它自己的眞實不在於自己滲透到軀體裡；與此相反，它只有在離開外在界而返回到它自己的內心世界，把外在現實看作不能充分顯現自己的實際存在時，才認識到自己的眞實。如果要根據這種新內容來形成美，那麼，前此所說的美只能處於次要的地位，現在的美卻要變成精神的美，即自在自為的內心世界作為本身無限的精神的主體性的美。

精神要達到無限，它就要把自己由純然形式的有限的人格提升到絕對的人格；這就是說，精神必須是由完全實體性的東西滲透的❻，而且本著這種實體性的東西把自己作為知識和意志的主體表現出來。從另一方面看，實體性的眞實的東西不應理解為人類的一種單純的「彼岸」，應該拋開希臘意義的擬人主義，應該把人性的東西看作實在的主體性，把這種主體性定為原則，像前文已提到過的，只有這樣，擬人主義的東西才能達到完善化。❼

2. 浪漫型藝術在內容和形式上的主要因素

上文的基本定義中含有一些主要因素，我們要概括地從這些因素中推演出浪漫型藝術的題材體系和形式，其中形象的改變是由浪漫型藝術的新內容所制約的。

浪漫型藝術的眞正內容是絕對的內心生活，相應的形式是精神的主體性，亦即主體對自己的獨立自由的認識。這種本身無限和絕對普遍的東西❽是對一切特殊性相的否定，是自己與自己的單純的統一，它消融了一切彼此分化，一切自然過程及其出生、消亡和再現的輪迴，以及一切精神存在的局限性，它把一切特殊的神分解在眞純的無限的自己與自己的統一體裡。在它這種神宮裡，所有的神們全被推翻了，由主體性的火焰把他們焚化了，從此藝術所承認的不是多神教的許多神而是唯一的神、唯一的精神，唯一的絕對獨立自足性，這唯一的神，作爲對自己能有知識和起意志的絕對，自己與自己處於自由的統一體，就不再分化爲許多特殊的性格和功能，而僅憑一種隱藏的必然來迫使它們聯繫在一起。❾

這種單純的絕對主體性如果還沒有成爲實在的符合它的本質的主體性，亦即還沒有先納入外在存在裡，而後又從這種實際存在裡返回到它自己，它就還不是藝術所能掌握住的，而是只能由思維去掌握的。實際存在這個因素本屬於絕對，因爲絕對就是無終止的否定❿，

❻ 精神需代表普遍永恆的倫理理想。

❼ 這兩種擬人主義的區別在於有沒有內在主體性，亦即精神是否達到完全的自覺。希臘的神們擬人主義還沒有顯出人的自覺精神的個性（即「人的內在的主體性」），往往把神乃至自然界事物當作人來看。

❽ 即上文的「精神的主體性」，下文的「自己與自己的統一」（本身的融貫一致）和「唯一的神」。

❾ 例如希臘的多神受制於一種盲目的命運（隱藏的必然），多神（代表許多不同的倫理的理想）現在統一於一個精神的主體，即一個代表自覺精神的個人。

❿ 絕對處於不斷發展的辯證過程。

它的活動的結果就使它自己成爲它的認識與它自己的單純的統一[11]，亦即使自己成爲直接存在[12]。直接存在是以絕對爲基礎的，由於這種直接存在，絕對就不是顯現爲一個心懷妒忌的神，這種神只能否定（消除）自然和有限的人的存在，而不能因此使自己表現爲實際的神性的主體性；與此相反，眞正的絕對要展示自己，要現出自己的可由藝術掌握和表現的那一面相。[13]

但是神的存在並不就是單純的自然的感性的東西，而是感性的東西變成非感性的東西，變成精神的主體性[14]，這種精神的主體性在它的外在顯現裡並不喪失其爲絕對，而是正是通過它的實際存在，才獲得自己實際就在目前的確實性。所以眞實的神並不只是由想像造成的理想，而是把自己納入有限的外在的偶然的存在中，而仍然知道它自己在這裡面是神性的主體，它本身還是無限的，而且使這無限成爲自覺的。因此，實在的主體就是神的顯現，所以藝術只有在現階段才獲得更高的權利，運用人的形象和一般外在狀態去表現絕對，不過藝術的這個新任務只能在於表現內心生活返省它本身，亦即在主體中表現神的精神自覺性，而不是表現內心生活沉浸在外在軀體裡。這種世界觀的整體就是眞實界本身的整體，其中見出特徵的因素從此就從人身上找到它們的顯現。在這種表現方式中產生內容和形式的既不是單純的自然的東西，如太陽、天空和星辰之類，也不是希臘的優美的多神體系，也不是英雄們在家庭習俗和政治生活中的事蹟，而是具有活潑的內心生活的實際的個別的主體才得到無限的價值，因爲只有在這種主體裡絕對眞實界（這只有作爲精神，才是實在的）的永恆的因素，

才可以展開和集中起來。⓯

如果我們拿浪漫型藝術的這種定性和古典型藝術的任務（把這種任務實現得最妥帖的是希臘雕刻）來進行比較，我們就會發現造型藝術中的神們的形象，表現不出精神的運動和活動，精神並沒有離開它的肉體的實際存在而返省它本身，沒有通體滲透著自覺的內心生活。在神們的那些崇高的形象中，經驗界個別事物的可改變的偶然因素當然都被剔除掉了，但是它們所缺乏的是自爲存在的主體性那方面的實際存在，即關於它們自己的知識和意志。在外表方面這個缺陷表現於在雕像上沒有單純靈魂的表現，即沒有眼睛放出的光。美的雕刻中頭等作品都是沒有視覺的，人物的內心生活不能憑眼睛所表現的那種精神凝聚而流露出來，並且表現出它是自覺的內心生活。這種靈魂的光只是觀眾才有而雕像本身卻沒有，觀眾看雕

⓫ 自己是認識主體也是認識對象，二者處於同一體。

⓬ 即擺在目前可以直接認識到的客觀存在。

⓭ 這一段原文晦澀，大意是這樣：絕對主體性（自覺的精神）如果還只是抽象的概念，就只能是哲學的對象而不是藝術的對象。但真正絕對的東西按照本質不能停留在概念上，而是要成爲在實在界中直接存在的東西，隨著具體條件不同，而顯現出各種不同的面相，這卻是藝術的對象。這就是說，藝術抓住絕對所顯現於外在事物的那一面相。

⓮ 即物質變精神。

⓯ 浪漫型藝術的對象是個人的內心生活，從此作爲主體的個人身上普遍永恆的原則和理想才得到體現。

像，不能用靈魂去看靈魂，用眼睛去看眼睛，達到心領神會。浪漫型藝術的神卻是長著眼睛能見事物的，自己認識自己的，具有內在主體性的，把自己的內心生活展示給觀眾內心的。因爲無終止的否定，精神對它本身的返省就消除了精神在軀體裡氾濫的情況；主體性[16]就是精神的光，照耀著精神自己、照耀著前此是昏暗的地方[17]；自然的光[18]只能照耀到一個對象，而精神的光卻以它本身爲對象或照耀的領域，使它認識到它本身。但是這種絕對的內在主體性在它的實際存在中既然表現爲人，而人和整個世界又是聯繫在一起的，所以無論在精神主體方面還是在精神所緊密聯繫到的外在事物或材料方面，都是極其豐富多彩的。

絕對主體性所形成的實際存在，可以有下列幾種內容和顯現方式。

(1) 我們所應採取的第一個出發點就是絕對本身，這絕對作爲實在的精神使自己達到客觀存在，認識自己而且進行活動。這裡人的形象應表現出能使人一眼就看到他本身含有神性的東西。人不應只顯現爲人，只具有人的性格、人的狹隘的情慾，有限的目的及其實現，或是只意識到神，而是應顯現爲唯一的普遍的認識自己的神本身，這個神的生活和遭遇，生、死和復活也向有限的意識啓示出永恆和無限的眞實情況。浪漫型藝術把這種內容表現在基督、聖母、信徒們，以及凡是受到聖靈鼓舞而具有完整神性的人們的生命史裡。因爲顯現於人類生活的，既然是本身具有普遍性的神，神的這種實際存在就不限於基督形象的個別的直接的存在，而是要推廣到全人類，在全人類身上，神的精神使自己現爲擺在目前的東西，而在這種實際存在裡，它還是和它自己處於統一體。精神的這種自觀照、自在自爲的生活的推廣，就是和平，就是精神在客觀存在裡自己與自己的和解——一種神性的世界、一種神所統治的領域，其中神性的東西（這自始就以自己與自己的實際存在的和解為它的概念或本質）在這種和解中實現自己，從而成為自為的（自覺的）。[19]

(2)但是這種同一既然以絕對本身的本質為基礎，作為精神的自由和無限，它就不是自然和精神在現實世界中本來就已存在的和解（同一），而是只有在精神擺脫它的直接存在的有限性，而上升到它的真實時才能實現。因此，精神如果要獲得完整與自由，就需使自己分裂開來，使自己作為自然和精神本身的有限的一面，和原來本身無限的一面對立起來。另一方面，與這種分裂聯繫在一起的還有一種必然：通過精神本身的分裂、有限的、自然的，直接的存在，自然的心，就被確定為反面的、罪孽的、醜惡的一面，因此，只有通過對這種反面東西的克服，精神才能擺脫本身的分裂而轉入真實與安樂的領域。因此，精神的和解只應

---

[16] 主體性即自我意識或自覺心。

[17] 前此精神還沒有達到自覺。

[18] 即眼睛的光，目不能自見。

[19] 這一節涉及基督教的神學，很晦澀，大意是：浪漫型藝術首先在基督身上表現出神與人的統一（「和解」），無限與有限的統一。基督作為人，是神的一種顯現或實際存在，神在基督這個人身上實現了他（精神）與自己的實際存在（肉體）的統一，從而成為自覺的亦即無限的精神，或絕對的主體性。

理解和表現爲精神的一種活動或運動，即一種過程，在這種過程中發生了一種掙扎和鬥爭；災難、死亡和空無的痛感，精神和肉體的痛苦作爲一種重要的因素而出現了。正如神首先要擺脫有限的現實，有限的人，從神的領域之外出發的人，也要接受到一種任務，要使自己上升到神，擺脫有限、消除空無，通過他的直接現實存在的毀滅，去變成神在顯現爲人之中所化爲客體的那種眞正的現實存在。這種個人主體性的犧牲所帶來的無限痛苦和死亡，是古典型藝術多少要避免表現的，或是僅作爲自然災難而出現的，而在浪漫型藝術中卻第一次成了它所特有的必然。希臘人不能說是已理解了死的基本意義。他們並不把單純自然的東西和與肉體統一的那種精神的直接存在，看作本身消極的東西（否定的因素），所以他們把死看作只是一種抽象的消逝，值不得畏懼和恐怖，看作一種停止，對死人並不帶來什麼天大的後果。但是等到主體性變成精神本身的自覺性因而獲得無限的重要性的時候，死所含的否定就成爲對這種高尚而重要的主體性的否定，因而就變成可怕的了——就成爲靈魂的死亡，靈魂從此就成爲對本身的絕對的否定面，永遠和幸福絕緣，絕對不幸，受到永無止境的刑罰。但是希臘的個人，作爲精神的主體，並不自認爲有這樣高的價值，所以對於他來說，死有比較和悅明朗的形象。因爲人只有對他認爲最有價值的東西的消亡才產生畏懼。只有當主體認識到自己是精神的具有自我意識的唯一的實在，有理由怕死，把死看作對自己的否定時，他才意識到上文所說的生的無限價值。另一方面，死在古典型藝術中也不曾獲得它在浪漫型藝術中所獲得的那種肯定的（正面的）意義。希臘人對於我們近代人所說的不朽並不那麼認眞。

只有到後來在蘇格拉底的思想裡，不朽對於主體意識才有一種較深刻的意義，才滿足一種文化較前進的時代的需要。例如尤利西斯（見《奧德賽》，卷十一，四二八—四九一行）在陰曹地府中頌揚阿基里斯，說他比先來後到的人都更幸福，因爲他過去像神們一樣受到崇敬，而現在又要成爲死人世界的統治者，阿基里斯自己卻不大重視這種幸福，回答時請尤利西斯不要對他的死說安慰的話，他寧願當一個農家奴隸，窮到需當一個窮人的雇傭，也不願在被迫到陰曹地府的人們中當皇帝。在浪漫型藝術裡，死不過是自然靈魂和有限主體的一種消逝，這種消逝不過是對本身已是否定的東西的否定，把空無否定（消除）掉，從而使精神擺脫掉有限和分裂，達到主體與無限在精神上的和解。對於希臘人，生只有在與自然的、外在的、塵世的存在統一起來時才是肯定的，所以死只是單純的否定，對直接實際存在的解脫。但是在浪漫型的世界裡，死卻意味著否定的否定，這就使它轉化爲肯定，成爲精神從單純的自然性和不適合的有限性之中解放出來的復活。消逝的主體的痛苦和死亡轉化到自己的反面，轉化到欣慰和幸福，轉化到經過和解的肯定性的存在，要達到這種存在，精神就必須脫離否定它自己眞實生命的那種存在。所以這個基本定性不只涉及從自然方面來看的死亡，而且涉及精神爲著過眞實生活就必須經過的與上述外在的否定無關的一種過程。

(3)形成精神的這種絕對世界協力廠商面的是人，這裡所說的人既不是直接在他本身上表現出絕對和純粹的神性，也不表現人上升到神以及與神和解的過程，而只是停留在人所特有的範圍裡。這裡形成人的內容的是純然有限的東西，無論是從精神性的目的、塵世的旨趣、情慾、衝突、苦與樂、希望與滿足方面看，還是從自然和它的個別現象領域的外在方面看，都是如此。要理解這種內容還可以從兩個觀點來看。從一個觀點看，精神既然獲得了自肯定，它在人這個境界就是碰上了一種恰當的滿意的活動場所，在這裡面它只顯示出這種自肯定的性質，反映出它的肯定方面的滿足和親切感；從另一個觀點看，這同樣的內容[20]就降低成為純粹偶然的東西，說不上有什麼獨立的價值，因為精神在這種內容裡找不到它的眞實的客觀存在，因而只有當它自己把精神和自然的這種有限的方面作為否定面而破除掉了，它才能達到與本身的統一。[21]

3. 內容與表現方式的關係

最後，關於這全部內容與它的表現方式的關係，可以提出以下幾點：

(1) 首先是像我們在上文已經看到的，在浪漫型藝術的內容裡，神性的因素是大大地削減了。第一，像我們已經指出的，自然已被剝奪去神性；海、山和谷、河流、泉源、時間、夜，以及一般自然過程，都已失去了它們表現絕對和形成絕對內容意義的價值。自然界的形象不再有象徵性的引申義；自然事物的形式和活動也不再擔負代表神的特徵的任務了。因為凡是關於世界起源，被創造的自然和人從何而來、向何而去、為何而來之類大問題，以及象徵時代和造型藝術時代為要解決和表現這類問題所進行的嘗試，現在都由於神在精神中啓示自己而不復存在了，而且就連在精神界，那豐富多彩的世界，以及其中由古典型藝術所描繪出的那些人物性格、動作和事蹟，也已集中到絕對及其永恆的贖罪史[22]這唯一的光的焦點上去了。所以內容全都集中到精神的內在生活上，亦即集中到感覺、想像和心情上。這種心情要追求和眞理達到統一，竭力掙扎要在主體身上產生和保持神性的東西；它在塵世裡所要實現的目的和任務並不爲塵世的緣故，而毋寧是把人本身的內心衝突和人與神的和解看作它

---

⑳ 指人。

㉑ 以上兩節進一步對古典型藝術和浪漫型藝術進行比較，說明二者在主體（精神）與外在世界（物質）的統一上有兩點重要的分別。第一，在古典型藝術中這種統一或和解是自在的、直接的、沒有經過衝突和解的；在浪漫型藝術裡這種統一是自爲的，由精神克服自己與外在自然的對立矛盾才達到的精神性的和解。其次，這種分別影響到對生與死的看法。希臘人把與自然相安的生看作肯定的，把死看作單純的對生的否定。到了基督教和浪漫型藝術出現時，生和死的意義都改變了，人和神統一了，耶穌基督就是一個代表。人就是神或絕對精神的體現，具有自由和無限，所以生有最高的價值。死所否定的就不只是肉體，而同時是與肉體統一的精神，因而帶來犧牲主體性的痛苦與罪惡。這是古典型藝術很少表現或避免表現的，而在浪漫型藝術裡死及其痛苦這一否定面就經常獲得表現。但是死對於浪漫型的人生觀卻不是單純的否定，而是否定的否定，死否定了生，也否定了自己，從而「精神才能擺脫本身的分裂，轉入眞實與安樂的領域」，即「擺脫它的直接存在的有限性而上升到它的眞實」，也就是否定了有限而達到精神與它自己的較高一級的統一。黑格爾在這裡宣揚了基督教義，說這就是精神的「復活」。所以他認爲浪漫型藝術在美這一點上雖比不上古典型藝術，而在精神發展上卻處於更高的階段。

㉒ 指浪漫型藝術以基督教精神爲中心，基督作爲神代表絕對，他的死替人類永遠贖了罪。

的唯一的基本任務，它所要表現的也只是人格和保持人格的方式，以及為實現上述目的（任務）所採取的措施。從這方面來看，所能出現的英雄主義並不是憑自己定法律、定措施、製造和改造情境的那種英雄主義，而只是一種退讓屈從的英雄主義，只接受超越自己的一切現成的東西，它唯一的任務，就在按照這些現成的東西去調整時間性的東西，把較高的有絕對價值的東西運用到現成的世界裡，使其發生具有時間性的（塵世的）效用。但是這種絕對的內容既然集中到主體的心靈那一點上，因而一切過程都被納入人的內心生活裡[23]，所以內容的範圍又無限地擴大了，它就展現為無限豐富多彩的事物了。因為形成上述客觀歷史[24]的儘管都是心靈中具有實體性的東西，主體畢竟從各方面閱歷到這部客觀歷史，展示出其中某些個別點，或是不斷更新地把人的特徵加到它裡面去，此外還可以把整個自然界都吸收到自己身上來，作為精神所在的環境和場所，使它服務於上述唯一的偉大目的。因此，心情的歷史就無限豐富，可以適應永遠在改變的環境和情境，表現為最繁複的形象。如果人從這種絕對的範圍中走出去參與塵世間的事務[25]，他的精神愈深刻地完全地符合這個原則[26]，他的興趣、目的和情感的範圍也就愈寬廣，因為精神如果符合原則，它就會展現為無限豐富的內在的和外在的衝突、分裂，以及各種強度的情緒，也就會展現為各種強度的滿足。在人身上變成自覺的那種本身普遍的絕對形成了浪漫型藝術的內在的內容意義，所以整個人性和它的全部發展都是浪漫型藝術的用之不竭的材料。

(2) 但是浪漫型藝術並不是站在藝術的地位把這種內容製造出來，像大部分象徵型藝術，特別是古典型藝術及其理想的神們所表現的那種情況。我們在上文已經見過，浪漫型藝術作爲藝術並不揭示教訓，並不是只用藝術的形式來創造眞實的內容以供感性觀照，而是內容先已存在於藝術領域之外，即先已存在於思想和情感裡。宗教作爲全屬另一級[27]的對眞實界的普遍認識，是浪漫型藝術的基本的先行條件，即使從外在的表現方式方面來看，宗教對於實際意識[28]也先已在感性現實界中作爲一種散文性的現成事蹟而存在。這就是說，向精神揭示出的內容既然就是精神的永恆絕對的本性，這種精神是已擺脫了單純的自然因素，因而降低了自然因素，結果它在直接現實中的顯現就獲得這樣一種地位：外在方面既然具有客觀存在性，就還只是一個偶然性的世界，絕對需跳出這偶然性的世界，而把自己集中到精神的內在方面去，才獨立自爲地成爲眞實。因此，外在方面就變成一種可有可無的因素，精神對它就毫不信任，也不把它當作自己的棲身之所了。精神愈感覺到它的外在現實的形象配不上

[23] 即客觀世界的一切現象都反映到人的意識裡。
[24] 法譯把這種「客觀歷史」了解爲上文的「永恆的贖罪史」。
[25] 即使抽象的普遍的東西在現實中得到具體化。
[26] 即上文所說的「一切過程都被納入人的內心生活裡」。
[27] 黑格爾把藝術、宗教和哲學看作逐漸上升的三級。
[28] 即具體的人的意識。

它，它也就愈不能從這種外在形象中去找到滿足，愈不能通過自己與這種形象的統一去達到自己與自己的和解。[29]

(3) 因此，從外在顯現方面看，浪漫型藝術的實際表現方式，基本上不越出日常現實的範圍，這是符合上述原則的。它並不怕採用客觀現實中有限事物的一切缺點。因此，在浪漫型藝術裡再見不到理想的美，即使外在的觀照對象擺脫了時間性和變化無常的痕跡，把現實的原來的枯萎的現象變成鮮花燦爛的美。浪漫型藝術並不求表現出既自由生動而又絕對靜穆的存在，以及肉體裡滲透著靈魂的氣象，它並不以這種最足以見出內在本質的生活爲它的目的，它對美的這種頂峰掉頭不顧。它把內在的因素和偶然形成的外在因素交織在一起，不怕讓顯然不美的因素儘量發揮它們的作用。

總之，在浪漫型藝術裡有兩個世界。一個是本身完滿的精神世界，即自己與自己和解的心靈，這種心靈使生、死和復活的直線式的複演變成眞正的不斷地回原到自己的循環的複演，變成精神的長生鳥式的生活。[30]另一個是單純的外在世界，它由於脫離了和精神的緊密結合，就變成一種完全經驗性的現實，對它的形象、靈魂是漠不關心的。在古典型藝術裡精神統治著，而且完全滲透到經驗的現象裡，因爲正是在經驗的現象裡精神才獲得它的完滿的實際存在。但是在浪漫型藝術裡內在的精神，對直接的現成的世界的形狀和構造方式是漠不關心的，因爲這種世界對從本身享到幸福的靈魂是毫無價値的。外在的現象已不再能表達內心生活，如果要它來表達，它所接受的任務也只能是顯示出外在的東西不能令人滿意，還是要回到內心世界，回到心靈和情感，這才是本質性的因素。因此，浪漫型藝術對外在的東西是聽其放任自流的，聽任一切材料乃至於花木和日常家具，都按照自然界的偶然的樣子，原封不動地出現在藝術作品裡。但是這種內容卻帶來這樣一種定性：它作爲單純的外在的材料就是無足輕重的、卑微的；只有在心靈滲透到它裡面去的時候，在它不僅能表現內在的東西，而且還能表現內心生活的深刻而親切的方面的時候，它才有眞正的價值，而內心生活的深刻而親切的方面，是不能和外在的東西混合在一起的，它只能顯得自己與自己和解。內在的東西在這種推到極端的情況下是不用外在形象來表現的，仿佛只是憑自己認識自己，一種既無對象又無形象的單純的聲音，水面上的一絲波紋，一種飄浮在這樣一種世界之上的聲響：這種世界在和它異質的[31]現象裡只能獲得這種靈魂收心內視狀態的一種隱約的認識和反映[32]。

如果我們用一句話來總結浪漫型藝術中內容與形式之間這種關係的特點，我們就可以這

---

[29] 在浪漫型藝術裡，絕對精神不能在有限現實裡獲得充分的表現，於是就擺脫有限現實而縮回到內心生活方面，因此外在現實的形象成爲不重要的因素，儘管它們還是反映到意識裡而擴大了內心生活的內容。

[30] 長生鳥（Ph.nix），埃及的神鳥，五百歲自焚，骨灰裡再生出幼鳥，如此循環不斷，比喻浪漫型藝術的精神世界的由否定舊精神而產生新精神的循環進展。

[31] 因爲是物質的，不是精神的。

[32] 這裡所說的是神祕主義者所說的「收視返聽」、默察內心的狀態，只有在後來消極的浪漫主義裡才較突出。

樣說：因為浪漫型藝術的原則在於不斷擴大的普遍性和經常活動在心靈深處的東西，它的基調是音樂的，而結合到一定的觀念內容時，則是抒情的。抒情仿佛是浪漫型藝術的基本特徵，它的這種調質也影響到史詩和戲劇，甚至於像一陣由心靈吹來的氣息，也圍繞造型藝術作品（雕刻）蕩漾著，因為在造型藝術作品裡，精神和心靈要通過其中每一形象向精神和心靈說話。

4. 題材的劃分

最後，就藝術這第三類型的大領域進行較詳細的闡明，先需確定題材的劃分，浪漫型藝術按照它的基本概念在它的內在的分化中顯出下列的三個階段。

第一個範圍是單純的宗教，在宗教範圍裡占中心地位的是贖罪史，即基督的生、死和復活。這裡的基本定性是返回，這就是說，精神對它的直接的有限存在持否定態度，把這方面克服掉，通過這種解放，精神在自己的領域裡顯示出自己的無限性和絕對的獨立性。[33]

其次，由於精神本身的神性，由於有限的人上升到神的過程，上述獨立性接著就推廣到塵世了。這裡首先是單純的主體變成對自己是肯定的，並且把這種肯定的主體所崇尚的道德，亦即浪漫時代騎士風尚中的榮譽、愛情、忠實、勇敢、目的和職責，看作主體意識中的實體和實際生活中所遵循的旨趣。[34]

第三章中的內容和形式一般可以稱為人物性格的形式上的獨立性。這就是說，如果主體在這個階段達到了他認爲本質的精神獨立性，那麼，和主體密切聯繫在一起的那種特殊內容也就分享到這種精神獨立性——不過這種獨立性並不像在自在自爲的宗教眞理的範圍裡那樣，體現在主體的生活裡，所以只能是形式上的。反之，外在的環境、情境和事態糾紛的形狀，現在已變成獨立自由的，因而可以有種種任意的偶然的奇遇。因此浪漫型藝術就到了它的發展的終點，外在方面和內在方面一般都變成偶然的，而這兩方面又是彼此割裂的。由於這種情況，藝術就否定了它自己，就顯示出意識有必要找比藝術更高的形式去掌握眞實。㉟

㉝ 基督否定了自己的塵世生活，精神得到解放，變成純然精神的、無限的、絕對獨立的神。這是精神由否定自己而肯定自己的辯證過程，所以叫做「返回」，亦即下文所說的「從有限的人上升到神」。

㉞ 基督的精神又在塵世凡人身上體現，成爲騎士風尚中的一些道德理想，這就是所謂從精神轉入塵世。

㉟ 浪漫型藝術的最後階段以精神與客觀存在分裂而凝視它本身爲特徵，這就是否定藝術本身。藝術從此就要讓位給宗教，作爲掌握眞實的更高的形式。

第一章　宗教範圍的浪漫型藝術

浪漫型藝術在把絕對的主體性表現爲全部眞實之中，既然用精神與它的本質的統一、心靈的安定，神與世界的和解因而也是神與他自己的和解，作爲它的實體性的內容，理想在浪漫型階段似乎初次完全自由自在地安居在它自己出生的家鄉裡了。事實上我們原已把幸福和獨立自足性、安定、靜穆和自由，定作理想的基本定性了，我們當然不應把理想排除到浪漫型藝術的概念和實際存在之外，但是比起古典型的理想，浪漫型的理想卻具有完全不同的形狀。上文已約略指出過這種情況，我們現在卻要從頭起就把它的具體意義弄明確，以便把浪漫型藝術表現絕對的方式的基本類型弄清楚。在古典型的理想裡，神性的東西一方面被納入個性的框子裡；另一方面每一個神的靈魂和幸福完全透過他的肉體形象而流露出來；此外古典型的理想還有第三個特點，那就是它所依據的原則，既然是個體與它自身和與它的外在形式之間都需具有不可分割的統一，所以否定或消極的因素例如分裂，肉體的和精神的痛苦，犧牲和忍讓（或拋捨）都不能作爲重要的因素而出現。古典型藝術中的神性固然分化成爲一個多神體系，但這並不是它本身割裂成爲一方面是神的普遍的本質，另一方面是神在人的形象和人的精神裡，作爲一些個別主體的經驗性的顯現，而且作爲無形的絕對，這種神性也沒有一個罪惡、罪孽和錯誤的世界和自己對立，因而沒有要解決這種矛盾的任務，它不需通過這種矛盾的解決，就可以使自己成爲眞正實在的和神性的東西。反之，浪漫型的理想所依據的絕對主體性這個概念，卻包含實體的普遍性與個人人格之間的矛盾，這種矛盾需完全達到和解，主體才具有實體性，而實體性也才提升爲認識自己和起意志的絕對主體。其次，精神的主體性在實際上還有一個更深刻的矛盾，即它與有限世界的矛盾，只有消除這有限世界的有限性，使它和絕對和解了，無限的東西才能憑它自己的絕對活動而獲得它自己的本質，成為絕對精神。這種實際情況是在人類精神領域裡而且就運用人類精神本身的形象而顯現的。從美的觀點來看，這和古典型藝術的美是完全不同的。希臘的美表現精神主體的內在方面所用的完全就是他的肉體形象、動作和事蹟；內在因素完全由外在因素表達出來了，而且在外在因素裡面生活著，顯得很有福氣。浪漫型的美卻不然，它有一個絕對必要的條件，那就是靈魂儘管顯現在外在的軀體裡，卻同時要顯得要脫離這軀體而退回到靈魂本身，去過獨立自在的生活。所以軀體在浪漫型藝術階段只有在一個意義上，才可以說是表現出精神的內在方面，那就是軀體顯示出精神的符合本質的實際存在，不是在這種軀體裡而是在精神本身裡。因此，浪漫型的美不再涉及對客觀形象的理想化，而只涉及靈魂本身的內在形象，它是一種親切情感的美，它只按照一種內容在主體內心裡形成和發展的樣子，無須過問精神所滲透的外在方面。因此，浪漫型的旨趣不再關心使實際存在現出古典型的統一❶，而是集中在一個與此相反的目的上，就是用一種新的美的氣息灌注到精神本身的內在形象裡，所以藝術從此就不大關心外在的東西，它只把當前現成的外在的東西信手拈來，讓它愛取什麼樣的形狀就

❶ 即內容意義與形象的統一。

取什麼樣的形狀。在浪漫型藝術裡，主體與絕對的和解是一種內心活動，儘管也顯現於外在方面，卻不把這外在方面本身及其實際的形象，當作自己的重要的內容和目的。對靈魂與肉體的理想化的統一所表示的這種漠不關心，就導致肖像式的藝術出現，這種藝術側重外在方面的個別特點，按照個別特點及其形式在自然中本來的樣子描繪出來，不把它的瑕疵和缺陷洗刷掉，用較適合的東西來代替它們。一般地說，就在這方面人們也還是要求有一種對應❷，但是這種對應的確定形象卻變成無足輕重的，並不要把有限的經驗界的偶然因素都淨化去。

我們還可以從另一方面來證明上文對浪漫型藝術所作的澈底界定的必要性。古典型的理想如果已達到了它的眞正的高度，是一個本身完滿的、獨立的、有節制的、無待外求的完整的個體，把一切和自己異質的東西都排除掉了。它的形象是它所特有的，它完全活在這形象裡面，而且只活在這形象裡，不犧牲這形象而去和經驗性的偶然的東西打交道。所以任何人以觀賞者的身分去接近這種理想，他都無法把這種理想的實際存在看作與他自己有關聯的外在顯現，移植到自己身上來；永恆的神們的形象儘管就還是人類的形象，卻不是屬於可朽的凡人的，因爲這些神沒有有限存在的弱點，把這類弱點都克服掉了。他們和經驗界的有限事物已斷絕了關係。浪漫型藝術的無限的主體性或絕對卻不是沉浸到它的外在顯現裡去的，而是就沉浸在它本身裡，因而把它的外在方面作爲一種聽任其自由而拋捨給旁人的東西，不把它看作爲它自己的東西。此外，這外在方面還必須採取經驗界人的平凡形象，是神本身降落到有時間性的塵世裡，以便調解絕對概念中所固有的絕對矛盾。因此，經驗界的人也從此認識到主體性和外在顯現之間有一種親屬關係和聯繫點，使他能有把握地以信任態度去看處在自然狀態中的自己（即軀體），因爲外在形象在浪漫型藝術裡，並不像在古典型藝術裡那樣嚴峻地把個別偶然因素都洗刷掉，它正是他自己所具有的，而且從他身旁別人身上可以看到和喜愛的形象。正是這種對平凡事物的家常親切感，使浪漫型藝術能引起人們對外在形體的喜愛和信任。但是，浪漫型藝術之所以犧牲（忽視）外在方面的表現，是因爲要藉此揭示心靈美即內心的高尚和心情的神聖。因此它同時也就要主體沉浸到精神的內在方面及其絕對內容意義裡去，把它據爲己有。❸

最後，上述犧牲一般還含有一個普遍概念：在浪漫型藝術裡，無限主體性並不像希臘的神那樣孤獨鎮靜、本身完整、過著獨立自足的幸福生活，而是從本身中跳出來和另一體發生關係。但是這另一體還是屬於它自己的，在這另一體裡它從新認識自己，保持自己與自己的統一。這種自己在另一體裡的統一就是浪漫型藝術所特有的美的形象，也就是它的理想。這理想按照本質是以內心生活和主體性，心靈和情感爲顯現形式的。所以浪漫理想所表現的是和另一精神性的對象的關係，這另一體和主體的內心生活緊密地結合在一起，使得具有這種

❷ 法譯作「內容與形式的對應」，但更可能指肖像與本人形狀的對應。

❸ 在浪漫型藝術裡，外在事物已脫離精神而取日常平凡狀態，這是對外在事物的犧牲。這種犧牲是爲著揭示心靈美，因此畢竟還分享精神的內容意義。

內心生活的靈魂，只有在這另一體裡才能過著自己與自己統一的生活。這種在本身也在另一體的生活在情感上就是愛的內心生活。

因此，我們可以把愛看作宗教範圍裡的浪漫型藝術的一般內容。不過愛只有在表現出精神的肯定的、直接的和解時，才獲得它的眞正的理想的形式。但是在研究這種最美的理想的滿足階段[4]之前，我們先要一方面研究否定的過程，亦即絕對主體克服它所顯現的人體形象中的有限性與直接性的過程，亦即展現出神爲著世界和人類而出生、受苦難和死亡，以及世界和人類與神達到和解的過程。另一方面要研究的就是人類在他們那方面也要經歷同樣過程，才可以在他們本身上實現與神的和解。處在這個過程的兩階段之間的（其中轉入死亡與墳墓的感性的[5]和精神的轉變過程，這個否定方面就形成了中心點）就是肯定的安定的幸福的表現，這在宗教範圍的浪漫型藝術裡就是最美的題材。[6]

因此，本章可以再細分爲三個部分。

第一是基督的贖罪史：這是用神本身來表現絕對精神的各發展階段，神變成了人，在有限世界及其具體的關係之中獲得了一種實際存在，而且在這種本來是個別的存在裡顯現出絕對本身。

第二是愛，就它的正面的形象來看，愛是人與神和解的情感：神聖家族，聖瑪利的母愛，基督的愛，基督信徒們的愛。

第三是宗教團體：神的精神出現在人類身上，這是由於心靈的皈依，對自然性和有限性的貶黜，總之，由於人回轉到神的過程——在這種轉變中首先是懺悔和殉道成爲人神統一的仲介手段。

1. 基督的贖罪史

精神和它本身的和解、絕對的歷史、眞實界的演變過程，是通過神在塵世中的顯現而使人認識到和確信不疑的。這種和解的單純內容，就是絕對眞理與個別的人的主體性結合爲一體的過程：一個個別的人是神而神也是一個個別的人。這就意味著人的精神本身按照它的本質來看，就是眞正的精神，因此每一個個別的主體在人的地位就有無限的使命和重要的意義，就是神的一種目的，而且需與神處於同一體。但是這也就對人提出一個要求，要他由原來的單純的自在之物變成爲實現了本質的實在之物，這就是說，要他把自己與神的統一定爲他的生存目標，並且要達到這個目標。如果他實現了這個使命，他就成爲本身自由無限的精神了。他只有在一個條件下才有可能做到這一點，那就是上述神與人的統一，就是人性和神性的根源和永恆基礎。這個目標同時也就是自在自爲的起點，是浪漫型的宗教意識的前提。

❹ 即上文所說的肯定的和解。

❺ 「感性的」即物質的或肉體的。

❻ 這一節說明浪漫型藝術中的主體需從本身中跳出來與另一體在精神上結合成統一體，這就是愛，人神之間的愛和兩性愛，所以愛成了宗教範圍的浪漫型藝術的一般內容，產生出它所特有的美的形象。

按照這種宗教意識，神需變成人，變成肉體，變成個別的主體，對於這種主體，人與神的和解不再只是自在的，不只是從概念上被意識到的，而是客觀存在的，作爲這種個別的實際存在的人，而呈現於感性觀照和意識的。要有這種個別存在的階段，每個個別的人才可以從此觀照到他自己與神的和解，認識到這種和解絕對不只是一種可能性，而是實有其事，它在這一個主體身上確實地完成了。❼但是這種統一，作爲兩種對立面的一種精神性的和解，既然不只是一種直接現成的（自在的）統一體，所以其次就要求這一個主體也要經歷意識成爲眞正精神所必須經歷的那種精神過程，這就是這一主體達到存在的歷史。這種在個別的人身上完成的精神的歷史，所包含的事蹟就是我們在前文已經提到的，這一個別的人在精神和肉體方面都消滅了他的個別性，這就是說，他遭受了苦難和死亡，但是通過死亡的痛苦，從死亡中又復活了，成爲光榮化的神、實在的精神，他儘管作爲這一個別的主體而進入存在，只有和他的團體❽處在一起，才是在本質上作爲精神的神。

A. 藝術在這裡好像是多餘的

這種歷史向宗教範圍的浪漫型藝術提供了基本題材，但是對於這類題材，藝術，如果純粹地看作藝術，在一定程度上卻是多餘的。因爲這裡的要旨在於內心的信服，在於對這永恆眞理的情感和思想，總之，在於信仰。這種信仰本身就提供了這種絕對眞理的證據，因而就形成內心世界的觀念。換句話說，發展出來的信仰就是直接的信服，就是把這種歷史的各階段的觀念，當作眞理本身而擺在意識面前。但是這裡所涉及的既然是對眞理的意識，藝術表現的美就成爲次要的，可有可無的了，因爲眞理不靠藝術就已擺在意識面前了。

B. 藝術也必然要參與

但是從另一方面看，宗教的內容本身，也包含一個不僅可以用藝術，而且還必須用藝術的方面。像前文已多次提到的，在浪漫型藝術的宗教觀念裡，內容本身就必然要把擬人主義推到極端，因爲這種內容中心正是絕對的神性與實際上看到的，因而也是外在的，顯現於肉體的人的主體性這二者的緊密結合；它必須把神性按照它結合到自然的缺陷和有限的現象時，所具有的那種個別性相描繪出來。從這個觀點來看，藝術可以就神的顯現方面向觀照的意識提供一種如在目前的個別的實在的形象，還可以就基督的誕生、生活、受苦難、死亡、復活，和升天成神這類事蹟所涉及的外在細節，提供一個生動鮮明的畫面。所以一般說來，只有在藝術裡，神的隨時消逝的實際顯現才可以既持久而又永遠更新。

C. 外在顯現中的偶然的特殊因素

但是在這種顯現裡，重點既然在於神在本質上只是某一個別主體而不是任何其他主體，

---

❼ 指在基督身上神變成個別的人。

❽ 即信仰基督教的全體成員。

所表現的不只是一般的神與人的主體性的統一，而是神與人的主體性在這一個人身上的統一，所以由於內容本身，外在的有限存在的一切偶然的特殊因素，都要出現在這一階段的藝術裡，而這些因素卻是美在古典型藝術頂峰中所要清洗掉的。凡是美的自由概念所認爲不適合、非理想而加以排斥的因素，在現階段的藝術裡卻作爲一種取決於內容本身的因素，而必須採用和提供觀照的。

(1) 所以在經常把基督本人選作題材時，藝術家們如果要按照古典型理想的意義和方式，把基督造成一個理想，他們就會每一次都走上錯路。按照這種理想塑造出來的基督的頭像或全身像固然也顯出嚴肅、靜穆和尊嚴，但是基督一方面要有內心的深度和純然一般的精神性，另一方面也要有主體的人格和個性；而這兩方面都是和人的感性形象所表現的沐神福的神情不相容的[9]。把表現方式的這兩極端結合在一起是一件極難的事，特別是離開傳統典型的藝術家們往往不免失敗——嚴肅和意識的深度當然要在這類頭像上表現出來，但是神色和形體的細節形狀，卻應儘量不按照理想美去表現，正如它們既不應降低到平凡醜陋，也不應勉強提高到單純的崇高一樣。涉及外在的形式方面，最好的表現方式應介乎特殊的自然的美與理想的美之間。做到恰好的程度不是一件易事，藝術家的熟練技巧和聰明智慧主要地要在這裡顯出——一般說來，在這整個領域的藝術表現裡，把屬於信仰的內容暫且拋開不談，比起在古典型理想裡要更多地顯出人的主體因素[10]。在古典型藝術裡，藝術家要把精神性和神性直接表現在肉體的形式亦即人的形體結構裡，因此他的主要的旨趣在於對這些肉體形式中平凡的有限的因素加以清洗和改造。在目前討論的這個藝術領域裡，形象卻是平凡的、熟悉的，它們的形狀在一定程度是無足輕重的，是一些這樣那樣的特殊細節，可以聽任藝術家自由處理的。所以最重要的旨趣，一方面在於藝術家通過平凡的熟悉的東西，去顯示出精神方面最內在的東西時所用的方式和方法，另一方面在於藝術家在創作過程中使用技巧工具和技巧方法的本領，憑這套本領他可以把精神的生氣吹到他的形象裡去，使精神中最深刻的東西成爲可以觀照和領會的對象。

(2) 我們已經說過，內容除此以外還有精神概念本身產生絕對的歷史，這歷史把肉體的和精神的個別性相，轉變到它們的本質和普遍性的過程表現爲客觀的。因爲個別主體與神的和解，並不是一開始就直接出現的和諧，而是只有經過無限痛苦、拋捨、犧牲和有限的、感性的、主體方面因素的消除才產生出來的和諧，有限的和無限的在這裡緊密結成一體。只有通過待解決的矛盾的巨大和堅強，才顯得出和解深刻和親切以及仲介（轉化）過程的力量。所以這樣的矛盾所帶來的苦難，殉道和苦刑的嚴酷性和不協調性，也是符合現階段精神本質的，這種精神的絕對滿足就形成現階段的藝術內容。

這種精神過程，如果單就它本身來看，就是一般精神的本質和概念，所以對於意識就是

---

❾ 即和古典型理想不相容。

❿ 法譯作「要更多地依靠藝術家的主體方面的處理本領」。

一種要在每一個人的意識裡複演的普遍史。因爲意識，就它出現在許多個別人的心中而言，就是普遍精神的實際存在。但是精神既以在個體中的實際存在爲它的一個符合本質的發展階段，上述普遍史就要從一個個別的人的形象出發，就要表現爲這個個別的人的誕生、受苦難、死亡和復活的歷史，儘管是一個個別的人的歷史，它仍需保持一種較廣的意義，即同時也是普遍絕對精神的歷史。

神的生活中眞正的轉捩點，是他作爲這個人的個別存在的消滅，他的受難史、十字架上的忍痛、精神的折磨、死的痛苦。因爲這裡內容本身就包含這樣的意義：外在的肉體的顯現，作爲個體的直接存在，在它遭否定的痛苦中需顯出它自己是否定面，才可以使精神通過犧牲感性主體的個別性，而達到它的眞實和它的天國，所以對這種內容的表現是和古典型造型藝術的理想最不相容的。從另一方面看，塵世的軀體和脆弱的人性由於顯現了神本身而提高了地位，受到崇敬；但是從另一方面看，正是這種軀體和人性是定作否定面，而且在痛苦中才達到顯現的，而在古典型理想中這種肉體和人性與精神性和實體性卻處於不受干擾的和諧中。基督受嗤笑，戴荊棘冠，背十字架到刑場，忍受殉道者的苦刑和拖得很久的死，這一切都不能用希臘美的形式去表現。在這種情境裡偉大崇高的是神性本身，是深刻的內心生活，是精神中永恆因素的無限的苦痛，是堅忍和神的寧靜。

圍繞這個形象⓫的人物有些是朋友，有些是敵人。其中朋友們也不是什麼理想的人物，而是一些個別的各有特殊性的平常人，憑精神的吸引，他們依附了基督；至於敵人是與神對立的，判了神的罪，嗤笑他，使他受苦刑，把他釘死在十字架上，所以他們被表現爲在內心上是惡的，而這種內心的惡和對神的敵視，表現於外表則爲醜陋、粗魯、野蠻和形象的兇狠和歪曲。在這一切方面，比起古典美，這裡作爲必然因素而出現的卻是不美。

(3) 但是死的過程在神的本性裡只應看作一道關，通過這一關，精神就可以達到自己與自己的和解，神與人，單純的一般與顯現它的主體這兩方面就以肯定的方式結合成爲一體。這種肯定既然一般是基礎和根源，也就必須以肯定的方式顯示出來。在基督的故事裡，最適合於這種表現的莫過於復活和升天兩個場面。此外較孤立的情節如基督向門徒宣教也可以用。不過這類題材對造型藝術是一個大難關，因爲應該表現的有兩方面，它既要表現出單純的精神及其內在的深度，又要使絕對精神及其無限性和普遍性，以肯定的方式與個別主體性達到統一，超出直接存在之上，但同時還要用肉體的外在形狀把精神的無限性和內在本質表達出來，供感性觀照和感受。

2. 宗教的愛

精神單就它本身來看，並不是藝術的直接對象。精神與它本身的最高的實在的和解，只能是一種精神內部的和解與滿足，它純粹是觀念性的，所以不能用藝術去表現。絕對眞實高

⑪ 指臨刑的基督。

於離不開感性現象的美的顯現。但是精神在它的肯定的和解之中，如果通過藝術獲得一種精神性的存在，在這裡面精神就不只是純粹的思想，而在觀念上被意識到，而是要成爲情感和觀照的對象，因此就只有一個單獨的形式同時能滿足雙重要求，一種是精神性的要求，另一種是通過藝術可以掌握和表現的要求，所需要的形式需能表現精神方面的親切情感或心情。這種唯一符合在自身上獲得滿足的自由精神概念的親切情感就是愛。

A. 絕對的概念作為愛來看

這就是說，如果從內容方面來看，在愛裡也有我們曾定爲絕對精神的基本概念的那個因素，那就是經過和解，從它的另一體返回到它本身。這另一體，作爲精神處在裡面而仍不失其爲精神的另一體，本身也只能是精神性的，只能是一種精神的人格。愛的眞正本質在於意識拋捨掉它自己，在它的另一體裡忘掉了它自己，而且只有通過這種拋捨和遺忘，才能享有自己、保持自己。精神的這種自己與自己的和解和充實成爲整體就是絕對，但是和解的方式不是絕對只作爲一個單獨的有限的主體和另一個有限的主體緊密結合在一起，而是在一體中達到自己與自己的和解的那種主體的內容就是絕對本身；這樣一種精神只有在另一精神裡才實現要達到絕對的意志而且認識到自己就是絕對，並且在這種認識裡獲得滿足。

B. 心情

作爲愛，這種內容所具有的形式就是集中在自身上的情感，這種情感不是把它的全部內容意蘊都展現出來，按照它的定性和普遍性帶到意識裡，而是把它的不可測量的廣度直接凝聚爲心情的深度，不把它的一切方面的豐富內容，展現給人看。因此，愛這種內容如果單就它的帶有純粹精神印記的普遍性來看，就會拒絕藝術的表現，但是如果就它作爲情感存在於主體方面來看，卻是藝術所可掌握的，因爲它一方面由於保持著還未展現的深度（這是心情的特徵）還沒有必要展現得清清楚楚，成爲一目了然的東西，而另一方面它卻也從這種形式裡獲得一種符合藝術的因素，因爲心情、心腸和情感儘管都是精神性的和內在的，卻和感性的肉體的東西永遠有一種聯繫，所以它們可以從外表方面，通過肉體、通過眼光、神色，或是較富於精神性的音調和言語，把精神的最內在的生活和存在揭露出來。不過這類外在因素在這裡可以採用，只是爲著把最內在的東西按照心情的內在實況表達出來。

C. 愛，作為浪漫型藝術的理想

我們既已把內在的東西和它的實際存在的和解定作一般的理想，現在就可以把愛稱爲宗教領域中的浪漫型藝術的理想。愛就是單純的精神的美。古典型理想也顯示精神和它的另一體的仲介和解。但是古典型理想裡精神的另一體就是精神所滲透的外在的東西，就是它的軀體結構。在愛裡卻不然，精神的另一體並不是自然的軀體，而是具有精神性意識的另一主體，因此，精神是在它自己的領域裡由自己來實現自己。所以愛在這種肯定的滿足和平安幸福狀態中具有一種理想的美，特別是精神的美，這種美由於是內在的，只能表現於親切的情感。因爲精神就在精神裡出現，而且直接意識到自己的出現，因此它的實際存在的材料和基礎本身就是精神性的東西。這種精神本來就是親熱的，說得更確切一點，它就是愛的親熱感（心心相印）。

(1) 神就是愛，因此他的這種符合藝術形式的最深刻的本質，也應在基督身上體會到和表現出來。基督就體現神的愛，這種愛的對象一方面是神本身，神在這裡是按照它的無形的本質來看的；另一方面是待拯救的人類。所以愛在基督身上並不表現爲由某一主體和另一主體的契合，而是體現帶有普遍性的愛的理念，也就是取情感的形式和以情感爲因素的絕對或眞實精神。

這種愛在對象方面的普遍性使它在表現方面也受到普遍化，其中主體方面的情感和心情的凝聚（集中）已不是主要的東西——在古希臘的巨靈族的男愛神和烏冉諾斯族的女愛神也是如此，起主要作用的也是愛的普遍理念，而不是個別主體的形象和情感。但這和浪漫型藝術中的愛畢竟有所不同，只有在浪漫型藝術的表現裡，在基督更多地被看作本身深化的個別主體時，愛才表現爲主體方面的親熱的情感，儘管愛的內容的普遍性支援了而且提高了這種親熱的情感。

(2) 在基督教範圍裡聖瑪利的愛，即母愛，是最適宜於用在藝術裡的題材，也是浪漫型的宗教想像用得最成功的題材。這種母愛是最眞實的、最富於人性的，同時也完全是精神性的，它不帶利害計較和欲念，既不是感性的而又是現在目前的：它是絕對得到滿足的沐神福的親熱情感。它是一種無所希求的愛，但也不是友誼，因爲友誼不管多麼眞摯，畢竟要求有一種內容意義，有一種要旨，作爲結合的目的。母愛在自然的親屬關係中獲得直接的支持，無須雙方有共同的目的或利害計較。但是聖瑪利的母愛也還不限於自然的親屬關係。聖嬰是瑪利懷胎的、經過痛苦生產的，從他身上瑪利完全認識到和感覺到她自己。這位聖嬰是她的血肉，卻比她高；而這種較高的地位畢竟還是屬於她自己的，這也就是使她既忘去自己而又保持自己的對象。母愛的自然的親熱情感完全精神化了，它的神性的東西爲它所特有的內容，但是這種神性的東西中卻由自然的一體⓬和人性的情感微妙地不知不覺地滲透進去了。這是沐神福的母愛，只有從開始就享受這種福氣的唯一的母親才有這種母愛。這種母愛之中當然也夾雜著痛苦，不過這種痛苦來自對兒子受苦難、垂危和死亡的哀悼，而不是像我們在基督教較晚的一個階段中將會看到的，由於外來的不公平和苦刑，或是由於自己和罪孽的無止境的衝突以及內心中的苦痛。在現在這個階段裡，這種親熱情感就是精神的美，就是理想，就是人間的人與神、精神和眞實的統一：一種純粹的忘我，一種完全的捨我，而這我在這種遺忘中卻從一開始就和我所沉浸到裡面去的那個對象處於一體，就是這種統一產生了沐神福的喜悅。

⓬ 自然的一體指母與子的血緣關係。

如果以這樣美妙的方式出現於浪漫型藝術的是這種母愛，這種仿佛就是精神的肖像，而不是精神本身，那就是因爲精神只有處在情感的形式裡，對於藝術才是可以掌握的，而個人與神統一的情感，也只有在聖母的母愛裡才最原始地、最實在地、最生動地現出。這種母愛必然要出現在藝術裡，否則這個領域裡的藝術表現就會缺乏理想，缺乏肯定的令人滿足的和解。因此過去在一定的時期裡，聖母的母愛才擺在最高、最神聖的地位而受到崇拜和藝術表現。但是等到精神把自己放在自己所特有的生存條件之下，即變成自覺的時候，它就完全脫離了情感的自然基礎，所以脫離這種基礎的精神和解就可以被視爲唯一的達到眞實自由的道路，於是在新教裡，人們就違反藝術中和信仰中的這種聖母崇拜，把聖靈和精神的內部和解看成更高的眞實⑬。

(3) 第三，精神的肯定的和解也表現爲基督的門徒，以及跟著他走的那些女人和朋友的情感。這些人物大半沒有親身經歷過改變宗教信仰的肉體和內心的痛苦，但是由於他們和基督的友誼以及基督的教導，卻親嘗過基督教義的艱苦，按照這個教義行事，能掌握教義也能掌握自己，並且深謀遠慮地有力地維護教義。他們固然缺乏上文所說的母愛中的直接統一和親熱情感，但是基督的身教，他們的共同生活的習慣以及精神的直接吸引力，畢竟使他們結合成爲一個團體。

3. 宗教團體的精神

關於過渡到宗教範圍中最後一個領域的轉變，我們可以把它聯繫到上文已經談過的基督的歷史來看。基督作爲個別的人的直接存在⑭，由於他是神，就遭到了否定（消除），這就是說，他是神顯現爲人：神的眞實存在並不是這種直接存在而是精神。絕對的眞實存在，作爲無限的主體性來看，只能是精神本身，神只是存在於認識或內心世界裡，所以神的這種絕對存在，作爲既是理想性的而又是主體性的普遍性來看，並不局限於某一個別的人（這個人在他的歷史中表現出人的主體性與神的主體性的和解），而是要擴展到與神和解的人類意識，即擴展到由無數個體組成的全人類。作爲個別的人格來看，人並非單獨地直接地就是神性的，而是有限的、人性的，只有把這有限的人性的方面在實際上定作否定面而消除掉，人才能達到與神的和解。只有通過解脫有限事物的缺點，人才能成爲絕對精神的實際存在，才能成爲一個團體的精神，在這種團體裡人的精神與神的精神的統一，是在人的現實世界本身以內實現的，這是把按照精神概念本來就已自在地統一起來的雙方調解爲眞實的統一體。

---

⑬ 這是基督教中舊教與新教的分別，舊教（天主教）側重崇拜聖母，崇拜有形體的偶像；新教（耶穌教）則側重純粹精神方面，要求人與神在精神上的契合，所以不重儀式外表和偶像崇拜。基督教原有神（父）、聖靈和基督（子）三身一體之說，聖靈就是神的精神，處在仲介地位。

⑭ 即作爲人的肉體存在。

浪漫型藝術的這種新內容的主要的表達形式可以分成以下幾種：

和解割裂開來的個別主體在直接的有限世界裡過著罪孽、鬥爭和窮困的生活，他就有一個永恆的使命，需力求自己和神達到和解。但是在基督的贖罪史裡，對直接的個別存在的否定既定爲精神的主要階段，個別的主體就只有通過否定自然的有限的人格，才可以把自己提升到自由和安居在神裡面的和平。

這種對有限性的否定（消除）可以按照以下三種方式實現：

第一是從外在方面複演基督的受難史，這就變成實際的肉體方面的痛苦——也就是殉道。

其次是心靈內部的轉變，是通過內疚、懺悔和悛改而達到的內心方面的和解。

第三，神在塵世現實界的顯現被理解爲這樣的過程：把自然的尋常運動過程和事件的原來的自然形態都否定（消除）了，以便顯出神的威力和存在：因此奇蹟成爲表現的形式。

A.殉道者們

宗教團體的精神體現於人性主體身上的第一個方式，就是人使他自己成爲反映神的經歷的一面鏡子，成爲神的永恆歷史的一次新的複演。在這裡上文提到過的那種直接的肯定的和解又消失了，人只有通過否定自己的有限性才可以掙得這種和解。原來在第一階段成爲關鍵性的東西現在又以大加強化的形式複現了[15]，因爲假定的前提是人類的不適合和無價值，要克服這個缺點就成爲人的最高的和唯一的任務了。

(1)所以這一領域的眞正內容，就是對酷刑的忍受以及出於自願的拋捨、犧牲和艱苦生活——硬要自己忍受困乏，招致苦難、酷刑和痛苦，從而顯示自己的精神，感覺到自己是在自己的天國裡享受著協調的、稱心如意的幸福生活。對於殉道者來說，苦痛這種消極的（否定的）東西本身就是目的，人所忍受的痛苦愈可怕，他也獲得愈大的神的光榮。在內心還不充實的主體身上，要看作與他的超凡成神相牴觸而應首先加以否定的就是他的自然的存在，他的生命，他的基本的生活必需品的滿足。所以這個領域的主要題材就是肉體方面的苦刑，無論是由敵人和宗教信仰迫害者出於仇恨而強加於信徒的，還是由信徒出於贖罪的動機而自願接受的。在這兩種情況下，當事人都出於宗教狂熱，不把所忍受的痛苦看作一種冤屈而是把它看作一種神福。只有這樣，人才能克服生來就是有罪的能感受的肉體、心腸和情感，從而達到自己與神的和解。

但是在這種情境之下內心的改變，既然要表現於對外在軀體的摧殘，美感就很容易受到損害，所以這個領域裡的題材對於藝術是危險的，因爲一方面有關的個人們比起我們所要求

⓯ 第一階段指上文「基督的贖罪史」階段，關鍵性的東西指否定個別有限肉體的存在，因爲它對於表現神性是「不適合和無價值」的。

於基督受難史的還要在更大程度上帶有有限存在的烙印，表現出有限自然事物的脆弱性，而另一方面這裡所涉及的苦刑和駭人聽聞的殘暴行爲如凌遲處死，殘酷的肉刑、上斷頭台、斬首、下油鍋、活剝皮之類，本身就是一些引起恐怖、嫌惡和噁心的外在形狀，距美甚遠，不應由健康的藝術選作題材。儘管藝術家的處理方式從創作技巧方面看可以是很卓越的，對這種卓越技巧的興趣畢竟只涉及主體方面，這主體儘管顯得有一些藝術本領，卻是枉費氣力，因爲他無法使他的材料和他自己的本領完全協調一致。

(2) 因此對這類消極（否定）過程的描繪還應帶有另一個因素，這個因素需超出身體和靈魂的痛苦之上，轉向肯定的和解，這就是精神本身的和解，也就是忍受苦痛所達到的目標和結果。從這方面看，殉道者們是神性的東西的保衛者，同外界的暴力和不信教者的野蠻行爲作鬥爭。爲著天國，他們不惜忍受痛苦和死亡，這種勇氣，堅忍不拔的精神和沐神福的氣象，也就要在他們身上表現出來。不過這種對宗教信仰的親熱情感和篤愛儘管帶有精神的美，卻沒有滲透到健康身體裡去的那種精神的健康；而是一種由苦痛孕育出來的，或是在苦難中表現出來的親熱情感，即使顯出神的光榮，也畢竟含有痛苦作爲它所有特有的本質性的因素。特別是繪畫往往採用這種虔誠狀態爲題材。繪畫在這裡的主要任務，就在於用摧殘肉體的形狀把殉道者的沐神福的氣象襯托出來，在面容和眼神的特點上描繪出拋捨，對苦痛的克服，以及自覺神的精神就體現在自己身上的喜悅。如果雕刻要表現這種內容，它就不大可能表現這種精神貫注的凝聚的內心親熱情感，因而只得把肉體上所現出的那種痛苦痙攣狀態突出地表現出來。

(3) 第三，這一階段的拋捨自己和忍受痛苦，還不僅涉及自然生存和直接有限事物⑯，還使心靈嚮往天國，走到極端，以致把儘管本身符合道德和理性的人道的塵世的東西都一律拋開和加以鄙視。這就是說，一個人的精神如果專注到悔改的觀念上去，他愈是沒有教養，他也就野蠻地抽象地集中虔誠的力量，去反對一切與這種簡單的宗教熱狂的無限性相對立的有限事物，反對人的一切情感，反對人心的多方面的道德願望、關係、傾向和職責。因爲家庭的倫理生活、友誼、骨肉愛情、國家，以及職業這些方面關係的約束都是塵世間的事情，而凡是塵世間的事情，只要它們還沒有由宗教信仰的絕對觀念滲透進去，和它們達到統一與和解，它們對於抱有這樣抽象宗教信仰情緒的人，就不能納入使他動情感和關心的事物範圍之內，它只是卑不足道的，因而對宗教虔誠是敵對的、有害的。所以人世間的道德生活是這種人所不屑關心的，因爲他們還不承認道德生活各方面及其所包含的職責，是理性現實世界中的一些必要的合理的組成部分，在這理性現實世界中凡是片面性的東西，當然不應提高到獨立地位而孤立起來，但是畢竟還是有效的因素，不應被犧牲掉。從這個觀點看，現階段的宗教和解本身就還是抽象的，在心腸簡單的人身上就表現爲信仰雖堅強而卻缺乏廣度，表現爲

⑯ 指肉體和肉體的要求。

一種孤獨自封的心靈的虔誠，這種心靈還沒有發展到具有全面展開的信心，對自己還沒有充分把握。如果這樣的心靈堅持要用它的力量反對看作否定面的塵世，勉強擺脫人間一切人和人的關係，儘管這些關係自古以來就是牢不可破的，這就足以見出精神的粗野和憑抽象（片面）活動來使用的野蠻的暴力，是使我們起反感的。所以按照現代意識的觀點來看，我們對這類表現中的宗教虔誠的萌芽固然可以重視和尊敬，但是如果這種虔誠走得太遠，像我們實際所看到的，我們對這種宗教狂熱就不僅不能同情，而且要把這種拋捨看作不道德的而且違反宗教本質的，因為它把本身合理的和神聖化的東西都拋棄和踐踏了。

描述這種宗教狂熱的有許多傳說、故事和詩歌。例如有一個故事敘述一個人本來很愛他的妻子和家庭，他家裡的人也都很愛他，他卻拋開了家，到處遊行，最後他打扮成乞丐回了家，卻不肯洩露他的身分。家裡人施捨了一些東西給他，可憐他，讓他住在樓梯下一塊小地方。他就這樣生活了二十年，看著他家裡人為他久別在外而悲傷，一直到臨死前他才把眞相告訴了家裡人。就是這樣一個宗教狂熱者的可怕的自私被人們當作神聖品質來崇拜的。這種長期的拋捨使人聯想到印度人為著宗教的目的，而甘願強加於自己的那種玄祕的苦行。但是印度人忍受苦痛的性質卻完全不同。印度人要把自己引導到冥頑不靈和無意識的狀態，基督教狂熱者卻把苦痛和對於苦痛的意識和感覺當作眞正的目的，他認為在苦痛中愈意識到所拋捨的東西的價值和自己對它們的喜愛，愈經久不斷地觀照自己的拋捨，他也就愈易達到所懸的目的。把這類考驗強加到自己身上的心靈愈豐富，它所占有的東西愈高貴，而又相信自己非鄙視這些東西而且把它們視爲罪孽的烙印不可，那麼，它也就愈難達到和解、愈易產生最兇殘的鬥爭和最瘋狂的分裂。依我們的看法，這樣的心靈只能安居在可以理解的世界裡，而不能安居在眞正的現實世界裡，因而感覺到自己對現實世界中的一些絕對合理有效的活動領域和目的就掌握不住，儘管它全心全意地要住在現實世界裡，和它維持關係，卻仍然把這些倫理性的東西看作自己的絕對使命的否定面，像這樣的心靈無論就它強加給自己的苦難還是就它的拋捨來看，我們都認爲是瘋狂的，既不能對它感到同情，也不能從它得到感發興起的力量。這類行爲缺乏一種內容豐富的合理有效的目的，所能達到的只是完全主體的、個人的自私的目的，專從自己的靈魂的解救和自己的幸福著眼。這樣一個人是否享到幸福是不能使多數人關心的。

B. 內心的懺悔和悛改

在同一宗教領域裡還有一種與上文所說的相反的表現方式。它一方面不再著眼到軀體的外在的痛苦，另一方面也不對現實世界中絕對合理的東西持否定的態度，因而在內容和形式兩方面獲得了一種符合理想藝術的土壤。這種土壤就是內心的轉變，只表現於精神方面的痛苦和心靈的悛改。因此，這類表現裡首先不再有那些造成肉體痛苦的經常複演的殘暴行爲；其次，也不再有心情方面的野蠻的宗教狂熱頑強地反對道德的人性，爲著抽象的觀念性的滿足，在一種絕對的拋捨所帶來的苦痛之中，把一切其他種類的滿足都粗暴地加以踐踏。現階段的宗教情緒卻只反對人性中實在是罪孽和罪惡的東西。它根據一種高度的信心，以爲信仰和精神對神的嚮往，就有能力把過去哪怕是罪孽和罪惡的行爲都變成與主體無關，把它永遠一筆勾銷掉。這種從罪惡，即絕對否定面（消極方面）的回轉，這種憑主體的精神和意志對過去罪惡加以厭惡和消除的活動，這種向肯定面（積極方面）的回轉（從此這肯定面就作爲眞正實在的東西鞏固下去，反對過去的罪惡生活）就是宗教愛的眞正無限的威力，就是絕對精神在主體本身上的現實存在。主體精神的堅強和持久的感覺，藉助於它所皈依的神，就可以戰勝罪惡；主體精神既然與神和解，自覺與神結成一體，接著就會感到滿足和幸福。神固然還被看作與塵世罪孽相對立的絕對的另一體，但是這無限（神）畢竟和我這一個認識主體是同一的，我認識到神的這種自覺性（自我意識）就是我的我，就是我的自覺性（自我意識），我確信這一點正如我確信我就是我自己一樣。這樣一種轉變當然完全是在內心裡進行的，所以在性質上是宗教多於藝術的，不過它既是一種主要表現於內心悛改，而同時也可以通過外在方面來顯出的心靈的內在狀態，所以造型藝術的繪畫也就有權利把這種悔改的歷史過程表現出來。不過如果繪畫要把這種轉變的歷史過程和盤托出，那就不免要連帶地夾雜進去許多不美的因素，因爲那就要把罪惡和引起反感的東西也描繪出來，例如浪子回頭的故事[17]。所以繪畫最好是把悔改的過程集中到一幅畫上，不描繪罪惡行爲的細節。例如抹大拉的馬利亞[18]的故事就屬於這一種，這是宗教範圍裡的最美的題材，特別是在義大利畫家們的作品裡獲得了優美的符合藝術的處理。她在這些作品裡在內心和外表兩方面都顯得是一個美的女罪人，她的罪惡和她的悔改都同樣有吸引力。不過她的罪惡和她的神經品質都不是用嚴肅的態度來處理的；她得到很多寬宥，因爲她曾付出了很多的愛，由於她的愛和美，她得到了寬宥，她感動人的地方在於她自己卻爲付出很多的愛而感到懺悔，她所流的淚表現出她心靈的敏感和優美。她付出過很多的愛，這並不是她的過錯；但是她卻相信自己是一個罪人，彷彿就是她的過錯使她優美動人，因爲她的敏感和優美本身只能給人這樣一種印象：她在她的愛裡是高尚的，顯出深刻心靈的。

C.奇蹟和傳說

最後的一個方面是和上述兩個方面聯繫在一起而且可以同時出現的，這就是奇蹟。奇蹟在整個宗教領域裡發揮著主要作用。我們在這裡可以把奇蹟稱爲直接自然存在的轉變史。現實是作爲一種平常的偶然的存在擺在我們面前的；這種有限的東西由於接觸到神性的東西，這神性的東西只直接影響到它的完全外在的特殊細節，就使它遭到了破壞和顚倒，變成完全另樣的東西，這就破壞了一般人所說的事物的自然過程。人看到這樣不自然的現象，不再能憑他的有限的觀念去解釋，就相信在這裡可以認出神的出現，描繪這時他所處的心情就是許多傳說的主要內容。但是實際上神性的東西也只有按照理性，按照神所制定的不可轉移的自然規律，才能影響自然和駕馭自然；它不應在破壞自然規律的特殊的情況和活動中顯出自己

⓱ 見《新約．路加福音》第十五章。

⓲ 見《新約．馬可福音》第十六章，據說馬利亞本是淫婦，受耶穌的感化後澈底悔改。

是神性的東西，因為只有理性的永恆規律和原則才能在自然界發揮眞正的作用。從這方面看來，傳說往往不必要地流於神祕、低級趣味、妄誕和滑稽可笑，因為它要影響人的精神和心靈，使人相信在絕對無理性的妄誕的、違反神性的現象之中，正足以見出神的存在和威力。傳說所涉及的感動、虔誠和悛改固然也可以引起一些興趣，但是這只涉及一個方面，即內在方面，一旦這一方面與另一方面即外在方面發生關係，而這外在方面也應影響到內心的轉變，它也就不能本身就是無意識和不合理的。這些就是在宗教領域裡既作為神性本身又作為神所由顯現為精神的實體性內容的幾個主要方面。這種絕對對象並不是由藝術憑它本身創造和揭示出來的，而是由藝術從宗教那裡借來的。藝術採取這種內容，就已意識到它是絕對眞實的，才把它表現出來。這是信仰宗教的依戀神的心靈才有的內容，這種心靈本身就是一個無限整體，所以外在方面多少是不相干的、無足輕重的，不能和內在方面達到完全和諧的，因此它往往變成一種不易駕御的，不能由藝術完全征服的材料。⑲

---

⑲ 西方中世紀浪漫型的繪畫主要是宗教性的，所以黑格爾在第一章著重地討論了對基督教題材的不同處理方式及其藝術價值。他把基督看作人神統一的象徵，宗教的虔誠就是凡人自覺與神（基督）契合的親熱情感，也就是愛。這種愛是符合浪漫型藝術所側重的主體性原則的。他強調宗教畫應側重精神方面積極因素的表現，例如基督臨刑史所表現的由否定肉體生活而達到肯定精神生活，聖母對聖嬰的愛，信徒自覺契合基督的親熱情感，以及殉道和懺悔的情感。他批判了基督臨刑史以及對殉道事蹟中殘暴行為和肉體痛苦的描繪，以及宗教狂熱和迷信所產生的一些奇蹟傳說。

第二章　騎士風

我們已經說過，無限的主體性這個原則在宗教信仰和藝術兩方面的內容就是絕對本身，即神的精神，這種神的精神需和人的意識經過仲介而達到和解，只有這樣，它才眞正爲自己而存在。這種浪漫型的神祕教義由於只局限於在絕對中沐神福，不免只是一種抽象的內心生活，因爲它對塵世的東西不是持肯定的態度，不是要滲透進去，把它吸收進來，而是持對立的態度，要把它拋棄掉。宗教信念在這種抽象狀態中是和生活割裂開來的，和人類存在的具體現實，以及人與人類的積極關係都是脫節的，而人類只有在宗教信仰中而且爲著宗教信仰，才認識到彼此在一種第三者，即宗教團體的精神中的統一，才彼此相愛。這種團體精神才是反映人類形象的明泉，一個人用不著和另一個人面對面、眼對眼相視，就可以和另一個人建立密切的關係，就生動具體地感覺到愛、信任、信心、共同的目標和行動所結成的一體。人在他的抽象的內心生活中，只有從神的王國和教會團體的生活裡，才找得到他內心所希求和渴望的東西，他還沒有從他的意識中拋開這種和第三者（宗教團體）的統一，所以還不能從旁人的認識和意志中，直接看到他的具體的自我究竟是什麼樣的。因此，總的宗教內容雖然採取了實在形式，卻還是存在於觀念的內在世界裡，這觀念世界歪曲了生動活潑的發展著的存在，還遠不能把自己的充滿著人世內容和向現實發展的生活，看作要實現的最高生活要求。

從此可見，原先只在簡單的沐神福狀態中就已發展完成的心靈，就要離開它的實體領域的天國，來看一看它本身，來找到主體作爲主體就應具有的一種當前現實的內容。這就會使原先的宗教的親熱情感變成世俗的親熱情感。基督固然說過：「你們應該拋棄父母來跟我走。」還說：「弟兄將要互相仇恨，他們會把你釘上十字架，會迫害你。」如此等等。但是等到神的王國在人世間占住地位，滲透到世俗的目的和旨趣中去，並且在它們上面渲染上神的光榮了，等到父母兄弟都是一個宗教團體的成員了，世俗的東西就開始有權利要求得到承認和實現。如果這個權利已完全爭取到手了，原先排它性的宗教心情對人世間事所持的那種否定態度就消失掉了，精神就展開了，環顧當前的現實情況了，讓它的實在的世俗心情得到擴張了，基本原則本身並沒有改變；只是本身無限的主體性轉到另一個領域的內容。我們可以把這種轉變總結爲一句話：主體的個性❶現在變成不再依存於與神的和解而獨立自由了。它原先正是在這種和解中擺脫掉它作爲有限事物的局限性和自然性，它經歷的是走向否定的道路，現在它既然變成本身是肯定的了，於是就以自由主體的身分出現，並且替自己也替其他主體要求作爲具有無限性的主體（儘管在這裡起初還是形式上的）都應獲得充分的重視。因此，它把那種無限心靈的內在生活，全都納入它自己的這種主體性中去了，前此這種主體性中只塞滿了神。

如果我們要追問：在這個新階段人在這種親熱情感中胸中究竟塞滿著什麼呢？回答就

❶ 黑格爾愛用抽象的表達方式，「主體的個性」其實指處在主體地位的個人。下文的「它」也都指此。

是：這內容只涉及主體對自己的無限關係；也就是說，主體只塞滿了它自己，作爲本身無限的個體，並不另外涉及一些旨趣、目的，和行動所含的本身客觀的具有實體性的內容意蘊的具體展現和重要性——說得更確切一點，使主體達到這種無限性的主要有三種情感：那就是主體的榮譽、愛情和忠貞。這些並不是眞正的倫理的和道德的特質，而只是主體塞滿了它自己的那種浪漫型的內心生活所採取的一些形式。因爲榮譽所爭取的人格獨立，並不表現於對社會的英勇或是公私生活中的誠實公正，反之，它只是爲個別主體的地位的承認和不可侵犯性而奮鬥。愛情也是如此，愛情是現在這個領域的中心，它只是這一主體對另一主體所感到的偶然的情慾，儘管由想像加以擴大，由親熱情感加以深化，畢竟還不是婚姻和家庭的倫理的關係。至於忠貞確實在更大程度上具有倫理性質的外貌，因爲它不只是爲自己，而是要堅持一種較高的涉及公眾利益的東西，讓自己受另一個人的意志支配，服從一個主子的願望或命令，因而否定了自己個人意志的自私企圖和獨立性。但是忠貞的情感也不是針對著發展成爲國家機構，而且享受自由的那種社會的客觀利益，而只聯繫到主子的人身，這主子或是以個人的方式爲自己謀利益，或是爲某種與他有聯繫的公眾事業服務。

這三個因素放在一起而且彼此互相影響，就形成騎士風的主要內容（此外宗教關係也可以起一些作用），標誌出由宗教的內心活動的原則進入活躍的世俗性精神生活的必然轉變。現在浪漫型藝術就在這世俗性精神生活領域裡獲得了一個立足點，從此出發，它可以獨立地由自己進行創造，並且產生一種仿佛比較自由的美。這一階段的浪漫型藝術，事實上處在本身固定的宗教觀念的絕對內容，和複雜特殊的有限的世俗生活這兩階段❷之間的一種自由的中途。在各門藝術之中最適宜於運用這種材料的是詩，因為詩最擅長於表現一心想著自己的內心生活及其目的和事件。

因為我們目前所看到的這種材料是由人從他自己的胸中，從純粹凡人世界中取來的，所以這個階段的浪漫型藝術，仿佛是和古典型藝術站在同一基礎上的。這正是特別合式的地方，讓我們就這兩種藝術進行對比，看出它們互相類似處和互相對立處。我們曾把古典型藝術叫做具有客觀眞實的人道的理想。古典型藝術的想像以實體性的倫理情致的內容為中心。在荷馬的史詩裡，以及在索福克勒斯和埃斯庫羅斯的悲劇裡，所涉及的都是純然以客觀事實為內容的旨趣，嚴格節制在這種旨趣範圍中的情慾，以及基本符合思想內容的語文風格；其中一系列的英雄人物各以個人的身分獨立地維護一種倫理情致。在這些英雄人物之上還有一系列的神，這些神們的客觀性更突出。縱使在藝術變成側重主觀方面的情況下，例如在雕刻的無數生動作品中，在浮雕中，在晚期的輓歌、箴銘，以及抒情詩的其他雋雅小品中，表現題材的方式也多少是由題材本身提供的，因為題材本來已有它的客觀形象擺在那裡。出現在作品中的都是一些固定的性格明確的想像的人物形象，例如女愛神、酒神、女詩神們之類。

❷ 前者指浪漫型藝術第一階段的內容，見上文第一章；後者指浪漫型藝術第三階段的內容，見下文第三章。

就連晚期箴銘所描繪的也是現成的題材；或是大家熟悉的花卉串成一個花環，情感就成爲把它們串在一起的巧妙繩索，像麥列格❸的作品就是這樣，那裡有的是一座豐富的各種用途貨色的倉庫，藝術只需在這裡進行一種愉快的活動。詩人和藝術家只是一種魔術家，把這些貨色招喚來，加以集合和安排。

浪漫型的詩卻完全不同，因爲它是世俗性的，而不是緊密結合到基督的宗教史的，它裡面的英雄人物的道德和目的就不是希臘英雄的，初期基督教把希臘英雄的德行簡直看成明顯的罪行。因爲希臘的道德以人類的既成形的現狀爲前提，在這種現狀裡意志既然要絕對按照自己的概念（本質）進行活動，就要接受現成的確定的內容，以及其中一些已成現實的自由關係，這些關係都是絕對合理有效的，例如父母與子女、夫與妻、獲得自由的城市中或國家中公民與公民之間的關係。因爲動作情節的這種客觀內容是屬於人類精神發展的，而它的自然基礎是人們承認爲正面的東西而加以保證的。到了浪漫時代，這種客觀內容就不再能符合力求否定人的自然因素的那種凝神內視的宗教情緒，就要讓位給和它對立的謙卑，對人類自由的拋捨以及鎮靜自持之類德行。基督教的虔誠所包含的各種德行從抽象的立場出發，要把世俗的東西都否定掉，要使主體把自己的人性完全否定掉才算自由。但是在現在階段，主體的自由固然已不再取決於忍受苦痛和自我犧牲，而是本身要在世俗生活中起肯定作用的；但是主體的無限❹，像上文已經說過的，還是以單純的親熱心情爲內容，還是以主體內心活動實現自我的世俗場所。從這個觀點看，詩在這裡沒有現成的客觀材料，沒有神話，沒有圖畫和形象，供它利用來表現。詩變成完全自由的、沒有既定材料的、完全靠發明創造的。它像鳥兒直瀉胸懷而歌唱那樣自由。但是這種主體性儘管來自高尚的意志和深刻的心靈，它的動作以及動作所涉及的關係和客觀存在，畢竟不免帶有任意性和偶然性，因爲它所追求的自由及其目的都是它自己感想的產品，而這感想在倫理的內容意蘊方面還缺乏實體性。所以我們在個人們身上所見到的，不是一種特殊的希臘意義的情致，以及與這情致密切聯繫在一起的具有個性和生氣的獨立性，而是在愛情、榮譽、勇敢和忠貞這些方面，所表現的不同程度的英雄主義——程度的不同主要取決於心靈的卑劣或高尚。中世紀英雄和古代英雄只有一個共同的品質，那就是勇敢。就連這勇敢現在所占的地位也完全不同了。它很少是一種天生自然的勇氣，靠身心的健康和健全的發育，靠實現一些客觀的旨趣來支持，而是從精神的內在因素，從榮譽感和騎士風產生出來的，在大體上是幻想性的，因爲這種勇敢受制於主觀任意性的行險僥倖，受制於偶然的外在的糾紛，或是受制於神祕主義的宗教虔誠的鼓動，而一般說來，受制於主體只顧自己的主觀關係。

浪漫型藝術的這種形式的家鄉是東西兩半球：在西方，它表現於精神沉沒到主體的內心世界裡；在東方，它表現於意識的開始擴張，要從有限事物的禁錮中得到解放。在西方，詩

---

❸ 麥列格（Meleager），西元前一世紀左右希臘詩人，以箴銘體詩著名。

❹ 無限即自由。

所表現的是回到本身反省的心靈，心靈就成爲它自己的中心，至於他的世俗性只是它的一個方面，終需服從一個較高的世界，即宗教信仰。在東方，特別是阿拉伯人，他像一個點，起初擺在他面前的只有乾燥的沙漠和天空，他以強旺的生命力跨進世俗生活的光輝和原始的廣闊面積裡，卻永遠保持住他的內心的自由。在東方開闢道路的首先是伊斯蘭教，它廢除對有限事物的偶像崇拜和幻想，使心靈具有主體的自由，完全爲這種自由所占領住，所以世俗生活並不形成另外一個領域，而是和一般的無限世界打成一片，在這裡面心和精神（感情和理智）並沒有使神具有客觀形象，卻在生動活潑的生活裡和神達到和解，仿佛就像一個乞丐，在幻想中誇大自己周圍事物的價值，欣賞著，愛著，心滿意足，過著幸福的生活。

1. 榮譽

榮譽這個母題在希臘古典藝術裡是見不到的。在《伊利亞特》裡阿基里斯的忿怒形成了詩的內容和原動力，全部情節的進展都以此爲依據，但是這裡並沒有我們近代人所理解的榮譽。阿基里斯自以爲受到損害，主要只是因爲他的一份勝利品❺本來是酬勞他的功績的，卻被阿伽門農奪去了。這裡的損害涉及一件實在的禮物，其中當然也包含一種特權和對他的動名和勇敢的承認，阿基里斯是因爲阿伽門農對他無禮，在希臘人面前不尊重他，才憤怒起來。但是這種損害畢竟沒有觸及人格的深處，所以等到人們把奪去的勝利品歸還了他，又加上一些其他禮物，阿基里斯也就滿意了，而阿伽門農也並沒有反對物還原主，儘管按照我們近代人的想法，他們兩人都用過最粗暴的方式互相侮辱。謾罵不過點燃他們的怒火，個別具體的損害卻以個別具體的方式賠償了。

A. 榮譽的概念

浪漫時代的榮譽卻與此不同。對榮譽的損害所觸及的不是有實在價值的具體事物，如財產、地位和官職之類，而是單純的人格，自己對自己的評價。就現階段來說，這種對象的價值可以和主體本身一樣無限。所以在感到榮譽時，一個人對他自己的無限主體性具有最親切的肯定的意識，不管這無限主體性的內容是什麼。凡是一個人所占有的對他算是特殊的東西（如果這東西喪失了，它的價值並沒有喪失），榮譽感都可以使這東西具有主體性的絕對效力，他自己這樣看，旁人也會這樣看。所以榮譽的標準不是主體實際是什麼樣的人，而是他把自己看成什麼樣的人。這種對自己的看法使每一件特殊的東西具有普遍的意義：這件特殊的東西是我的，我的全部主體性（人格）就體現在它裡面。人們常說，榮譽不過是一種外貌。這話當然不錯，不過就現在所談的意義來看，榮譽應該說是由主體自己看到的主體的外貌和反映，主體性本身既是無限的，它的外貌也就是無限的。由於這種無限，榮譽的外貌同時也就是主體所特有的實際存在和最高的現實，而每一個特殊的品質只要由榮譽照耀到，主

❺ 指從特洛伊劫來的一個女俘，見下文布里塞斯。

體都把它看成自己的組成部分，它就憑這種外貌而提高到具有一種無限的價值。這種榮譽就形成了浪漫世界的一個基本決定因素，它假定它有這樣一個前提：人不僅跳出了宗教觀念和內心生活的局限，而且跨進了生動活潑的現實世界，此後就依靠這現實世界的材料，來實現自己的純粹私人方面的獨立性和絕對價值。

榮譽可以有最多種多樣的內容。凡是我所代表的性格，凡是我所做的事和旁人對我所做的事也都屬於我的榮譽。所以我可以把我身上一切有實體性的東西，例如對君主、祖國和職業的忠貞，對做父親的職責的完成，在婚姻方面的忠貞，在商業交易方面的誠實公平以及科學研究方面的謹嚴都看作我的榮譽。不過從榮譽的觀點來看，這些情況雖然本身都是正當的下真實的，卻不是單憑它們本身就得到贊許和承認，而是只有當我把我的主體性（人格）體現在它們裡面時，它們才成爲榮譽攸關的事。所以一個重榮譽的人在一切事情上總是首先想到他自己；他並不問一件事本身是好是壞，而只問以他這樣人來做或不做這件事是否符合他的身分，是否關係到他的榮譽。因此他可以做出最壞的事而仍然是一個重榮譽的人。他甚至抱著一些主觀任意性的目的，把自己想像成爲某種人物，把一些道義的約束加在自己和旁人身上，而實際上這些約束是與他毫不相干的。在這種情況之下，障礙他的那些困難和糾紛也不在事實本身上而在他的主觀想像裡，因爲要做到把自己想像成的人物所應做到的事，對他才是榮譽攸關的。例如黛安娜女士認爲向任何人招認她所感到的愛情就有傷榮譽，因爲她過去有一度發過誓不沾染愛情。

所以一般說來，榮譽的內容帶有偶然性，因爲榮譽發生效力要靠主體而不靠榮譽本身的內在本質。所以在浪漫型藝術表現裡，我們一方面看到本身絕對合理的東西被看成榮譽的金科玉律，在這裡有關的個人把對是非的意識和對他個人人格的無限自我意識結合在一起。榮譽要求什麼或禁止什麼，這句話只是說：主體把自己的整個主體性（人格）都納入這種要求或禁令裡，不讓對這種要求或禁令的違反在任何事件上遭到忽視、代替或彌補，主體就只能聽從這種要求或禁令，此外一切都不聽從。但是另一方面，榮譽也可以毫無內容而完全是形式的，因爲它所包含的不過是我的本身無限的抽象的「我」，或是把很壞的內容誤認爲有約束力的。在這種情況之下，榮譽就變成完全冷冰冰的、死的東西，特別在戲劇作品裡是如此，因爲它的目的不在表現一種本質性的內容，而在表現一種抽象的主體性。但是只有一種本身具有實體性的內容才具有必然性，才可以按照它的多種多樣的聯繫展現出來，才必然呈現於意識。上述深刻內容的缺乏會顯得特別突出，如果瑣細的思考把雖與主體有關而本身卻是偶然的無意義的東西也歸到榮譽的範圍裡。在這種情況下，內容就會缺乏，因爲瑣細的分析可以分辨毫釐之差，把許多本身無足輕重的因素找出來，變成榮譽的對象。特別是在西班牙人那裡，這種關於榮譽的感想性的詭辯在戲劇體詩裡很發達，其中主角們往往長篇大論地講榮譽。例如妻子的忠貞可以結合到極細微的情境來檢驗，旁人的猜疑乃至讓旁人猜疑的可能也變成榮譽攸關的事，儘管她丈夫也明知這種猜疑毫無根據。如果這種榮譽感導致衝突，它的演變過程也不會令人滿意，因爲我們看不見什麼實體性的東西，因此它所能產生的不是一種矛盾的必然解決所產生的平靜感，而只是一種不愉快的沉重的感覺。法國戲劇也往往把本身完全抽象的空洞的榮譽當作重要的題旨。德國施萊格爾的《阿拉柯斯》更突出地表現出這種冷冰冰的死的榮譽。主角殺害了他的高尚的篤愛他的妻子，為什麼呢？為的是榮譽，而這榮譽就在於他藉此可以娶國王的女兒，做國王的女婿，儘管他對這位公主沒有絲毫的愛情。這是一種可鄙的情緒和惡劣的觀念在冒充崇高無限的東西。

B. 榮譽的可破壞性

榮譽既然不只是在我本身上的一種外貌，而且也必須存在於旁人的觀念和承認裡，旁人也應要求對他們的榮譽的承認，所以榮譽完全是可破壞的。因為我把榮譽的範圍看得多麼廣，應該在哪些問題上計較榮譽，這純粹取決於我的主觀任意性。極微細的侵犯對於我可以是很嚴重的。人在具體的現實界裡可以和無數的事物發生無數的關係，他看成關係到他自己和他的榮譽的事物範圍也就可以推廣到無限，而在每個人都要維持獨立性，人與人互相隔閡的情況下，榮譽所釀成的爭執和衝突也就沒有止境了。像榮譽的一般情況一樣，對榮譽的破壞（侮辱）也不是在內容問題上，我並不是在內容上感到受損害或侮辱，因為遭到否定的涉及人格，而人格的主體把這種內容認成自己榮譽攸關的東西，於是我就認為我，這個在觀念上可以向無限方面伸延的點，受到了侮辱。

C.榮譽的恢復

因此，每一種榮譽的破壞都被看成在本身上具有無限意義的，所以它也只能以無限的方式去補償。當然，有許多程度不同的侮辱，就有許多程度不同的賠罪；不過我在現在這個題材範圍裡所說的破壞榮譽或侮辱，是指我感覺到自己受侮辱，要求對方賠罪，這也完全是憑主觀任意性的，而主觀任意性有權利走到肆無忌憚和忿恨的極端。這裡所要求的贖罪就需承認施損害者和受損害的我一樣，也是一個重榮譽的人。因爲我要從旁人那方面得到對我的榮譽的承認，如果我想他承認我的榮譽，我就要把他看成一個重榮譽的人，這就是說，我就要把他（儘管他傷害了我，我仇恨他）看成在人格上也是無限的。

所以榮譽的一般原則的基本定性是：每個人都不應通過自己的行動給旁人以淩駕於自己之上的權利，因此，不管他做了什麼或遭受到什麼，他在事前事後都把自己看作一個不可改變的無限的主體，並且也要求旁人這樣看待他。

榮譽無論就它所引起的衝突還是就它的賠償來看，都要靠人格的獨立性，不受任何東西的限制而憑自己來行動，所以在這裡我們又回到英雄時代理想人物形象的一個基本定性，即個性的獨立性。不過在榮譽裡不僅有堅持自己的獨立和憑自己去行動，而且這種獨立性是和對自己的看法聯繫在一起的；正是這種對自己的看法形成了榮譽的眞正內容，這種對自己的看法使整個主體性成爲一切有關的當前外在事物所圍繞的中心。榮譽所以就是反映在自己心裡的獨立性，這獨立性就以這種反映爲它的本質，不管它的內容是本身帶有倫理性的和必要的，還是偶然的、無意義的。

2. 愛情

在浪漫型藝術的表現裡，第二種起特別重要作用的情感是愛情。

A. 愛情的概念

如果形成榮譽的基本定性的是由主體自己想像為具有絕對獨立性的個人身上的主體性，在愛情裡最高的原則是主體把自己拋捨給另一個性別不同的個體，把自己的獨立的意識和個別孤立的自為存在放棄掉，感到自己只有在對方的意識裡才能獲得對自己的認識。從這個觀點來看，愛情與榮譽是互相對立的。但是從另一方面看，我們也可以把愛情看作榮譽所已包含的東西的實現，因為榮譽所需要的正是要得到旁人的承認，要在旁人身上認識到自己的無限性。如果要這種承認是眞實的、完全的，那就要求得到另一個人重視的不只是我的抽象的人格，也不只是我的人格在某一具體的孤立的因而是有局限性的事例中的體現，而是我的主體性整體，我應該把這主體性所包含的一切，把我這一個體的過去、現在和未來的樣子，全部滲透到另一個人的意識裡去，成為他（或她）所追求和占有的對象。在這種情況下，對方就只在我身上生活著，我也就只在對方身上生活著；雙方在這個充實的統一體裡才實現各自的自為存在，雙方都把各自的整個靈魂和世界納入到這種同一裡。正是主體的這種內在的無限性使愛情在浪漫型藝術裡占著重要的地位，這種重要的地位又因愛情所含的更高的豐富意蘊而得到提高。

愛情並不像榮譽那樣往往依靠思考和知解力的詭辯，而是植根於心情裡，性別既然在這裡起作用，所以同時也建立在精神化的自然關係的基礎上。不過愛情如果要顯出它的本質，就只有通過主體按照他的內在精神和本身的無限性而進入這種精神化的自然關係。這種把自己的意識消失在另一個人身上的情況，這種忘我無私的精神（只有憑這種精神，主體才會重新發現他自己，才眞正實現他的自我），這種忘我的精神（由於忘我，愛情的主體不是爲自己而存在和生活，不是爲自己而操心，而是在另一個人身上找到自己存在的根源，同時也只有在這另一個人身上才能完全享受他自己）就形成愛情的無限性。這裡的美主要在於愛情這種情感，並非始終都只是衝動和情感，想像圍繞著愛情的關係創造出一整個世界，把一切其他事物，一切屬於現實生活的旨趣、環境和目的，都提升爲這種情感的裝飾，把一切都拉入愛情這個領域裡，使一切都由於與愛情的關係而獲得價值。愛情在女子身上特別顯得最美，因爲女子把全部精神生活和現實生活都集中在愛情裡和推廣成爲愛情，她只有在愛情裡才找到生命的支持力；如果她在愛情方面遭遇不幸，她就會像一道光焰被第一陣狂風吹熄掉。

在古典型藝術裡愛情不曾取這種主體親熱情感的形式而出現，在表現於藝術作品時，愛情一般只是一個次要的因素，或是只涉及感官享受方面。在荷馬史詩裡，作者並不把重點放在愛情上，否則就讓愛情現出最體面的形象：或是表現爲家庭生活中的婚姻，例如潘娜洛普[6]的形象，或是表現於賢妻良母的關心，例如安卓瑪希[7]，乃至表現爲其他倫理的關係。

把帕里斯和海倫[8]結合在一起的那種聯繫是被認爲不道德的，它是特洛伊戰爭的殘酷和困苦的根源。阿基里斯對布里塞斯的愛情在情感和內心生活方面都沒有什麼深刻的東西，因爲布里塞斯是一個女俘，只得服從他的意志。在莎俘[9]的頌體詩裡愛情的語言固然提高到具有抒情的狂熱，但是所表現的畢竟只是熱血的狂焰而不是主體靈魂深處的親熱情感。從另一方面來看，在阿拿克勒安[10]的雋妙的短歌裡，愛情顯得是一種較愉快的一般享受，沒有無限的痛苦，沒有控制整個生命的氣勢，也不是一個憂傷抑鬱的心靈所表現的那種拋捨一切的虔誠，而是以舒暢的心情去對待直接的享受，既沒有非這個姑娘不愛的那種強度，也沒有要避免一切姑娘的那種僧侶禁慾觀念。在古代悲劇裡也見不到浪漫意義的愛情，特別是在埃斯庫羅斯和索福克勒斯的作品裡愛情本身並不具有重要的旨趣。儘管安蒂岡妮和希蒙訂了婚，希蒙在他父親面前替她求過情，沒有能救住她的命，竟爲她自殺，但是他向他父親求情的理由也只是訂婚這個客觀情況，而不是主體方面愛情的威力，他並不像近代戀愛者那樣感受愛情的滋味[11]。在歐里庇德斯的作品裡愛情已作爲一種重要的情致來處理，例如在《斐竺羅》裡。但是就連在這裡愛情也還是一種由熱血支配的犯罪的錯誤的衝動，是一種情慾方面的罪孽，是由愛神維納斯挑撥起來的，愛神要害死希波立圖斯，因爲沒有向他獻犧牲[12]。同樣，在麥狄契女愛神的雕像裡[13]，我們也看到愛情在造型藝術裡表現於一個婷勻秀美的形象，但是完全沒有浪漫型藝術所要求於愛情的那種內心生活的表現。羅馬的詩歌也有同樣的情況，由於共和政體的崩潰和道德生活的墮落，愛情變成多少只是一種感官的享受。在佩脫拉克[14]的商籟體詩裡卻不然，儘管作者自己把這些詩歌看成一種玩藝，把他的詩名建立在他的用拉丁文寫的詩作品上，他在這些商籟體詩裡畢竟寫出一種幻想式的愛情，使在義大利晴空之下由藝術陶冶的愛情的熱焰和宗教情操熔化在一起，這就使他永垂不朽。但丁的上升歷程是從他對碧翠絲的愛出發，這種愛在他心裡昇華成爲宗教的愛⓯，他憑勇敢大膽建立起一種雄壯的宗教

---

❻ 潘娜洛普（Penelope），希臘遠征軍將領之一尤利西斯的妻子，丈夫出征二十年，她堅決拒絕了一系列的求婚者。

❼ 安卓瑪希（Andromache），是特洛伊主將赫克特的妻子，國破家亡後她被希臘人俘虜去當奴隸。

❽ 帕里斯（Paris），特洛伊王子，海倫（Helena），希臘的一個王后，帕里斯訪希臘，海倫跟他私奔到特洛伊，希臘人以此爲恥辱，所以舉兵遠征，要奪回海倫。這便是荷馬所歌詠的特洛伊戰爭。

❾ 莎俘（Sapho），著名的歌頌愛情的希臘女詩人。

❿ 阿拿克勒安（Anakreon），以愛情詩著名。

⓫ 事見《安蒂岡妮》悲劇，參看第一卷第三章注[120]。

⓬ 斐竺羅愛上丈夫前妻生的兒子希波立圖斯，他不理睬，她便在丈夫面前誣告他要污辱她，她丈夫求海神把這個兒子弄死。

⓭ 麥狄契女愛神（Venusde Médicis），現藏巴黎羅浮宮。

⓮ 佩脫拉克（Petrarca），十四世紀義大利人文主義者，他的商籟體詩《羅娜夫人的生和死》，歌頌一位他雖愛慕而卻已嫁給別人的女子，是近代西方愛情詩的先驅。商籟體詩即十四行體詩。

⓯ 但丁在《神曲》裡讓他童年所鍾情的碧翠絲作他上天堂的嚮導，去朝見聖母。

的藝術觀，做出前人所不曾敢做的事，把自己放在人類裁判者的地位，把他們分配到地獄和天堂。作爲和這種上升歷程相對立的形象，薄伽丘有時把愛情寫成強烈的情慾，有時把它寫成輕浮放蕩沒有倫理意義的。在德國中世紀行吟詩人的愛情詩歌裡，愛情顯得是細膩的、溫柔的、哀傷的、單調的、沒有豐富的幻想，帶有嬉戲的意味。在西班牙人那裡，愛情在表現上富於幻想，騎士風的色彩很濃，在追求和辯護愛情的權利與義務之中，往往顯得計較毫釐，很瑣碎，他們把這種權利與義務看作是個人榮譽攸關的事，在這裡他們也最突出地沉湎於幻想。在較近代的法國人那裡，愛情變成更是向女人獻殷勤的事，頗近於虛榮。它是矯揉造作成爲帶有高度雋妙的詩意，夾雜著俏皮的詭辯的一種情感，時而是只有感官享受而無熱情，時而是只有熱情而無享受，它是一種昇華過的、富於思索的情感和敏感——這裡我還只能略提這幾點看法，詳細討論不是本題範圍內的事。

B. 愛情的衝突

更仔細地來看，世俗的旨趣一般分爲兩方面：一方面是單純的世俗旨趣，例如家庭生活、政治關係、公民生活、法律、權利、道德風尚之類；另一方面在這種本身固定的生活裡[16]，深厚的愛情也湧現於高尚熱烈的心靈裡——愛情這種心情方面的世界宗教時而以各種方式與宗教結合在一起，時而壓倒宗教或不顧宗教，因爲它使自己成爲生活中唯一重要的或至高無上的事，不僅要拋棄一切其他，和心愛的人逃到一個沙漠裡去，使自己和世界隔絕，而且還走到做愛情的奴隸，爲它而犧牲一切人類尊嚴的極端——這當然不美，《海爾布隆市的克欽姑娘》[17]就是如此。由於這種隔絕，愛情的旨趣，在具體現實世界裡就不能不遭到衝突，因爲愛情之外還有許多其他生活旨趣，也要求得到實現，這就會破壞愛情的壟斷。

(1)在這裡要提到的第一種最常見的衝突就是榮譽和愛情的衝突。榮譽和愛情同樣是無限的，榮譽所採取的內容可能對愛情是一種絕對障礙。榮譽的職責可以要求犧牲愛情。例如從某一個觀點看，一個地位高的人愛上一個地位卑微的女子，就是不榮譽的。按照事物的本質，階級地位的差異是必要的、現成的。只有等到按照眞正自由的絕對概念對世俗生活加以重新締造的時候，階級地位，職業等等才可以由主體來自由選擇[18]；在這個時候尚未到來之前，就還會存在著兩種情況，一方面決定一個人的固定的社會地位的是他的家庭出身，另一方面由此而起的階級地位的差異，除掉榮譽之外，就會作爲絕對的無限的東西而獲得人們的堅決保持，因爲這種差異本身就是榮譽攸關的事。

(2)除掉榮譽之外，還有第二個因素，即政治的旨趣，對祖國的愛，家庭職責之類永恆的實體性的力量本身，也會與愛情發生衝突，阻止愛情的實現。特別是在近代藝術表現裡，

---

⑯ 指家庭、政治、法律、道德之類社會制度和風尚。

⑰ 《海爾布隆市的克欽姑娘》（*Käthchen Von Heilbronn*），德國十九世紀詩人克萊斯特的劇本。

⑱ 黑格爾一方面爲階級差別辯護，另一方面也看到這種階級差別將來是會變革的。

客觀的生活情況既已形成而且普遍生效，這種衝突就是藝術所愛用的。在這種情況下，愛情作爲主體心靈中的一種本身重要的權利，就和其他權利與職責發生矛盾對立，使得心情把這些職責視爲次要的東西而拋開，否則就要承認這些職責，而走到自己和自己，即和自己的情慾的威力，發生衝突。例如《奧蓮女郎》用的就是這種衝突[19]。

(3) 第三，和愛情發生矛盾對立的還可以有一些外在的情況和障礙，例如事物的尋常演變，生活中散文性的事物、災禍、情慾、偏見、心胸的狹隘、旁人的自私，以及多種多樣的事故。這裡往往夾雜著很多可恨可怕的卑鄙的東西，因爲這裡和愛情的溫柔的靈魂美相對立的總是情慾中惡劣的、粗鄙的和野蠻的因素。特別是在近代的戲劇、故事和小說裡，我們往往看到這類外在的衝突，其中主要的興趣在於對不幸的戀愛者的苦痛、希望和失望所抱的同情，它們通過悲或歡的結局來感動人、滿足人，或是一般僅起消遣的作用。這種衝突要靠單純的偶然性，所以是次要的。

C.愛情的偶然性

從各方面看，這種愛情裡確實有一種高尚的品質，因爲它不只停留在性慾上，而是顯出一種本身豐富的高尚優美的心靈，要求以生動活潑、勇敢和犧牲的精神和另一個人達到統一。但是這種浪漫型的愛情也有它的局限性。在內容方面它缺乏自在自爲的（絕對）普遍性。它只是個別主體的私人情感，其中不包含人類生存中的永恆旨趣和客觀內容意蘊，例如家庭、政治目的、祖國、職業、社會地位、自由和宗教等方面的責任；愛情的內容只有戀愛者的自我，由另一個人（戀愛對象）的自我反映出來，戀愛者從這反映中又感到自己的自我。這種內容還只限於形式上的（抽象的）內心親熱情感，還不眞正符合本身具體的個人所應有的整體性。在家庭、婚姻、職責和國家的領域裡，所應涉及的主要因素並不是主體情感和只愛這個人而不愛任何其他人那種排他性的結合。但是在浪漫型的愛情裡，關鍵正在於這個男子就只愛這個女子，而且這個女子也就只愛這個男子。爲什麼愛的正是這個個別的男子或女子呢？唯一的根由在於主體方面的特殊癖性和偶然的心血來潮。每一個男子或女子都覺得他或她所愛的那個對象是世界上最美、最高尚、找不到第二個的人，儘管在旁人看來只是很平凡的。但是既然一切人或是多數人都顯出這種排他性，每個人所愛的並不是眞正的唯一的女愛神，而是每個人把他所心愛的女子看成女愛神或是比女愛神還強，我們從此就可以得出結論：可以看成女愛神的人多得很；事實上每個人也都知道世上有無數的漂亮的或是品質高尚的姑娘，她們全體（或是其中大多數）也都找到了她們的情郎、求婚者和丈夫，在他們的眼中，她們都是美麗的、善良的、可愛的……等等，所以偏愛某一個人而且只愛這一個人的現象，純粹是主體心情和個人特殊情況方面的私事，戀愛者只肯在這一個人身上發現自己

⓳《奧蓮女郎》是（*Die Jung frau von Orleans*），德國詩人席勒寫的劇本，以十五世紀法國民族女英雄聖女貞德爲主角，已見前。

的生命和最高意識，這種頑強固執正足以說明愛情既是隨意任性的，又帶有必然性的。在這種態度中，主體的高度自由和絕對的選擇當然得到承認——這種自由卻不只像在歐里庇德斯的《斐竺羅》裡那樣要服從一種情致或一種神性，而是完全從個人意志出發，所以上述選擇也顯得是一種執拗，一種來自特殊性的頑固態度。

因此，愛情的衝突，特別是在愛情和具有實體性的旨趣對立鬥爭的時候，總是具有偶然的和無理由可辯護的一方面，因爲戀愛者憑自己的單純的主體性，提出本身並非絕對合理的要求，來對抗按照他的本質，他就要維護的那些具有實體性的東西。古代崇高的悲劇人物如阿伽門農、克呂泰謨涅斯特拉、歐瑞斯特、伊底帕斯、安蒂岡妮、克里昂之類固然也各有一種個人的目的，但是他們當作行動的內容去追求的那種具有實體性的東西或情致，卻有絕對可辯護的理由，因而本身具有普遍的旨趣。他們的行動所招致的結局之所以感動人，並非由於它是一種不幸的命運，而是由於那種不幸顯出了他們的榮譽——因爲得不到滿足就不甘休的情致具有一種本身必然的內容。如果克呂泰謨涅斯特拉的罪行在她的具體事例裡沒有受到懲罰[20]，如果安蒂岡妮作爲姊妹所受到的侮辱沒有消除[21]，那本身就是一件冤屈。但是這類愛情的苦痛，這些被粉碎的希望，這種一般沉湎於愛情的情況，戀愛者所感到的這種無限的苦悶和所想像的這種無限的幸運和幸福，本身都沒有普遍的旨趣，而是只涉及他們個人。每個人固然都有一顆能戀愛的心，都有權利享受愛情的幸福，但是他在這一次事例裡，在某種情況之下，恰巧碰上這一個姑娘而沒有達到他的目的，這並不算什麼冤屈。因爲他恰巧心血來潮，非愛這個姑娘不可，這裡面並沒有什麼必然性，如果這種事應該引起興趣，那也只是對極端的偶然性，對沒有普遍性的不可以爲訓的主觀任性的行動發生興趣。所以這類愛情不管寫得多麼熱烈，產生的印象卻仍然是冷冰冰的。

3. 忠貞

浪漫型的主體性在世俗生活領域裡的第三個重要因素是忠貞。我們在這裡所說的「忠貞」所指的，既不是始終不渝地堅守愛情方面的信誓，也不是友誼方面的堅貞，例如古代阿基里斯和帕特羅克洛斯[22]的友誼所提供的優美的形象，以及歐瑞斯特和庇拉德斯[23]的更親密的關係。這種友誼主要存在於青年人之間。每個人都要替自己開闢出一條生活的道路，締造出一個現實世界，並把它保持住。但是人當青年時代還生活在不很明確固定的現實社會關係裡，彼此容易緊密契合，聯繫成爲一條心、一個意志、一種活動。一個青年人著手去做一件事，其他青年人也就都跟著做起來。成年人的友誼就不如此，他們的生活情況不同，各走各

---

⑳ 見卷一，第三章注110。

㉑ 見卷一，第三章注120。「侮辱」指國王禁止她收葬兄屍。

㉒ 見卷一，第三章注159。

㉓ 歐瑞斯特當父親被母親謀殺後，逃到他的姑父的宮廷裡，庇拉德斯和他是姑表兄弟，二人的友誼在西方成爲友誼的典型。

的道路，彼此不可能有那樣緊密的共同生活，不可能那樣相依爲命。他們時而聚會在一起，時而又分散了，因爲他們的興趣和事務時而使他們碰頭，時而使他們分手、友誼、意氣相投、見解和方向的一致，可以很長久地把他們聯繫在一起，但是這已不是青年人的友誼，在決定做一件事的時候，不是那樣一倡百和了。我們的較低沉的生活中有一條基本原則：在大體上人各爲己，每人都在對付自己的現實生活。

A. 服役的忠貞

只有在地位平等的人們之間，才可以有友誼和愛情兩方面的忠貞，我們現在所要談的卻是對一個地位比自己高的上級或主子的忠貞。這種忠貞在古代已經可以看到，那就是奴僕對主子一家的忠貞。尤利西斯的牧豬奴[24]在這方面提供了最美的事例。他不分晝夜寒暑，辛辛苦苦地照料他主子的豬，爲他主子擔心，最後幫助他對付了那些向主婦求婚者。莎士比亞在《李爾王》裡（第一幕，第四景）也描繪了一個類似的動人的忠貞形象，不過他把忠貞描繪成爲完全是心情方面的事。坎特要服侍李爾王，李爾王就問他：「你認識我嗎，夥計？」坎特回答說：「我不認識你，但是你的面貌顯出一種神情，使我甘心認你做主子。」這就頗近似我們在這裡所要界定的浪漫型的忠貞。因爲在浪漫藝術階段，忠貞已不是奴隸對奴隸主的忠貞，奴隸對奴隸主的忠貞儘管也可以優美動人，但畢竟缺乏個人人格的自由獨立性以及眞正屬於自己的目的和動作，所以畢竟是次要的。

我們現在所要談的卻是騎士風所崇尚的封建臣屬的忠貞，在這裡主體儘管效忠於一個上級、親王、國王或皇帝，卻把自己的自由獨立的地位當作遠較重要的因素而保持住。但是忠貞仍是騎士風中的一個大原則，因爲它至少在起源時是社會團結和社會秩序的基礎。

B. 忠貞中主體的獨立性

通過個人之間的這種新結合而顯示出來的較有內容的目的還不是愛國主義，即還不是一種客觀的普遍旨趣，而只是聯繫到某一主體或主子的，所以又取決於個人榮譽，個人便利和主觀意見。在一種尚未開化、尚未馴服、尚無職責與法律的統治的外在世界裡，這種忠貞就顯出它的最大的光彩。在這種無法律的實際情況裡，最有力量和最有才幹的人就擠上固定的中心地位，作爲領袖和君主，其餘的人就自願地聚集在他們的周圍。後來這種關係就發展成爲封建制度中一種法定的約束，保證每一個臣僚可以獨立地要求享受他的權利和特權。這整個制度在起源時所根據的基本原則是自由選擇，一個人可以選擇一個主子來依靠，也可以自由決定這種關係要維持多久。所以騎士風的忠貞要支持財產、權利、個人的獨立性和榮譽，因此人們不認爲忠貞就是主體儘管違反自己意願也必須盡的一種單純的義務；與此相反，每

---

❷❹ 見荷馬史詩《奧德賽》，尤利西斯離家二十年後，喬妝回家，只有牧豬奴認出他，幫助他消滅了許多謀奪他的王位和向他妻子求婚的人們。

個人都使忠貞的保持，以及與之相關的公眾秩序的保持依存於他自己的意願、欲望和特殊的意見。

C.忠貞的衝突

因此，對主子的忠貞和服從很容易和主體的情慾、榮譽的破壞、受屈辱的感覺、愛情，以及其他內在界和外在界的偶然事故發生衝突，這樣它（忠貞）就變成很靠不住的。例如一個騎士效忠於他的君主，而他的朋友卻和這個君主發生了爭吵。這時他就需在這兩種忠貞之中作出選擇，而他首先要對他自己的榮譽和便利保持忠貞。這種衝突的最好的例子是席德[25]。他既忠於國王，也忠於自己。國王做得對，他就幫助；國王做得不對，或是侮辱了他，他就收回他的強有力的支持。查理大帝的臣僚們也是持這種態度[26]。他們之間的統治與服從的關係，頗類似我們已經看到的宙斯和其他神們的關係；頭目下命令，咆哮爭吵，但是獨立的強有力的僚屬們可以隨心所欲地違抗他。把這種脆弱或鬆散的君臣關係描寫得最眞實最美妙的是《列那狐的故事》[27]。正像在這部詩裡，國家大人物們都為他們自己和他們的獨立性服務一樣，中世紀的日爾曼的君主和騎士們每逢要替集體和皇帝做點事的時候，都推脫說不在家；我們可以說，人們對中世紀的評價很高，仿佛正是因爲當時每個人都配得上稱爲一個有榮譽的人，只要按照自己的主觀意願行事，做得出一個按理性組織起來的國家所不容許的事。

在榮譽、愛情和忠貞這三個階段，基礎都是主體本身的獨立性，都不斷地展現於日益廣闊豐富的旨趣，而在這些旨趣中主體卻始終一致，忠實於自己。這些因素在浪漫型藝術裡形成了純粹宗教範圍以外的最優美的部分。它們的目的都涉及人類生活，這至少從主體自由方面來看時，使我們感到同情，不像在宗教領域裡的浪漫型藝術那樣，在題材和表現方式兩方面都和我們近代人的概念發生衝突。不過這一領域也可以從多方面和宗教發生聯繫，使宗教的旨趣和世俗的騎士風的旨趣交織在一起，例如圓桌騎士們搜尋聖杯[28]的冒險事蹟。這兩種旨趣的混合替騎士時代的詩歌有時帶來了很多神祕幻想成分，有時帶來很多的寓意的成分。但是榮譽、愛情和忠貞的世俗領域也可以完全獨立，與宗教方面目的和思想情感的深化不發生關係，只把心情根據世俗的內在主體性而發生的動盪表現出來——這一階段藝術的缺點在於這種內心生活沒有由人類的關係、性格和情慾，以一般現實生活的具體內容來充實起來。這種心靈本身雖無限，但仍不免是抽象的和形式的，它和豐富多彩的人類現實生活仍處於對

---

[25] 席德是西班牙的民族英雄，《席德傳奇》中的主角。

[26] 查理大帝和他的臣僚都是抗擊入侵的伊斯蘭教徒摩爾族的民族英雄，事蹟見法國的《羅蘭之歌》。

[27] 《列那狐的故事》是一部中世紀諷刺性的傳奇。

[28] 圓桌是英國傳說中亞瑟王的騎士們聚會時用的桌子，取圓形，位置就一律平等；聖杯是耶穌在最後晚餐中用的酒杯，他臨刑時門徒用來盛他的血。中世紀亞瑟王的騎士們發誓要搜尋這個聖杯。事見英國《亞瑟王之死》的傳奇故事。

立的地位，因而這種心靈就有一個任務，要把這種較廣闊的材料吸收進來，通過藝術加工，把它表現出來。[29]

㉙ 這第二章說明浪漫型藝術除了宗教範圍的題材之外，還有較晚起的主要圍繞著世俗生活的騎士風，騎士風的基本特色是個人的無限主體性，脫離了對神的和解和依存，而更多地關心世俗生活，它的主要內容不外三種，一是個人的榮譽感，二是男女之間的愛情，三是對封建主和朋友的忠貞。黑格爾主要根據中世紀一些傳奇作品分別討論了這三種內容。

第三章　個別人物的特殊內容的形式上的獨立性

回顧一下上文，我們首先研究了處在絕對領域（即宗教範圍）裡的主體，也就是主體意識到自己與神達到和解，或精神與它本身達到和解的一般過程。這個階段的抽象性在於心靈犧牲了屬於世俗性的自然和人世方面的東西（儘管這方面是符合道德，有理由可辯護的）而退回到心靈本身，以便只從純然精神的天國裡得到滿足。其次我們研究了凡人的主體不包含前此與神和解時所包含的否定，變成對自己和對親人都是肯定的。這種純然世俗性的無限（或獨立）所涉及的內容，只限於榮譽中的個人獨立性、愛情中的親切情感，以及忠貞中的服役關係。這種內容儘管可以表現於多種多樣的複雜情境之下的各種色調和強度不同的情感和情慾，但所表現的總不外是主體的獨立性和親切情感。所以剩下尚待研究的第三點就是浪漫型藝術如何掌握和表現人類生存中其他方面的材料，內在的或外在的，如何看待這些其他材料的性質及其對心靈的意義。這裡所涉及的一般是一個獨立自由的客觀存在的個別特殊事物的世界。❶就它無須由宗教精神滲透進去，無須與絕對結成統一體來說，它是立在自己的腳跟上而且在自己的領域裡獨立行走的。

所以在浪漫型藝術的這第三個領域裡，宗教的題材、騎士風以及它的由內心產生而不直接符合現實的那些高尚的觀點和目的，都已消失不見了。現在要滿足的卻是對現實本身的希求，要能滿足於客觀存在的事物、滿足於自己、滿足於人的有限性，總的來說，滿足於一般有限的、特殊事物和寫生畫式❷的風格。人要在他的現實世界裡憑藝術把現實事物本身按照它們的本來生動具體的樣子再造出來（儘管要犧牲內容和表現兩方面的美和理想性），作為具有這種精神的人的作品，擺在面前來看——我們前已說過，基督教在內容和形式上都不像東方神和希臘神那樣是從想像的土壤中生長出來的。如果說，正是想像才能憑它本身的力量造出意蘊來，使眞正內在的東西和它的完整的形式達到統一和緊密結合，這種理想在古典型藝術中眞正達到了，那麼，我們在基督教裡所看到的卻不是這樣，它一開始就把現象界的世俗性特點，按照它本來的樣子用來作爲理想中的一個因素，使人的心靈滿足於外在世界的平凡的和偶然的事物而並不要求美。但是人與神的和解原先只是一種可能性；固然一切人都被邀請來享受這種幸福，而眞正被選上的只有少數人。對於多數人的心靈來說，天上的王國和世間的王國都同樣是一種彼岸[3]，這種心靈爲著宗教生活的緣故，不得不拋棄世俗性的東西和自私自利的實況。這種心靈從無限悠遠的境界出發，要使它原來拋棄掉的現實世界成爲一

❶ 這一節說的很抽象，需結合本部分總論和題材劃分節來看，才較易理解。說的是浪漫型藝術部分三章中所涉及的三個階段。第一個階段是純粹宗教性的，主體否定塵世生活，達到自己與神（基督）的和解，這是基督教在西方流行的初期；第二個階段是純粹世俗性的，主體不否定塵世生活，獲得獨立，主要指中世紀騎士風所包含的榮譽、愛情和忠貞三種理想；第三階段仍是世俗性的，不但放棄了天國，也放棄了騎士理想，滿足於現實世界的平凡事物而不要求美，這是西方資產階段上升時期現實主義流行時期的情況。

❷ 如其本然的，未加理想化的。

❸ 彼岸是人所達不到的境界，此岸是凡人經常接觸的平凡現實，處在浪漫型藝術第三階段的心靈就滿足於平凡現實，這確是近代西方資產階級文藝的特點。

種肯定性的此岸，要在它的現實存在中發現自己和行使意志，這種情況本來是個開始，而在浪漫型藝術的發展中卻形成了終結，而且也是人向自己內心世界深刻化和精微化所達到的最後階段。❹

關於表達這種新內容的形式，我們已經看到，浪漫型藝術一開始就碰上一個矛盾：那就是本身無限的主體性在它的獨立狀態中，就無法與外在材料結合起來，這兩方面是必然要分離的。這兩方面的獨立和對立以及心靈沉浸於內在世界的情況，就形成了浪漫型藝術的內容。剛一結合，這兩方面總是又回到互相分裂，直到最後就彼此完全脫節，因而顯出它們要在藝術以外的領域裡才能找到完全的結合。由於脫節，這兩方面對藝術的關係就只是形式上的，因爲它們不能形成古典理想曾使它們形成的那種統一整體。古典型藝術是處在一些堅定的人物形象的世界裡的，它有一種由藝術加工達到完美的神話，以及其中一些不可磨滅的形象作爲基礎，所以古典型藝術的瓦解，像我們在討論由古典型藝術到浪漫型藝術的過渡時已經看到的，除掉喜劇和諷刺詩兩個基本上很窄狹的領域以外，是一種向輕鬆愉快方面的發展，或是一種迷失在賣弄學識、死板無味的摹仿，最後墮落到一種粗疏低劣的技巧。題材在大體上還和過去一樣，只是過去的精神活潑的創作方式，被日漸沒有精神的表現方式和只在技術和外表上做工夫的傳統所代替了。浪漫型藝術的發展和終結卻不是這樣，而是藝術題材本身的內部瓦解，題材中的組成因素互相脫節，各部分變成獨立自由了，而結果使創作主體方面的嫻熟技能和藝術表現手腕，卻隨題材的瓦解而日漸提高，實體性的內容愈消失，技巧方面也就愈趨完美。

這最後一章可以細分爲三部分。

第一是人物性格的獨立性❺，但是這種人物性格是一種特殊個別的人，他自禁閉於自己的天地，即個人的特殊性格的旨趣。

其次，與人物性格的這種個別特殊的形式相對立的是情境，事蹟和動作（情節）的外在形狀。由於浪漫型的親切情感對外在事物一般是漠不關心的，所以實際外在現象就變成獨立自由的，既沒有由目的和動作的內在精神所滲透，又不能充分表現這種內在精神，於是就以獨立的姿態出現。結果在它的不緊湊的鬆散的表現方式中，事態的發展、情境、事件的承續次第和結束方式都帶有偶然性，像在冒險投機似的。

第三，達到完滿統一才構成眞正藝術概念的那兩個方面既已分裂了，結果藝術本身也就遭到了分裂和瓦解。藝術從此一方面只描繪單純的平凡的現實，按照事物本來的偶然個別性相和特殊細節把它們描繪出來，它的興趣只在於憑藝術的熟練技巧，把這種客觀存在轉化爲幻象；另一方面轉到相反的方向，即轉到完全主觀的偶然性的掌握方式和表現方式，轉到所

❹ 這節後半原文很艱晦，參較英法譯文也摸不著要領，姑照原文直譯。

❺ 統一體中兩對立面分裂開來，就各自獨立了，本章中「獨立性」就指此。這種獨立性只是形式上的，因爲不是具體的或與對立面結成統一體的。

謂「幽默」，通過巧智和主觀幻想遊戲去對一切現實事物加以歪曲顚倒，最後就走到藝術創作的創造力高於一切內容和形式的局面。

1. 個別人物性格的獨立性

我們現已見到，浪漫型藝術的出發點是孤立的主體的無限性[6]，這也還是本階段的浪漫型藝術的基本定性。不過這種本身獨立的無限性在本階段裡卻新加了一些因素：第一個因素是內容的特殊性，這種內容形成了主體的世界；第二個因素是主體及其特殊性和他的願望與目的的直接結合；第三個因素是人物性格本身所界定的生動具體的個性。所以我們在這裡所說的「人物性格」不是義大利人用面具所表現的那種人物性格。義大利的面具固然也標誌出某些確定的人物性格，但只標誌出他們的抽象的一般性格，見不出主體的個性。本階段人物性格卻是每一個人有每一個人的特徵，本身是一個整體，一個具有個性的主體。如果我們在這裡也還談人物性格的形式化和抽象化，我們所指的只是這樣一個事實：基本內容，即這種人物性格的世界，一方面是有局限的，所以是抽象的，另一方面顯得是偶然的。這裡個人之所以成爲他那樣的個人，並不是由於他具有實體性的或是本身有理由可辯護的內容，而只是由於具有人物性格的主體性，這種主體性因此不是靠內容和堅定的情致，而是靠它自己所特有的個體獨立性。

在這種形式化範圍之內可以分出兩個主要的差異面。

一方面人物性格有頑強實現自己的堅定性，替自己定下明確的目的，把片面性的個性所有的全副力量都用來實現這種目的；另一方面人物性格表現爲主體性的整體，但是這種主體性的整體還禁閉在它的內心世界裡而沒有展開，它的內心深處還沒有揭開，所以不能用言語來說明，不能達到完滿的表現。

A. 個別人物性格的形式上的堅定性

現在我們所談的人物性格是這樣一種特殊的人物性格：他生來是什麼樣人，他就要做那樣的人。就像動物是彼此不同的，它們就把這種不同作爲辨別出自己的標誌。這裡不同的人物性格在範圍和特徵方面也是偶然的，不能通過概念去明確界定。

(1) 所以這種只能代表主體個人的個性，沒有與某種普遍情致聯繫起來經過深思熟慮的意圖和目的；凡是它所有的東西、所做的事、所達到的成就，都是由它憑它所特有的本性，不假思索地當場立即表現出來的，它的本性是怎樣，它就讓它怎樣，並不求使它建立在某種較高的原則上，具有某種實體性，有理由可辯護；而是頑強地毫不屈服地任性行事；在這種堅定態度之中它不是行得通，就是垮台。只有在喪盡神性而讓人的特殊癖性的效用和價值得到充分承認的地方，人物性格的這種獨立性才可以出現。莎士比亞的人物性格主要地屬於這

---

❻ 無限性即自由或獨立性。

一種，他們的頑強的堅定性和片面性特別値得驚贊。這裡所涉及的不是宗教虔誠，不是出於人在宗教上自己與自己和解一致的行動，不是單純的道德問題。相反地，我們所看到的是些完全依靠自己的獨立的個別人物，他們所追求的特殊目的是只有他們才有的，是完全由他們的個性決定的，他們帶著始終不渝的熱情去實現這些目的，絲毫不假思索和考慮普遍原則，只求達到自己的滿足。特別是像《馬克白》、《奧賽羅》、《理查三世》之類悲劇，每部中都有一個這樣的人物性格，他周圍的人物都沒有他那樣突出和強有力。例如馬克白的性格就決定了他的追求名位的野心。起初他還躊躇，但是接著就伸手去抓王冠，爲著要抓到手，不惜謀殺國王；爲著要保持住王冠，不惜採取一切殘暴兇惡的手段。這種不顧一切的堅定性，這樣一心一意地堅決實現由自己抉擇的目的，就是馬克白的主要吸引力所在。什麼東西都不能使他動搖，無論是對神聖王權的尊敬、他妻子的瘋狂、部下的叛亂，還是迫在眼前的毀滅，無論是天上的還是人間的法律，他都一切不顧，勇往直前、絕不後退。馬克白夫人的性格也和他很類似。只有審美趣味低劣的近代批評家胡說八道，才在她身上發現到所謂愛。從一開始，馬克白寫信給她談他會見女巫們和女巫們預言他的命運（第一幕，第五景），女巫預言說：「祝賀你，考道郡的領主！祝賀你，你還要做國王！」她談到這裡就說：「你本是格來彌斯郡的領主和考道郡的領主，將來還要做預言說你要做的國王。但是我怕你的性格軟弱；肚子裡人類善心那種乳汁太多了，怕不能採取最捷便的道路。」她沒有絲毫恩愛的味道，對丈夫的幸運毫不感到歡喜，沒有道德的情操、沒有同情、沒有高尚心靈的憐憫，她怕的只是她丈夫的性格成爲她達到野心的障礙；她把丈夫看作只是一個工具；在她身上找不到躊躇、找不到遲疑、找不到顧慮、找不到退縮和後悔，而她的丈夫馬克白起初還現出這些心情；她完全憑自己純粹抽象的（專一的）頑強的性格行事，只要對她有利，她馬上就做下去，直到最後毀滅自己爲止。這種毀滅對於馬克白本人來說，是在他謀殺了國王之後從外界衝擊到他身上的，而對於她來說，卻是女性內心世界的毀滅，她變成瘋狂了。理查三世、奧賽羅、老瑪格列特[7]之類人物也是如此。和他們相反的是近代作品中的帶有可憐相的人物性格，例如考茨布[8]所寫的人物看起來頂高尚、偉大、卓越，而內心卻是軟弱下賤的。後來的作家們在其他方面也不比考茨布高明，儘管他們很瞧不起考茨布。例如海因里希・馮・克萊斯特所寫的克欽姑娘和洪堡親王兩個人物性格都違反始終一致的清醒心理狀態，把催眠狀態、夢遊症和睡行病看作最高尚最卓越的心理狀態[9]。洪堡親王是一個可憐的將軍，在下令指示戰事部署時發了瘋，命令寫得很壞，他頭天夜裡生病失眠，第二天早晨上戰場，就做出一些糊塗事。這些作家寫出這些雙重人格的、人格分裂的、內部失調的人物性格，就自以爲

---

[7] 英國亨利六世的王后，出現在《亨利六世》和《理查三世》等劇裡。

[8] 考茨布，見卷一，第三章注214。

[9] 海因里希・馮・克萊斯特（Heinrich Von Kleist, 1777-1811），德國浪漫派詩人和劇作家，《克欽・封・海爾布若姆》和《洪堡親王》（劇本）是這裡所提到的他的兩部作品。

在追蹤莎士比亞。他們不知道自己和莎士比亞有天淵之別，因爲莎士比亞的人物都是首尾融貫一致的，始終忠實於自己和自己的情慾的；他們是什麼樣的人，有什麼樣的遭遇，都是由他們自己憑自己的堅定的性格來決定的。

(2) 人物性格愈特殊，愈堅持只按照自己的性子行事，因而容易走上罪惡的道路，他在具體現實世界也就愈需對付防止他實現目的的障礙，而且就連這目的的實現本身也愈要把他推向毀滅。這就是說，他如果實現了自己的意圖，他就會碰到植根於他的性格本身的一種自作自受的毀滅。但是這種命運的發展並不僅取決於他個人的外在動作，而且同時也取決於一種內心變化，即人物性格本身在橫衝直撞，失去自制，直至損傷困頓的發展。在希臘人那裡，起重要作用不是主體性格，而是情致或動作的實體性內容，這種定性明確的人物性格在他的動作情節範圍之內也基本上沒有發展，他在開場時是什麼樣的人，在收場時還是那樣的人。但是在我們現在所談的這個階段裡，動作的進展卻不只是一種外在的發展，而且也是主體內心世界的發展。例如馬克白的動作情節就顯得同時是他的心靈逐漸轉向野蠻的惡化過程，這過程一個環節套著一個環節，開始時的遲疑一旦打消了，骰子擲了，以後就急轉直下，沒有什麼可以抵擋住。他的妻子一開始就很果敢，她的發展只限於內心的焦慮，一直發展到身心雙方的崩潰，發展到致命的瘋狂。近代人物性格大半都如此，不管是重要的還是不重要的。古代的人物性格固然也很堅定，也導致不可挽救的矛盾對立，要解決它就要用機械降神的辦法；但是這種堅定性，例如菲洛可帖特士[10]所表現的，卻是有內容的而且大體上是由在倫理上有理由可辯護的情致充實起來的。

(3) 在現階段的這些人物性格裡，由於他們所選擇的目的是偶然的，由於他們的個性是獨立自主的，就不可能有客觀的和解。他們的性格和他們所遭遇到的阻力之間的關係有時是不明確的，有時是他們自己也看出來因去向的。作爲抽象的必然性，命運又回到這裡來了，對於當事的個人，唯一的和解在於他憑自己的無限的獨立自主性和堅定性，超然獨立於他的情慾和命運之上，對它們無動於衷。「事情原來如此」，不管他的遭遇來自統治的命運或必然，還是來自偶然，都是一樣，用不著思索來因和去向。事情既然發生了，人就要使自己成爲鐵石，來對抗這種統治力量。[11]

B. 性格作為沒有發展完成的內在的整體

其次，人物性格的形式化，可以採取與上述情況完全相反的方式而表現在單純的內心生活上，當事人還沒有能使這種內心生活發展和實現出來而就停留在內心裡。

(1) 這裡所涉及的是一些具有實體性的心靈，它們各自形成一個整體，但是在簡單的凝

---

[10] 參看第一卷第三章注[132]。

[11] 黑格爾對近代浪漫型人物性格，特別對莎士比亞的《馬克白》的分析是深刻的，因爲他抓住了近代資產階級的階級性中的最本質的「自我中心」或個人主義。巴爾扎克在《高老頭》和《歐也妮·葛朗台》之類作品的人物性格描繪中也做到了這一點。

聚狀態中，每一個內心深處的運動都只在內心裡進行而不展現到外在世界裡。我們在上文談過的那種形式化所涉及的是內容的明確性，個人集中全力於某一個目的，要它顯得極明確，要它完全達到實現，然後隨著不同的具體情況，他或是遭到毀滅，或是保全住自己。現在這第二種形式化卻是未揭開，無形象，沒有表現到外面的內心生活。這種內傾反省的心靈好像一塊珍貴的寶石，只在某些點上，而且只在一瞬息間，才現出光彩。

(2) 這種深藏狀態如果要有價值和興趣，就得有心靈的內在的豐富性，但是無限深沉和豐滿的心靈只憑很少的，可以說是無聲的表現，甚至於憑沉默，才可以認識出來。這樣一種單純的不自覺的沉默的本性也可以顯出最高度的吸引力，不過這種沉默應該是無風波的深不可測的大海的水面上的那種寂靜，而不是由於膚淺空洞和遲鈍的啞口無言。因爲一個笨頭笨腦的人有時也可以因爲話說得很少，意思模棱兩可，就自以爲具有巨大的智慧和豐富的內心生活，乃至使人相信和驚贊他這個人的心靈裡深藏著一些了不起的貨色，而到最後卻暴露出那裡面實在是「空空如也」。反之，上述那些沉默的心靈的無限內容和深度之被人認識到，要憑藝術家有巨大的天才和表現技能，用零星的、分散的、素樸的、無意的，卻又生動活潑的語言（或表現），雖然沒有意圖要使旁人了解，卻仍能顯示出這種心靈憑深湛的見識掌握了當前現實情況中的實體性的意義，但是它的思索並不糾纏在一些個別特殊的旨趣、考慮，和有限的目的的錯綜複雜的關係網裡，它不受它們沾染，對它們不熟悉；它不讓人心的尋常情慾活動以及尋常的仇視和同情來干擾自己。

(3)但是就連這樣一種自禁閉於內心生活的心靈也應該達到這樣一個時機：這時它在內心世界的某一點上受到觸動，把它的全副力量投進一種對生命起決定作用的情感上，專心致志地抓住這種情感不放，從而感到幸福或是失去立足點而倒塌下來。因爲要有立足點可以站得穩，人就需有一種廣泛發展的倫理實體，只有這種實體才使人有堅定性。屬於這種人物性格的有浪漫型藝術中的最優美動人的形象，特別是莎士比亞在這方面達到最完美的境界。《羅密歐與茱麗葉》劇中的茱麗葉就是一個例證。你們都已看過本市的關於茱麗葉的戲劇表演（克列林格夫人的表演，一八二〇年在柏林）。這是值得看的，表演出的是一個高度活潑生動的、熱情的、有才氣的、完美而高尚的形象。不過茱麗葉也可以理解爲另一個樣子的人物，她開始是一個十四、五歲的完全孩子氣的天真爛漫的小姑娘，人們看得清楚，她還意識不到自己，也意識不到世界，她沒有什麼活動、欲念和願望，她看著周圍的世界就像幻燈所投射的影子一樣，不從中學習到什麼，也不就它進行思索，只是天真地瞪著眼睛看著。可是突然間我們看到這個心靈的全副堅強的力量、機智、審慎的思慮、魄力都展現出來了，讓自己經受最艱難的考驗，使我們感覺到這一切好像一朵玫瑰突然放蕊，每一片花瓣和每一條皺紋都現出來了，又好像潛伏在心靈最深處的一股清泉突然源源不絕地迸射出來了。前此她還是渾然一體，見不出差異，還沒有發展成形，現在卻在一個剛醒覺的旨趣[12]的直接影響之

[12] 指愛情。

下，以她的美麗豐滿的顯示威力的英姿，從前此那種禁錮住的精神中脫身出來，連她自己也沒有意識到。這是一點火星點燃的火炬，一朵剛由愛情觸動的花蕾突然呈現爲一朵盛開的花，但是開得愈快，衰謝得也愈快。屬於這一類的還有《暴風雨》中的米蘭達[13]，她是在寂靜的孤島上生長起來的，莎士比亞選擇她初次遇見男人時把她指給我們看。他只在一、兩場裡描繪了她，但是使我們得到一種無限豐滿的印象。我們也可以把席勒的蒂克拉[14]擺在這一類，儘管她是思考性的詩的產品。生在豪華的生活環境裡，她卻出污泥而不染，沒有浮華虛榮、沒有心計，在天眞純樸中她的心靈只由一種旨趣統治著。一般說來，對於優美高尙的女性，只有在愛情中才揭開周圍世界和她自己的內心世界，她才算在精神上脫胎出世。

民間詩歌，特別是日爾曼的民間詩歌，大半也屬於這種不能完全表達出來的深刻的內心生活的範疇。在這些民間詩歌中，心靈具有豐富而凝練的內容，儘管顯得由某一種旨趣所統治，卻只有藉一鱗一爪才能把靈魂的深處表現出來。這種表現方式就它的沉默寡言來說，似乎又回到象徵型的表現方式，因爲它不是清清楚楚地把心情儘量吐露出來，而只是用一種符號來暗示它。但是這裡我們所得到的不是像過去那樣的意義僅限於抽象普遍性的象徵，而是內容就是這種主體的生動具體的心靈本身的表現。在近代，完全使用思考的意識與這種心靈凝聚在本身的素樸狀態相距甚遠，這種表現方式是極端困難的，能用這種表現方式就顯示出作者具有原始的詩的精神。歌德往往用這種象徵型的方式來描繪，特別是在他所寫的詩歌裡。他用簡單明瞭的外表方面彷彿無關要旨的寥寥幾筆，把心靈中的全部眞實和無限都揭示出來。例如《吐勒國王》就是一個最美的例子⓯。這位國王用來顯出他的愛情的，不過是他心愛的女子留給他的一個酒杯。在臨死之前，這位老酒徒站在他的王宮大廳裡，身旁站著他的騎士們，他把他的王位和珍寶傳給他的繼承人，卻把酒杯投到海裡，不讓旁人保管它：

他看到杯子拋下去，裝滿水
沉到海的深淵裡去，
他的眼睛昏眩，他自己也沉下去了，
此後他就一滴酒也不再喝了。

但是這種深刻而靜默的心靈蘊藏著精神的力量，就像燧石蘊藏著火種一樣，還沒有表現出來，還沒有充分發展出自己的生命和對自己的生命的思索，所以還不能通過這種教養而獲得解放。它仍不免碰到殘酷的矛盾，如果它的生命響起失調的哀傷音調，它就束手無策，找

⓭ 在莎士比亞的《暴風雨》劇本中，米蘭達跟父親流亡到一個孤島，長久見不到男子，突然間碰到他父親仇人的兒子，便一見鍾情。

⓮ 蒂克拉（Thekla）是席勒的《華倫斯坦》悲劇中主角華倫斯坦的女兒。

⓯ 《吐勒國王》是《浮士德》上卷中女主角格列欽唱的一首短歌，是用民歌體寫的。

不到橋梁來溝通自己的心靈與現實的隔閡，也無法使自己擺脫外在情況的壓力，抗拒它，來保全自己的獨立自持。一碰到衝突，它就毫無辦法，或是不假思索地匆忙採取行動，或是讓自己被動地陷在糾紛裡。例如哈姆雷特就是這樣具有優美高尚心靈的人；他並沒有內在的弱點，只是沒有強健的生活感，所以他在陰暗的感傷心情中徘徊歧路；他具有一種精微的嗅覺，本來沒有什麼可以猜疑的標誌或理由，但是他總覺到不穩妥，事情並不總是那麼順利，他就猜想到發生過某種不穩妥的事。他父親的陰魂把詳情告訴了他。他心裡馬上就準備報仇，他總是想著自己的良心所規定的職責，但是他不像馬克白那樣憑一時感情用事、不殺人、不發火、不進攻，不像拉俄提斯那樣說做就做，而是固守著一個優美的沉浸在內心生活中的靈魂的寂然不動狀態，這種靈魂不能使自己成爲現實的，不能使自己適應當前的情況。他等待著，從自己的正直心靈裡尋找客觀的確實證據，縱使已經找到了，還是猶疑不決，聽任外在的情況牽著他走。在這種缺乏現實感的情況中，他連擺在眼前的東西也應付錯了，他殺死的是波洛紐斯那老傢伙而不是國王；在應該審愼的地方他卻匆促魯莽，而在應該立即行動的地方，他卻沉思默想——直到最後，他在全劇的複雜的情況和事變的過程在他沒有採取行動的情況下，就導致全局的命運歸宿以及他自己的沉思內省的內心生活的歸宿。

特別是在近代下層階級的人們之中往往出現類似的情況。這種人沒有受到教養，不追求帶有普遍性的目的，沒有多方面的客觀的旨趣，所以如果沒有達到某一個目的，就找不到另外的精神的寄托和行動的據點。這種教養的缺乏就造成心靈的褊狹，它愈沒有得到發育，也就愈頑強地抓著儘管是片面性的東西不放，彷彿這是整個人格攸關的事。德國人的性格裡特別具有這種返躬內省、沉默寡言的單調性，所以他們在這種沉默狀態中很容易流於頑固倔強、動輒生氣、滿身鋒芒、不可接近，而在行動和表現上總是完全不可靠，充滿著矛盾。最擅長於描繪下層階級中的這種沉默性格的大師是希帕爾⑯，《直線上升的生命過程》的作者。他的這本書是德國少數的有獨創性幽默作品之一。他完全擺脫了尚．保羅⑰的感傷情調和荒唐情境，他的作品具有值得驚贊的個性以及新鮮和生動的風格。他特別懂得怎樣用極能吸引人的方式去描繪抑鬱的性格，這種性格不會把心中的東西吐露出來，等到要流露時，就採取可怕的暴躁方式。這種性格以令人震驚的方式，去解決自己的內心生活與自己被牽連進去的不幸的情境之間的矛盾，因而完成了本來是由外在的命運去做的事，例如在《羅密歐與茱麗葉》裡，外在的偶然事故粉碎了精明能幹的神父的干預，就導致兩位有情人的死亡。

C.形式的人物性格在藝術表現中所引起的實體性的興趣

從此可見，這種形式的人物性格一般有兩方面的表現：一方面它們只顯出個別主體的意志力，這種主體性格要如其本然地發揮自己的效力，就按照自己的意志橫衝直撞地做下去；

---

⑯ 希帕爾（T. G. Hippel），十九世紀德國作家，代表作有《直線上升的生命過程》等。

⑰ 見卷一第三章注[251]。

另一方面它們顯出一種本身完整的不受局限的心靈，這種心靈在某一點上受到觸動，就把自己的整個個性的深度和廣度完全集中到這一點上，但是由於對外在世界還沒有充分經驗，就碰上衝突，沒有能力使自己適應這種局面，想出解救的辦法。我們現在所要提到的第三點就是：這種形式的人物性格，如果從他們所追求的目的來看，雖是完全片面的、受到局限的，而從他們的意識來看，他們的性格卻是充分發展了的，他們就不僅能引起形式上的興趣，而且還能引起實體性的興趣。我們會從他們身上得到一種印象，仿佛他們的主體性中這種局限性本身就只是一種命運，換句話說，就是它們的特殊定性與另一種深刻的內在精神之間的一種矛盾糾紛。使我們認識到精神方面的這種深刻和豐富的是莎士比亞。他顯示出這類人物具有自由的想像力和天才的精神，能憑思考使自己超越出環境和具體目的的局限，而顯出比自己實際所表現的更高的人格，因此他們仿佛是受不幸的環境及其所產生的衝突的逼迫，才做出他們所做的事。這並不是說，像馬克白所敢做出的事都要歸罪於醜惡的女巫們，女巫們其實不過是馬克白自己的頑強意志的詩的反映。凡是莎士比亞的人物所作所爲，即他們所實現的特殊目的，都植根於他們自己的個性，從這種個性中得到推動的力量。但是就在同一個個性裡，這些人物也同時具有一種高度，把他們實際上在具體的目的、旨趣和行動方面所表現的人格淹沒掉，顯出他們是比實際更深廣更高大的人物。莎士比亞的凡俗的人物性格正是如此，例如斯提芳諾、屈林庫羅、庇斯托爾，以及這批人物中的絕對英雄法斯塔夫[18]，儘管都是渾身凡俗氣，卻顯得都是些聰明人物，有應付一切的才能，過著自由的生活，總之，有可能成爲偉大的人物。法國悲劇卻與此相反，其中最偉大最卓越的人物，如果擺在陽光下細看，往往都是些脹大的惡劣的畜牲，唯一的才能在用詭辯的方式來爲自己辯護。在莎士比亞的作品裡，我們卻從來找不到辯護和譴責，只看到對一般命運的檢閱，劇中人物們都用命運必然性的觀點來看事物，他們看自己也像看旁人一樣，彷佛跳出自身以外來看自己，既不訴苦，也不追悔。

從以上這些觀點來看，這一類的個別人物性格是一個無限豐富的領域，但是寫這類人物也有一種危險，即易流於空洞和平板，所以只有少數大師才具有詩才和卓越的見識，去掌握住這類人物性格的眞實面貌。

2. 投機冒險

我們既已研究了在本階段可以表現於藝術的內在方面[19]，第二步就要考察一下外在方面，即發動人物性格的那些環境和情境的特殊性，人物性格所牽連進去的衝突，以及內在方面（內心生活）在具體現實裡所採取的總的面貌。

---

⑱ 斯提芳諾（Stephano），見《威尼斯商人》，鮑西亞的傭人；屈林庫羅（Trinkulo），見《暴風雨》，小丑；庇斯托爾（Pistol），見《亨利四世》，他是法斯塔夫的隨從；法斯塔夫（Falstaf）在《亨利四世》和《溫佐鎭的快活的婦人們》等劇中都出現過，是莎士比亞所寫的喜劇人物中最成功的一個。

⑲ 即上節所討論的非宗教性的獨立的人物性格的內心生活。

像我們已經多次提到的，浪漫型藝術的一個基本定性就在於精神性，或反省本身的心靈，形成了一個獨立自足的整體，因此外在現實對於它來說，不是由它滲透進去的實在界，而是和它割裂開來的純然外在的東西，離開精神而獨立地向前推進，捲入糾紛，流轉無常，全憑偶然毫無目的地到處亂竄。對於自禁錮於本身範圍以內的心靈來說，它碰上哪一種環境都是一樣，哪一種環境出現在它面前都是偶然的。因爲這種心靈採取行動時，重要的目的不在要完成一件首尾融貫的能持久的作品，而在表現自己，爲行動而行動。

A.目的和衝突的偶然性

出現在這裡的情況，如果從另一觀點來看，可以叫做從自然中排除神性的情況。精神已脫離外在現象世界而退回到它本身，而這現象世界既然已不復由主體的內在精神所滲透，也就離開主體而獨立地進展演變。按照精神的眞實本性來看，它固然憑它本身經過仲介而達到與絕對和解，但是我們在這裡既然站在獨立的個性立場上，而這種獨立的個性只從它直接認識到的自己出發，並且堅持自己的道路，上文所說的排除神性的過程，也就涉及發出動作的人物性格，人物性格因此帶著本身偶然的目的走進一個偶然的世界，不能使自己和這偶然的世界統一起來，形成一個彼此完全契合的整體。這種目的是相對的（有限的），所處的一種環境也是相對的，這種環境的定性和牽連關係並不由主體來決定，而是由它在外在界偶然的自生自發的結果，這種情況就使衝突也成爲偶然的，仿佛像零亂的叉枝亂纏在一起一樣——

這種一切都憑偶然的情況就構成「投機冒險」，就事件和動作的形式來說，投機冒險是浪漫型藝術的一個基本類型。

從理想和古典型藝術的嚴格意義來說，動作和事蹟要有一種本身眞實的絕對必要的目的，而這目的的內容意義，也就決定這些動作和事蹟的外在形象及其表現於現實界的方式。浪漫型藝術的動作和事蹟卻不如此。浪漫型藝術儘管所表現的也是本身普遍和具有實體性的目的及其實現過程，這種目的本身卻不能決定動作及其內在演變過程的次第，而是聽任動作自由地捲入糾紛，聽偶然外在事物擺布。

(1)浪漫世界只有一個絕對的工作要完成，那就是推廣基督教的影響、鼓舞教會團體的精神。處在一個懷有敵意的世界，其中一部分是不信基督教的古代文化，一部分是蠻族及其粗野的意識，如果上述工作是要使教義實現於行動，那就主要地是一種被動的工作，就是忍受苦痛和酷刑，犧牲時間性的存在以求靈魂的永恆健全。涉及類似內容的其他工作在中世紀是基督教騎士們的工作，那就是要把摩爾人和阿拉伯人那些伊斯蘭教徒們趕出基督教國家，尤其是要發動十字軍東征，去奪回基督的聖墓。不過這種目的並不是處在世俗地位的人們的目的，它要靠只是由許多零星的個人組成的集團去實現，這些人都是憑個人自願來參加這種流水般的行列的。從這一點來看，我們可以把十字軍東征稱爲中世紀基督教徒的集體投機冒險，這種投機冒險本身就是零散的、憑幻想的：它涉及精神方面的事，卻沒有眞正的精神性的目的，就動作和人物性格來看，它是虛僞的，因爲作爲一個宗教運動的階段來看，十字軍東征所追求的目標是極端空洞的、外在的。基督教應該只有從精神中才得到解救，只有從基督才得到解救，而基督復活後就提升到上帝右邊的位置，也是從精神中而不是從他的墳墓和他從前暫時寄託肉體的地方，找到他的活的現實存在和立足點的。中世紀基督教徒的宗教衝動和追求，卻只針對著基督臨刑和埋葬的聖地。直接與宗教目的相衝突的還不僅此，十字軍東征另外還帶有掠奪和征服這種純粹世俗性的目的，這種對外在事物的追求也是和宗教的目的毫不相容的。人們本來應該追求精神的內在的東西，而他們實際所追求的卻是精神已從其中消失的一個純然外在的地方；他們還追求塵世的利益，把世俗的目的增加到宗教的目的上面。這樣三心二意就使十字軍東征具有上文所說的零亂性和幻想性，導致內在的和外在的兩方面互相顛倒而不是轉化為和諧整體。因此在具體執行之中，互相對立的因素也沒有達到和解而只是拼湊在一起。虔誠墮落到粗暴和野蠻殘酷，這種粗暴使人的一切自私和情慾都發洩出來，然後到了一定的時機，又轉化到自己的反面，回到精神的永恆深刻的激動和悔恨，這才眞正關係到宗教。由於這些互相衝突的因素，追求同一目的的動作和事蹟就完全見不出統一性和先後承續的因果關係：它們的整體分裂開來了，分散為許多零散的投機冒險行動、勝利、挫敗，以及各色各樣的偶然事件，所達到的結果和所用的手段以及大事鋪張的準備毫不相稱。而且目的本身在執行過程中也被放棄掉了。因為十字軍東征本來要證實這句話：「你不要讓他安息在墳墓裡，不能允許你的神聖的人腐朽。」但是這種在墳墓裡，在死亡場所來尋找活的基督和精神滿足的熱烈期望就顯出精神的腐朽，基督教必須從這腐朽裡復活，才能回到新鮮活潑的現實的世界裡，不管夏多勃里昂先生從這種死亡場所裡見出多少深文奧義[20]。

搜尋聖杯[21]的事也和十字軍東征一樣帶有既神祕而又憑幻想的目的，在實現這種目的之中也是投機冒險的。

(2)此外還有一種較高尚的工作，那就是每個人要靠自己來完成的工作和實現的生活，去決定自己的永恆的命運。例如但丁在他的《神曲》裡，就根據天主教的觀點去掌握這種題材，引導我們遊歷地獄、淨界和天國。這部詩儘管在整體上有謹嚴的安排，也並不缺乏幻想的觀念和投機冒險的事蹟，因爲它描述獎善懲惡的工作，並非只是絕對顯出它的普遍意義，而是提出無數個別具體的事例——此外，詩人僭奪了教會的權利，把天國的鑰匙拿到自己手裡，宣布賞罰，使自己成爲世界的裁判人，把古代和基督教時代的一些最有名的人物，其中包括詩人、公民、戰士、大主教、教皇之類，分配到地獄、淨界和天國裡。

(3)其他導致動作和事蹟的材料，在世俗生活的領域裡，都是些觀念方面的無限多樣化的投機冒險，有關愛情、榮譽和忠貞的外在的和內在的偶然情況；有時是爲著自己的名譽而進行毆鬥，有時是爲受迫害的無辜者打抱不平，爲自己所崇拜的貴婦人而做出最奇特的事，

[20] 夏多勃里昂（Chateaubriand）十九世紀初法國消極浪漫派詩人和小說家，在他的《基督教的精髓》裡，他用浮華的辭藻儘量歌頌基督教對於人類文化的巨大作用。

[21] 尋找聖杯是中世紀傳奇故事《亞瑟王之死》的主題。

或是靠拳頭的力量和手腕的靈巧來捍衛受侵犯的權利——儘管所拯救的「無辜者」其實是一批惡棍。在這類題材的絕大多數事例中都沒有必然要導致行動、情境和衝突的機緣，只是當事人要顯示自己的身手，故意地去尋求投機冒險的事做。例如就它們的特殊內容來看，愛情方面的表現，大多數除掉要證明或顯示愛情的堅定、忠貞和持久以外，本身沒有其他特殊的內容和目的：周圍的現實世界及其複雜的關係網都只作爲顯示愛情的機緣而才有意義。因此，顯示愛情的具體表現既然只是要證明愛情本身，就不是由這種表現本身決定的，而是聽任貴婦人的一時心血來潮，以及外在世界一些偶然的機會來擺布。榮譽和勇敢的目的也完全如此。在大多數事例中請求榮譽和勇敢的主體，離開具有實體性的內容意義很遠，他可以抓住任何偶然出現的內容，把自己放進去，認爲自己在這一點上受到侮辱，或是把這一點當作自己顯示勇猛和才能的機會。這裡既然沒有什麼標準可以斷定某種東西是否可以選作動作的內容，也就沒有標準可以斷定究竟什麼才是對於榮譽的侮辱。什麼才是勇敢行爲的眞正的對象。騎士風所追求的另一個目的是對權利的保護，情形也是如此。權利和法律在這裡並不是看作絕對固定的，不是根據法典及其必要的內容來實現的情況和目的，而是看作一種純然主觀的臨時的想法，所以在法律應否干預的問題上，以及在這種事例究竟合不合法的問題上，都得聽主體的完全偶然的裁判。

B. 對偶然性作喜劇性的處理

關於一般的，特別是在世俗領域裡的騎士風和上述人物性格的形式化問題，我們在這裡所要討論的，或多或少地是動作發生的環境和行使意志的主體心靈這兩方面的偶然性。因爲片面性的個別人物可以採用完全偶然的因素作爲他們行動的內容，這種內容只是靠這些人物性格的力量來支持，由外在環境約制的衝突來使它實現成功或失敗的。騎士風在榮譽、愛情和忠貞之類理想方面，既沒有眞正的倫理的辯護理由，它的情況也是聽偶然性支配的。一方面騎士風所應付的環境是個別的，所以完全是偶然的，因爲它所要實現的不是一種帶有普遍性的事業，而是一些個別特殊的目的，其中缺乏自在自爲的聯繫，另一方面從個別人物的主體精神來看，行動的意圖、計畫和執行也都帶有任意性和幻想性。所以這種投機冒險的勾當，如果始終一貫地堅持到底，就會在行動和事蹟乃至在結果上，都顯示出一種自己瓦解自己的因而是喜劇性的事件和命運的世界。

騎士風的這種瓦解過程在亞力奧斯托和塞萬提斯的作品裡，以及在莎士比亞的一些特殊個別的人物身上，特別達到有意識的和最合式的藝術表現。

(1) 在亞力奧斯托的作品裡，特別引人入勝的是命運與目的之間的無限的錯綜曲折、離奇的關係和荒唐的情境的童話般的拼湊，詩人用這一切來進行投機冒險式的遊戲。他的英雄們鄭重其事地做一些十分荒謬和愚蠢的勾當。特別是愛情這個主題往往從但丁的宗教性的愛和彼特拉克的想像的柔情墮落到淫穢故事和可笑的衝突，而英雄品質和英勇氣概則誇張到極端，使人感到的不是信服和驚贊，而是一種對妄誕不經的行爲的微笑。但是由於情境發生的方式是偶然的，許多奇妙的糾紛和衝突就被引到故事裡來，一會兒開始，一會兒中斷，一會兒又交織在一起，最後突然出人意外地達到了解決。亞力奧斯托不僅擅長於用喜劇的方式來處理騎士風，而且也很會見出而且表現出騎士風中眞正偉大高尚的品質，他既描繪出騎士們的勇敢、愛情和榮譽，也很出色地描繪其他情慾、機智、狡猾、鎭靜之類。

(2) 亞力奧斯托所側重的是投機冒險的童話性方面，塞萬提斯卻發揮了它的傳奇性方面。他所寫的唐吉訶德具有一種高尚的性格，但在他身上騎士風變成了瘋狂。在這裡，騎士風的投機冒險是放在一種穩定的、明確的、外在關係描寫得很詳細的現實情況裡的。這就產生了一個憑知解力安排得有秩序的世界和一個與它脫節的孤立的心靈之間的喜劇性的矛盾，這種心靈妄想單憑它自己和騎士風來造成和鞏固這種秩序，而騎士風其實會把它推翻掉。但是儘管有這種喜劇性的迷失道路，我們在唐吉訶德身上仍然看到前此我們稱讚莎士比亞的一切品質。塞萬提斯也把他的英雄描繪爲具有本來就很高尚的在許多方面精神資稟都很好的人，使我們對他感到眞正的興趣。唐吉訶德的心靈在瘋狂之中對他自己和他的事業抱有充分的信心，或是毋寧說，他的瘋狂就在他始終堅信他自己和自己的事業。如果他對自己的行動的內容和結果沒有這種不用思考的鎭靜態度，他就不成其爲眞正的傳奇性的人物性格。他對自己的思想的實體性內容所抱的那種自信心是偉大的、天才的，和他的一些最優美的品質是相得益彰的。《唐吉訶德》這部作品一方面是對浪漫的騎士風的一種嘲笑，一種百分之百的諷刺，比起它來，亞力奧斯托的作品只是對投機冒險開一種輕佻的玩笑；另一方面唐吉訶德的事蹟彷彿只是一條線，非常美妙地把一系列的眞正傳奇性的小故事貫串在一起，把書中其他用喜劇筆調描繪的部分的眞正價値襯托出來。

(3) 在這裡我們看到騎士風就連在它的最重大的旨趣方面也轉化爲喜劇，與此頗類似的有莎士比亞的兩種處理方式，他或是把堅定的具有個性的人物性格和悲劇性的情境，喜劇性的人物和場面的衝突並列在一起，或是通過對自己和自己所追求的粗魯的狹隘的，和虛幻的目的進行一種深刻的嘲諷，來提高人物性格。屬於前一種的有法斯塔夫，《李爾王》中的小丑以及《羅密歐與茱麗葉》中寫音樂家的一場；屬於後一種有理查三世。

C. 擬傳奇式的虛構故事㉒

與上述那種形式的浪漫型藝術的解體相聯繫的是現在這第三個階段，即近代意義的擬傳奇式的虛構故事，這在時間上後於騎士式的和牧歌式的傳奇故事。擬傳奇式的虛構故事所表

㉒ 中世紀的Roman一般譯爲「傳奇」或「傳奇故事」，大半涉及騎士的奇遇。它是近代西方小說所自出。黑格爾在這裡用的是 Das Romanhafte，英譯直作「Novel」（小說），不很確切，法譯爲 Romanesque（擬傳奇式的）較近原義。黑格爾對近代小說的看法是値得注意的，反映出他跟現存秩序妥協的思想。

現的是變成具有嚴肅性和現實內容的騎士風。外在世界的偶然情況現在已轉化爲公民社會和國家的固定安穩的秩序，所以員警制度、法律、軍隊、國家行政機構，代替了過去騎士們所追求的虛幻的目的。因此，在近代擬傳奇式的虛構故事中，活動的英雄們的騎士風也就改變了性質。這些英雄們站在個人的立場，抱著關於愛情、榮譽和野心的主觀目的，或是抱著要改良現存秩序和現實的散文氣味的理想，而現存秩序和現實卻從各方面阻擋著他們的道路。在這種矛盾對立中，他們把主觀的願望和要求不適當地推到非常高的地位。每個人都面臨著一個中了魔似的對他完全不合式的世界，他必須和這個世界進行鬥爭，因爲它在壓迫他，冷酷地頑強地站在那裡，不給他的情慾讓路，在他面前擺著父親和嬸母的意志和市民社會關係之類障礙。特別是屬於這種新騎士階層的青年人。他們要在阻撓他們實現理想的世道裡打出一條路來，他們所認爲不幸的是到處都是家庭、社會、國家、法律、職業之類的勢力，因爲這些具有實體性的生活關系及其約束，總是在殘酷地抗拒他們的理想和心靈的無限權利。所以要做的事就是在這種事物秩序中打下一個缺口，要把世界加以改變和改良，或是不管它怎樣，至少要在這塵世間辟出一個天堂：要找一個中意的姑娘，找到了，要把她從壞親屬和環境中救出來，把她搶走。但在近代世界裡，這種鬥爭只限於學徒時代，亦即個人從現實世界受教育的時代，因而這種鬥爭的眞正意義也就在此。因爲學徒時代的教育目的在於使主體把自己的稚氣和鋒芒磨掉，把自己的願望和思想納入現存社會關係及其理性的範圍裡，使自己成爲世界鎖鏈中的一個環節，在其中站上一個恰當的地位。一個人不管和世界進行多少次的爭吵，在世界裡多少次被扔到一邊去，到頭來他大半會找到他的姑娘和他的地位；他會結婚，會變成和你我一樣的庸俗市民：太太管家務，生兒養女，原來是世間唯一天使的受崇拜的太太，現在的舉止動靜也和許多其他太太差不多；職位帶來了工作和煩惱，婚姻也帶來了家庭的糾紛，總之，他也要嘗到旁人都嘗到的那種酒醒後的滋味。我們在這裡所看到的還是投機冒險的人物性格，所不同的是投機冒險在這裡具有正當的意義，其中幻想性的因素得到必要的糾正。

3. 浪漫型藝術的解體

浪漫型藝術在本身上本來就已包含瓦解古典理想的原則，現在我們還要更詳細確定的最後的一點，就是這種瓦解在實際上是如何實現了。

這裡首先要研究的就是，藝術活動所掌握和表現的那種材料的完全偶然性和外在性。在古典型藝術的造型藝術風格裡，主體的內在世界和外在世界是緊密聯繫在一起的，這個外在世界就是內在世界所特有的形象，並不離開內在世界而獨立。在浪漫型藝術裡卻不然，主體對內在世界靜觀反省、閉關自守，外在世界的全部內容就獲得自走自路的獨立自由，就按照它自己的本性和特殊情況存在下去。反之，主體的親切情感既成爲藝術表現的基本因素，心靈究竟要沉浸到哪種外在現實界和精神界的內容裡，也還是同樣要聽命於偶然性。所以浪漫型的內心活動可以表現於一切情境，輾轉投合成千上萬的機緣、情況、關係、歧途和迷徑、衝突和滿足，因爲所尋求的並且使它生效的，不是一種客觀的絕對生效的內容意義，而只是心靈對它本身的主觀的反映，即心靈的表現方式和領會方式。所以在浪漫型藝術的表現裡，一切東西都有地位，一切生活領域和現象，無論是最偉大的還是最渺小的，是最高尙的還是最卑微的，是道德的還是不道德的和醜惡的，都有它們的地位。特別是藝術愈變成世俗化的，它也就愈來愈多地棲息於有限世界裡，愛用有限事物，讓它們儘量發揮效力。對於藝術家來說，他在這有限世界裡也感到如魚得水，只要他按照它本來的樣子去描繪它。例如莎士比亞就是如此，在他的作品裡，動作情節一般都是在最具體的有限的生活關系中進行的，分化爲一系列的偶然事件，一切情況都各有它的價値，最高的境界和最重大的旨趣和最不重要的或次要的東西擺在一起，例如《哈姆雷特》裡有王宮也有崗哨，《羅密歐與茱麗葉》裡有僕婢，其他劇本裡有小丑、粗人以及日常生活中的平凡事物，例如小酒館、搬運夫、夜壺、跳蚤之類，正如在浪漫型藝術中以基督的誕生和三賢王禮拜嬰兒基督爲題材的宗教畫裡，就有牛、驢、牛槽和飼料之類。這種情況是到處可以看見的。我們可以說，《聖經》裡有一句話在藝術裡得到了證實：「凡是卑微的都要得到提高。」

這階段所用的偶然性的題材，有時固然只是對一種本身重要的內容作陪襯，有時卻獨立地表現出來，正是這種題材的偶然性造成了我們在上文已提到的浪漫型藝術的解體。這就是說，一方面從理想的觀點來看，現實世界只現出它的散文性的客觀情況：平凡的日常生活的內容，不是就它的實體或倫理的和宗教的意義來理解的，而是就它的變化無常的有限的方面來理解的。另一方面主體性憑它的情感和見識，憑它的巧智的權利和威力，把自己提高到全體現實界的主宰的地位，不讓任何事物保持一般常識都認爲它應有的習慣的聯繫和固定的價值；只有等到納入藝術領域的一切，通過藝術家憑主體的見解、脾氣和才智所賦予它的形狀和安排，都成爲本身可以分解的，而對於觀照和情感來說，則顯得確已分解掉了，這時主體性才感到滿足。

我們在這裡首先要談到描繪眼前平凡事物和外在現實，做到接近藍本的許多作品所遵守的原則，這就是一般所謂摹仿自然。

其次就要談到主體的幽默或脾氣，這在近代藝術中起著很大的作用，特別是有許多詩人的作品就以它爲基礎。

第三，在結論部分還要談到從什麼立足點出發，藝術在今天還可以發揮作用。

A. 對現成事物的主觀的藝術摹仿

這個領域可以包括的題材範圍是無窮的，因爲在這裡藝術用作內容的不是範圍有限的帶有必然性的東西，而是偶然的現實事物，包括變化無窮的形狀和關係，自然及其五光十彩的零散圖景的交互輝映，人的日常動作和努力，自然需要和舒適生活的滿足，偶然的習慣，態度，家庭生活的活動，公民社會的活動，總之，客觀世界中的無窮的錯綜複雜的變化都可以用作內容。因此，現階段的藝術不僅是寫生畫式的，像浪漫型藝術一般或多或少地如此，而且使自己完全消失在這種寫生畫裡（在雕刻、繪畫和詩的描繪裡都有這種情況），回到摹仿自然，回到存心要妙肖本身不美的散文氣味的偶然性的直接現實。所以可以提出這樣的問題：像這類的作品是否還配稱爲藝術？眞正的藝術作品的概念（即理想）要求一方面它的內容不應是本身偶然的、可消逝的，另一方面它的表現形式應完全符合內容。如果用這個標準來衡量，現階段這種摹仿自然的作品當然差得很遠。但是藝術另外還有一個因素，在這裡特別具有根本的重要性，那就是主體方面構思和創作藝術作品的活動，也就是個人才能的因素，憑這種個人才能，藝術家可以忠實地描繪儘管處在極端偶然狀態而本身卻具有實體性的自然生活和精神面貌，通過這種眞實以及奇妙的表現本領，使本身無意義的東西顯得有意義。此外還要加上藝術家的精神和心情完全沉浸到這類對象的內在和外在的形象裡去，和它們享受共同的生活的那種主體方面的活躍的同情，而且把這種灌注生氣於所寫對象的情況表現出來。如果做到這一點，就不能拒絕稱這類作品爲藝術作品。

說得更具體一點，在各門藝術之中運用這類題材的主要是詩和繪畫。因爲一方面它們用作內容的是本身特殊的事物，另一方面它們用作表現形式的是雖偶然而卻具有一定特徵的外在現象。建築、雕刻和音樂都不適宜於完成這種任務。

(1) 詩所描繪的是平凡的家庭生活，這種生活的實體性的內容是正直，通達人情世故和服從當時的道德習俗；其中情節的糾紛限於日常市民生活，背景和人物取自中下層階級。在法國作家之中，狄德羅特別提倡這種對自然和現實事物的摹仿。在我們德國人中間，歌德和席勒在青年時代在一種較高的意義上走過類似的道路，不過他們要從這種生動自然的特殊具體的題材裡找到深刻的內容意義和有重要旨趣的衝突。至於考茨布和伊夫倫卻以對當時日常生活中散文性的瑣屑細節的描繪來冒充詩，前者在構思和創作上都膚淺粗疏，而後者則比較講究謹嚴準確和庸俗市民的道德。一般地說，特別是最近的德國藝術最愛採取這種調質，運用它達到高度的熟練。前此在很長時期中藝術對於我們德國人多少是一個外來客，不是土生土長的。現在藝術轉向當前現實，這裡就有一種需要：所用的題材必須對於藝術是本身固有的、本鄉本土的，也就是說，它應該是詩人和聽眾自己的民族生活。導致這種轉向現實的表現方式的動機，正是以掌握這樣一種藝術爲出發點的：這種藝術在內容和表現形式上都應該是我們自己的，縱使犧牲了美和理想性，畢竟能使我們感到家常親切的。其他民族過去都鄙視這類日常現實生活中的題材，或是到最近才對它們發生活躍的興趣。

(2) 如果我們想看到藝術在這方面的最值得讚賞的成就，我們就要去看近代荷蘭人的風俗畫。我在第一卷討論理想時已涉及荷蘭風俗畫在一般精神上所依據的實體性的基礎[23]。荷蘭人對現實生活，包括其中最平常最卑微的東西，所感到的喜悅是由於自然直接提供其他民族的東西，對於他們來說，卻要憑艱苦的奮鬥和辛勤的勞動才能獲得，而且由於處在僻窄的地區，他們對最微細的東西也要注意和珍視，最微細的東西對他們也成了重大的東西。另一

㉓ 卷一第三章注㉔及文。黑格爾論荷蘭藝術與現實生活的話散見本書各卷，值得注意。

方面，荷蘭人是一個漁夫、船夫、市民和農民的民族，所以他們從小就懂得他們親手用辛勤勞動所創造的最大的乃至最小的必須品和日用品的價值。荷蘭人在宗教上是新教（耶穌教）徒，這也是重要的一方面。只有新教才完全過著散文氣味的生活，讓它不受宗教關係的牽制，完全憑它本身而獨立地發揮效用，可以儘量自由地發展。處在其他情境的其他民族就不可能運用荷蘭畫拿來擺在我們面前的那些題材，作爲藝術作品的最主要的內容。但是荷蘭人儘管抱有這些旨趣，他們所過的生活並不顯得窮困，在精神上並沒有受到壓抑。他們改良了自己的教會，戰勝了宗教的專制和西班牙人的世俗政權和最高貴族，並且憑他們的勤勞勇敢和節儉，他們感覺到自己掙得的自由，可以享受幸福、舒適、正直、勇敢和快樂的生活，甚至可以對愉快而平凡的事物感到驕傲。這就是他們選擇這類藝術題材的辯護理由。

這類題材也許不能滿足要求本身眞實的內容意蘊的那種較深刻的鑒賞力；但是縱使情感和思想得不到滿足，更細心的觀察會使這個缺點得到彌補。因爲應該使我感到喜悅和驚贊的是畫家在繪畫裡所顯示出來的藝術。實際上如果一個人想知道繪畫是怎麼回事，他就應該親眼看看這些篇幅不大的畫，以便對這個或那個畫家下評語說：「這個人眞會畫。」所以問題的關鍵，並不在畫家是否能通過藝術作品來使我們對他所畫的那個對象獲得一種觀念。對於葡萄、花、鹿、沙丘、海、太陽、天空，日常生活中的器具上的雕飾、馬、戰士、農民、抽菸、拔牙，乃至各種各樣的家庭場面，我們原先就已看得很夠了，這類對象在自然界到處都是。引人入勝的應該不是內容和它的實在狀況，而是本身毫無趣味的那種對象所顯現出來的外貌。這種單純的外貌彷彿就是由美凝定在它上面的，而藝術也就是把外在現象中本身經過深化的外貌所含的祕密描繪出來的巨匠本領。藝術的任務首先就見於憑精微的敏感，從既特殊而又符合顯現外貌的普遍規律的那種具體生動的現實世界裡，窺探到它的實際存在中的一瞬間的變幻莫測的一些特色，並且很忠實地把這種最流轉無常的東西凝定成爲持久的東西。一棵樹或是一片自然風景已經多少是一種固定持久的東西。但是要捉摸住金屬物的一剎那的閃光、葡萄上面的閃爍流動的光彩、落日或落月的一瞬間的光輝、一絲笑容、一種心情變化的突然面部表情、一個滑稽的動作、姿態或姿勢之類一縱即逝的效果，而且要百分之百地按照它們的生動具體的面貌把它們凝定下來，供人長久觀賞，這就是現階段藝術所要解決的難題。如果古典型藝術按照它的理想基本上只表現具有實體性的東西，這個浪漫階段的藝術卻只凝定住和表現出自然變化中流轉不息的外在面貌，例如一股流水、一個瀑布、海上的浪花、杯盤上偶然放射出的閃光中的靜物狀態、一個人在特殊情境中的表情，例如一位婦女在燈光之下穿針、一群強盜在突然遇到動靜時突然站住不動、一種姿勢的瞬間變化、一個農民的微笑或獰笑，像奧斯塔德、特尼耶和斯特恩[24]之類畫師所最擅長的題材。這是藝術對流轉消逝情況的勝利，在這種勝利中實體性的東西彷彿受到欺騙，喪失了它駕御偶然的流動的東西的威力。

---

[24] 奧斯塔德（Ostade）、特尼耶（Teniers）、斯特恩（Steen），都是十七世紀荷蘭畫家。

對象的單純的外貌在這裡既然提供眞正的內容，藝術把這種一縱即逝的外貌凝定下來，並不就此止步。這就是說，除掉對象（題材）以外，表現手段本身也自成一種獨立的目的，所以藝術家的主體方面的技能和藝術媒介的運用，也就提升到藝術作品的客觀對象的地位。早期的荷蘭畫家對顏色的物理學就已進行過極深入的研究。范·艾克、海姆林和斯震勒爾[25]都會把金銀的色澤，以及寶石綢緞和羽毛的光彩摹仿得惟妙惟肖。這種運用顏色的魔術和魔力來產生極顯著的效果的巨匠本領，現在已獲得一種獨立的價値。正如思考和領會的心靈用觀念和思想來再現（反映）世界，現階段藝術的主要任務也在於用顏色和光影這些感性因素來對客觀世界的外在方面作主觀的再現——不管對象本身如何。這就像一種外在的音樂，一種用顏色爲音調的音樂。如果在音樂裡，孤立的單音是無意義的，只有在它和其他的聲音發生關係時才在對立、協調、轉變和融合之中產生效果，繪畫中的顏色也是如此。如果我們就近細看在金子上閃爍的，或是在花邊上發亮的色彩，我們就只會看到一些白色或黃色的線和點，一些著色的面；孤立的單純的顏色或沒有這種色彩所產生的光輝；只有各種顏色的配合才產生閃爍燦爛的效果。例如特爾堡[26]所畫的〈阿特拉斯〉，每一條顏色孤立地看只是一種深灰色，多少帶一點淺白色、淺藍色或淺黃色；如果我們站遠一點去看這些顏色的配合，就會看出那種很適合阿特拉斯實際面貌的優美溫潤的色澤。綢緞、光的動盪、雲的飄動，以及一般入畫的事物都有類似的情況。這並不是心情的反映，像風景畫往往把主體的心情反映到對象上那樣，而是藝術家的主體方面的技能，以這種客體的方式表現爲媒介方面的技能，仿佛媒介本身憑它的生動的效果就可以創造出一種客觀事物。

(3) 因此，對所表現的對象的興趣改變了，興趣現在只針對著藝術家本身的主體性了，這種主體性所要顯示的就是它自己，所以對它來說，重要的事不是要造成一件獨立完整的單靠自己來發揮作用的作品，而是要造成一件供創造的主體來表現自己能力的作品。這種主體性所涉及的不只是外在的表現手段，而且也涉及內容本身，使藝術就變成一種表現奇思幻想和幽默的藝術。

B. 主體的幽默㉗

在幽默裡是藝術家的人格在按照自己的特殊方面乃至深刻方面來把自己表現出來，所以

㉕ 范·艾克（Van Eyck），兄（侯巴特）弟（約翰）二人都是十四世紀荷蘭大畫家，精心研究顏色，奠下了油畫的基礎；海姆林（Hemling）即梅姆林（Memling），十五世紀荷蘭宗教畫家；斯震勒爾（J. Scorel），十六世紀荷蘭畫家。

㉖ 特爾堡（Terburg），十七世紀荷蘭畫家。阿特拉斯（Atlas），在希臘神話中是雙肩扛著世界的神，又是撐天的神山。

㉗ 幽默（Humor），在西文裡本義是體液，古代生理學認爲人的各種性情或脾氣都是由五臟中的液汁決定的，因此幽默一般指脾氣、心情或癖性，在近代用法裡，幽默就是「詼諧」、「滑稽」或「暗諷」。參看卷一，全書序論二，3及注㊽。當時德國文藝界鼓吹幽默、諷刺和喜劇性，黑格爾認爲這類作風是任何歷史發展階段文藝衰落的標誌。

幽默所涉及的主要是這種人格的精神價值。

(1)因爲幽默替自己提出的課題不是讓一種內容按照它的本質客觀地展現和構成形狀，使內容在這種展現中憑它自己達到藝術的結構和完整化，而是讓藝術家把自己滲透到材料裡去——所以他的主要活動就是憑主體的偶然幻想、閃電似的念頭、突現的靈機，以及驚人的掌握方式，去打碎和打亂一切化成對象的獲得固定的現實界形象，或是在外在世界中顯現出來的東西。因此，它把客觀內容的任何獨立性以及由事物本身產生的有本身融貫一致的形狀都破壞了，於是藝術表現就變成一種任意處理事物（材料）的遊戲，對它加以歪曲和顚倒。這也是作者用來暴露對象也暴露自己的一種主觀表現方式、見解，和態度的縱橫亂竄和徜徉恣肆。

(2)人們在這個問題上有一種自然的錯覺：仿佛拿自己和當前事物來開玩笑，顯小聰明，是件很容易的事，所以人們往往愛用幽默的形式；但是主體如果放任自己的偶然的意念和戲謔，聽其在迷離恍惚中恣意橫行，故意把不倫不類的東西很離奇地結合在一起，幽默也往往變成很枯燥無味。在各民族之中有些民族對這種幽默很寬容，有些民族卻較嚴格。在法國人那裡，幽默一般不大成功，我們比他們要強一些，我們對迷途亂竄的作風比較寬大。例如姜·保羅在我們德國人中間就是一個受歡迎的幽默家，但是沒有人像他那樣把在客觀上離得最遠的東西離奇古怪地拼湊在一起，把許多事物最雜亂無章地混成一團，其中聯繫完全是主觀的。故事以及事蹟的內容和進程在他的小說裡都是最難引起興趣的，主要的東西是幽默的縱橫馳騁，他把一切內容都當作顯示主體方面巧智的手段。在這樣把客觀現實界不同領域的一切事物聯繫在一起之中，幽默的作品仿佛又回到象徵型藝術，其中意義與形象也是彼此不相屬的，所不同者在幽默的作品裡以離奇的方式把材料和意義這兩個因素拼湊在一起的，是詩人的單純的主體性。這樣一系列的幻想串在一起，特別是在詩人任意拼湊成一些令人摸不著頭緒的組合，要我們憑想像去體驗它們的時候，很快就會引起厭倦。特別是在尚·保羅的作品裡，這句隱喻、顯喻或戲謔和另一句隱喻、顯喻或戲謔互相抵消，這裡看不出變化發展，一切都在爆炸。但是凡是要達到終局的事物總應經過發展而來，事先應有所準備。從另一個觀點來看，如果主體本身沒有由一種眞實的客觀旨趣充實起來的心靈作爲他的核心和立足點，他就很容易流於感傷和過度敏感，尚·保羅在這方面也是一個例子[28]。

(3) 眞正的幽默要避免這些怪癖，它要有深刻而豐富的精神基礎，使它把顯得只是主觀的東西提高到具有表現實在事物的能力，縱使是主觀的偶然的幻想也顯示出實體性的意蘊。詩人在創作過程中縱情幽默，應該像斯特恩[29]和希帕爾那樣，無拘無礙地，自由自在地不著痕跡地信步漫遊，於無足輕重的東西之中見出最高度的深刻意義；就連信手拈來，沒有秩序的零零散散的東西也畢竟具有深刻的內在聯繫，放出精神的火花。

---

[28] 尚·保羅見第一卷第三章注[251]，他的代表作有《看不見的住所》、《貓市博士遊斯巴記》等。

[29] 斯特恩（Sterne），十八世紀英國小說家，《賣弄風騷的遊記》的作者。

到此我們已達到浪漫型藝術的終點，亦即最近時代藝術的立足點，它的特徵在於藝術家的主體性統治著他的材料和創作，而不再受內容和形式在範圍上都已確定的那些現成條件的統治，這就是說，藝術家對內容和表現方式都完全有權力去任意選擇和處理。

C. 浪漫型藝術的終結

一直到現在，我們的研究對象都是藝術，而藝術的基礎就是意義與形象的統一，也包括藝術家的主體性和他的內容意義與作品的統一。正是這種具體的統一才可以向內容及其表現形式提供實體性的、貫串到一切作品中去的標準。

從這個觀點來看，我們曾發現到在東方藝術起源時，精神還不是獨立自由的，而是還要從自然事物中去找絕對，因此把自然事物本身看作具有神性的。在進一步的發展中，古典型藝術把希臘的神們表現爲一些個體，他們是自由自在的、由精神灌注的，但是基本上還受人的自然形體的約束，把人的形體當作一個肯定的因素。只有浪漫型藝術才初次把精神沉浸到它所特有的內心生活裡去，與這內心生活對立的肉體、外在現實，以及一般世俗性的東西原來都被視爲虛幻的東西，儘管精神性的絕對的東西只有藉這些外在的因素才能顯現出來，不過到後來這些外在的因素就逐漸獲得肯定的意義。

(1) 這些世界觀形成了宗教以及各民族和各時代的實體性的精神，它們不僅滲透到藝術裡，而且也滲透到當時現實生活的各個領域裡。因爲每個人在各種活動中，無論是政治的、宗教的、藝術的還是科學的活動，都是他那個時代的兒子，他有一個任務，要把當時的基本內容意義及其必有的形象製造出來，所以藝術的使命就在於替一個民族的精神找到適合的藝術表現。只要藝術家和這種世界觀與宗教觀的具體內容處於統一體，對它有堅定的信仰，他才會以眞正的嚴肅態度對待這種內容及其表現；這就是說，這種內容對於他就是他自己意識中的無限的和眞實的東西，他在自己的最內在的主體性方面就和這種內容處於原始的統一體，而他用來表現這種內容的形象，對於他（作爲藝術家）也就是表現絕對和一般事物的靈魂的最後的、必然的、最好的一種。由於他的材料所含的實體性內容是他本身所固有的，他就受到約束，必定要採用某一確定的表達形式。內容及其適合的形式事實上都是藝術家本身所固有的，也就是他的存在的本質，並不是由他想像出來的，而且他自己就是這種本質，因此他所要做的事就是把這種眞正本質性的東西化爲客觀的（加以對象化），讓它自己流露出來，形成生動具體的形象。只有在這種情況下藝術家才完全在精神上受到鼓舞，來對付他的內容和表現方式，而他的創造也才不是主觀任意性的產品，而是在他本身裡，從他本身、從這種實體性的土壤、從這種基礎產生出來的。這種基礎的內容在還未經藝術家替它找到符合它的概念的個別形象以前，他就得不到安寧。但是今天我們如果用一個希臘的神，或是作爲新教徒，用聖瑪利作爲雕刻或繪畫的題材，我們就不是以眞正的嚴肅態度來對待這種材料。我們所缺乏的是心靈深處的信仰，儘管在虔誠信仰的時代，藝術家也不一定就是人們普通所稱呼的虔誠的人，一般說來，藝術家們並不是毫無例外地都是最虔誠的人。唯一的要求不過是藝術的內容對於藝術家應該是他的意識中實體性的東西，或最內在的眞實，而且使他認識到需用某一種表現方式的必然性。因爲藝術家在他的創作中也是一種自然物，他的藝術本領也是一種自然（天生）的才能，他的活動不是和它的感性材料完全對立的概念活動，只有在純粹思考中才和材料結合在一起，而是還沒有喪失自然的面貌，和對象密切結合，相信那對象，以最內在的自我和那對象同一起來。這時主體性就完全滲透到客體（對象）裡，藝術作品也完全從天才的完整的內心狀態和力量產生出來，這樣的產品是堅定的、不搖擺的，把全副雄強氣魄都凝聚到自己身上的。這就是藝術完整的基本條件。

(2) 在我們給藝術在它的這段發展過程中所定的地位中，情況卻已完全改變過了[30]。不過我們不應把這種改變看作是由時代的貧困、散文的意識，以及重要旨趣的缺乏之類影響，替藝術所帶來的一種純粹偶然的不幸事件；這種改變其實是藝術本身的活動和進步，藝術既然要把它本身所固有的材料化爲對象以供感性觀照，它在前進道路中的每一步都有助於使它自己從所表現的內容中解放出來。對於一個對象，如果我們通過藝術或思考把它擺在肉眼或心眼面前看得十分透澈，把其中一切內容意蘊都一覽無餘，一切都顯得很清楚，再沒有剩下什麼隱晦的內在祕密了，我們對這種對象也就不會再感到興趣。因爲興趣只有新鮮的活動才能引起。精神只有在一個對象還含有弄不清楚的祕密的東西時，也就是只有在材料和我們還處在同一體時，才肯在那個對象上面下工夫。但是如果藝術把它的概念中所含的基本的世界觀，以及屬於這種世界觀的內容範圍都已從四方八面表現得很清楚了，那麼，對於某一定民族和某一定時代來說，藝術就已擺脫了這種確定的內容意蘊了；此後只有到了有必要反對前此唯一有效的內容時，才會引起重新回到找內容的需要[31]，例如希臘時代阿里斯托芬起來反對當時現成的東西，路西安起來反對整個的希臘過去，而在中世紀末期，亞力奧斯托在義大利，塞萬提斯在西班牙，都起來反對騎士風。

在過去時代，藝術家由於他所隸屬的民族和時代，他所要表現的實體性的內容，勢必局限在一定的世界觀，以及其內容和表現形式的範圍之內，現在我們發現到一種與此相反的局面，這種局面只有在最近才達到完滿的發展、才獲得它的重要性。在我們這個時代裡各民族都獲得了思考和批判的教養，而在我們德國人中間，連藝術家們也受到自由思想的影響，這就使得這些藝術家們在創作時發現材料（內容）和形式都變成「一張白紙」（tabula rasa），特別是在浪漫型藝術所必有的各階段都已走完了之後。限制在一種特殊的內容和一種適合於這內容的表現方式上面的做法，對於今天的藝術家們是已經過去的事了，藝術因此變成一種自由的工具了，不管是哪一種內容，藝術都一樣可以按照創作主體方面的技能嫻熟的程度來處理。這樣，藝術家就可以超然站在一些既定的受到崇敬的形式和表現方式之

---

30 法譯作「上述條件不是經常得到實現的」。

31 舊內容既已枯竭，反抗和革命就跟著來。從這一節可以看出黑格爾的基本主張：內容決定形式，內容隨時代改變，形式也就隨之改變。他不否認古爲今用，但反對復古倒退，儘管他特別推尊希臘古典型藝術。

上，自由獨立地行動，不受過去意識所奉爲神聖永恆的那些內容意蘊和觀照方式的約束。任何內容，任何形式都是一樣，都能用來表達藝術家的內心生活、自然本性，和不自覺的實體性的本質；藝術家對於任何一種內容都不分彼此，只要它不違反一般美和藝術處理的形式方面的規律。在今天，沒有什麼材料絕對見不出這種相對性，縱使有些材料被提高到成爲不相對的，也沒有絕對必要要由藝術把它表現出來。因此，藝術家對待他的內容完全像戲劇家一樣，可以展示和他自己不同的或陌生的人物。現在他當然也要把他的天才放進作品裡去，也要把他自己所特有的材料編織到作品裡去，但是不管這些材料是一般性的還是偶然的；比較確切的個性描繪卻不是他自己的，在這方面他利用他對意象、表現方式和過去藝術形式所儲蓄的知識，這些因素就它們本身來說對他本是無足輕重的，它們之所以成爲重要的，只因爲他覺得它們對這一種或那一種題材恰恰合式。

此外，在大多數門類藝術裡，特別在造型藝術裡，題材是由外界提供藝術家的；藝術家按照雇主的訂貨條件而工作，碰到宗教的或世俗的故事、場面、人物肖像、教堂建築之類題材時，他所關心的只是用這種題材可以做出什麼樣作品來。儘管他也很用心去體驗那種已定的內容，那內容對他畢竟只是一種材料，而不直接就是他自己意識中具有實體性的東西。另外一種辦法對他也沒有多大幫助，那就是把某些過去的世界觀當作營養移植到自己身上來，例如近來就有些人爲藝術的緣故而改信天主教，目的是使自己的心靈有所寄託，使自己的藝術表現受到一定的約束，具有一種自在自爲（絕對）的因素。藝術家並沒有必要使自己的心靈潔白無瑕或是關心自己的靈魂得到解救；他的偉大的自由的心靈，在動手創作之前，首先就要有自知之明，要對自己有把握、有信心，特別是現代的大藝術家要有精神的自由發展，才能不受只用某些既定的觀照方式和表現方式的迷信和成見之類因素所束縛，而是把它們降低到自由心靈所能駕御的因素，不把它們看作創作或表現的絕對神聖化的條件，而是把它們看作只是作爲服務於較高內容的手段才有價值，他要按照內容的需要把這些因素加以改造之後才放到作品裡去。

藝術家的才能既然從過去某一既定的藝術形式的局限中解放出來而獨立自由了，他就可以使任何形式和材料都聽他隨心所欲地指使和調度了。

(3) 最後，如果我們要問從現階段藝術的一般立場來看，什麼內容和形式對它才是符合特性的，回答就大致如下：

一般藝術類型都首先涉及藝術所達到的絕對眞實，至於它們各自特殊的原則在於如何具體了解所有對於意識是作爲絕對而發生效力的，而且本身就已包含應該用什麼方式表現的那種內容意蘊。我們在這方面已經看到在象徵型藝術裡內容是自然的意義，表現形式則來自自然事物和人格化；在古典型藝術裡內容是精神的個性，表現爲擺在面前的肉體存在，這肉體存在是受命運的抽象必然性支配的；在浪漫型藝術裡內容是精神性及其本身所固有的主體性，對於這種主體性的內在方面，外在的形象始終是偶然的。這最後的藝術類型也像較早的那些藝術類型一樣，也是以自在自爲的神性的東西爲藝術題材。但是這類神性的東西卻要獲得對象化，受到定性，從而發展爲主體性的世俗內容。人格的無限首先見於榮譽、愛情和忠貞，然後見於特殊的個性，見於和人類生存中某一種特殊內容意蘊緊密結合在一起的具體人物性格。最後出現了幽默，它消除了人物性格與某一特殊的有局限性的內容的聯繫，它能使一切定性都變成搖擺不定，乃至於把它消滅掉，從而使藝術越出了它自己的界限。藝術在越出自己的界限之中，同時也顯出人回到他自己、深入到他自己的心胸，從而擺脫了某一種既定內容和掌握方式的範圍的嚴格局限，使人成爲它的新神，所謂「人」就是人類心靈的深刻高尚的品質，在歡樂和哀傷、希求、行動和命運中所見出的普遍人性。從此藝術家從他本身上得到他的藝術內容，他變成實際上自己確定自己的人類精神，對自己的情感和情境的無限方面進行觀察、思索和表達，凡是可以在人類心胸中活躍的東西對於這種人類精神都不是生疏的。這種內容意蘊並不是絕對可以用藝術方式來賦予定性（確定）的，內容和表現的形象都聽命於藝術家的隨意任意性的創造活動——任何旨趣都不會被排除掉，因爲藝術現在所要表現的，不再是在它的某一發展階段中被認爲絕對的東西，而是一切可以使一般人都感到親切的東西。

面對著這樣廣闊和豐富多彩的材料，首先就要提出一個要求：處理材料的方式一般也要顯示出當代精神現狀。近代藝術家當然也可以與不同時代的古人爲鄰；做一個荷馬派詩人，儘管是最後的一個，也還是很好的；甚至反映中世紀浪漫型藝術傾向的作品也還有它們的功用；但是今天某種題材的普遍適用、深刻和具有特性是一回事，而對這種題材的處理方式卻另是一回事。不管是荷馬和索福克勒斯之類詩人，都已不可能出現在我們的時代裡了，從前唱得那麼美妙的，和說得那麼自由自在的東西都已唱過說過了。這些材料以及觀照和理解這些材料的方式都已過時了。只有現在才是新鮮的，其餘的都已陳腐，並且日趨陳腐。我們在這裡應該從歷史和美學的觀點對法國人提出一點批評，他們把希臘和羅馬的英雄們以及中國人和祕魯人都描繪成為法國的王子和公主，把路易十四世和路易十五世時代的思想和情感轉嫁給這些古代人和外國人。假如這些思想和情感本身比較深刻優美些，這種轉古為今的辦法對藝術倒還不致產生那樣惡劣的影響。與此相反，一切材料，不管是從哪個民族和哪個時代來的，只有在成為活的現實中的組成部分，能深入人心，能使我們感覺到和認識到眞理時，才有藝術的眞實性。正是不朽的人性在它的多方面意義和無限轉變中的顯現和起作用，正是這種人類情境和情感的寶藏，才可以形成我們今天藝術的絕對的內容意蘊。㉜

既已就現階段藝術內容的特性作了一般性的界定，現在我們回顧一下我們最後討論的浪漫型藝術在解體階段所採取的形式。我們一方面特別指出藝術的衰落由於就偶然形狀對外在事物進行摹仿，另一方面也指出它由於幽默，亦即主體性在幽默裡按照它的內在的偶然性而趨向自由化。在這結束部分我們還可以指出在上文已經提到的材料範圍之內浪漫型藝術的兩

㉜ 這一節提出了關於批判繼承、古為今用的比較進步的看法，但這種看法畢竟沒有跳出普遍人性論。

極端傾向之間的聯繫。我們在由象徵型藝術過渡到古典型藝術的階段，曾經討論過意象、比喻和箴銘之類過渡形式，現在也要指出浪漫型藝術中的類似的過渡形式。在這些過渡形式裡，構思方式的主要特徵就是內在意義與外在形象的分裂，這種分裂部分地由藝術家主體活動消除掉，特別是在箴銘裡它可能轉化到統一。浪漫型藝術從一開始就顯出滿足於自己的內心生活中的更深刻的分裂。由於客觀事物一般不能完全適合靜觀反省閉關自守的精神，這種內心生活對客觀事物不是斷絕關係，就是漠不關心。這種矛盾對立隨著浪漫型藝術的發展過程發展到這樣一個地步：它的唯一興趣或是集中在偶然的外在事物上，或是集中在同樣偶然的主體性上。但是無論是單從外在事物還是單從對主體性格的表現得到滿足，按照浪漫型藝術的原則，都可以轉到心靈沉浸到對象裡去的現象；而另一方面幽默則從主體反映裡也可以見出對象及其形態，我們因此就得到了一種心靈對對象的親密情感[33]，這仿佛就是一種客體的幽默。但是這種親密情感只能是部分的，只能表現於一首短歌的範圍裡，或是一部完整的巨著中的某一片段。如果澈底把自己伸張到客觀事物內部去活動，那就會產生動作和事蹟，這就需要進行客觀的描述。但是我們在這裡所要考慮的主要是這種心靈對對象的一種情感性的自我滲透，固然可以伸展擴大，但畢竟只是主體的想像和心情的一種微妙的活動——一種突然起來的觀念，但卻不純粹是偶然的和任意的，而是精神完全集中在對象上時的一種內在的運動，這就成了它自己的興趣中心和內容。[34]

在這裡我們可以把浪漫型藝術的這種最後開出的花朵拿來和古希臘的箴銘作對照，在希

臘箴銘裡，上文所談的形式是以它的最早最簡單的形狀出現的。這種形式的特點在於說到一個對象並不只是一種單純的命名，不是說明對象是什麼的一種題記或標籤，而是要有一種深刻的情感、一種中肯的巧智、一種聰敏的反思和活躍的想像活動參與進來，使最微細的東西通過詩的領會而變得有生氣和顯得開闊。這類詩可以隨便描繪一種對象、一棵樹、一個磨坊，春天，活的東西或是死的東西，可以顯出無窮的變化，每個民族都產生過這類詩。但是這類詩終不免是次要的，一般容易流於纖弱。特別是對於在思考和語言方面有教養的人來說，大多數事物和關係都可以觸動某一個念頭，他都可以像寫信一樣，有能力把它表達出來。這樣一種空泛的再三重複的（儘管每次添一點新花樣）信口開河的歌唱很快地就使人厭倦。所以在現階段藝術裡主要的事是心靈連同它的內在生活，要以深刻的精神和豐富的意識，完全沉浸到情況和情境等等裡去，住在那裡面，體驗對象的生活，從而根據那對象創作出一件新鮮優美、本身有價值的作品來。

---

33 Verinnigung in den Gegenstand法譯作「滲透到對象裡去」，直譯「是從對象裡獲得一種親密情感」即感到對象和自己契合，亦即所謂「物我同一」，下文「客體的幽默」即由對象（=客體）產生的幽默。

34 黑格爾在這段裡所說的「心靈對對象的一種情感性的自我滲透」（Sichergehen）頗類似一般德國美學家們所常談的「移情作用」，「移情說」的倡導人費肖爾本來就是黑格爾派。黑格爾認爲這是浪漫型藝術末期才有的一種現象。

在這方面特別是波斯人和阿拉伯人創造出一些形象，顯出東方式的堂皇富麗和自由歡樂的想像，完全以觀照的態度對待對象的想像；他們提供了一種光輝的典範，對於現在表現當代內心生活的詩人還是有用的。西班牙人和義大利人在這類詩歌方面也有卓越的成就。克洛普斯托克提到佩脫拉克時固然說過：

佩脫拉克在詩歌裡歌頌過蘿拉。
對欣賞者固然美，對鍾情者卻不然。

但是克洛普斯托克自己的情詩滿紙都是道德的感想，對不朽的幸福懷著感傷的嚮往和激昂的情緒，而佩脫拉克卻以本身高尚的情感所顯出的自由博得我們的驚贊，他儘管也表達了他對所愛對象的眷戀，卻在自己的情感本身上獲得滿足。在詩的題材限於醇酒和愛情，限於酒樓和斟酒侍女時，這類眷戀和欲念總是在所難免的，例如波斯詩人就喜愛極端奢豪淫逸的形象；但是想像在這裡卻不讓對象成爲感官欲念的對象，它的主體方面的興趣只在這種奇思幻想的自由馳騁本身，以最聰敏的方式把悲歡情節都一律當作遊戲場面來玩弄。在近代詩人中，顯出這種聰敏的自由和主體方面的親切深刻的想像的主要是《西東胡床集》[35]中的歌德和呂克特[36]。歌德在《西東胡床集》裡的詩和他以前的詩特別顯出本質的不同。例如在《歡迎與惜別》裡，語言和描繪固然很美、情感固然很眞摯，但是情境卻很平凡，結局很陳腐，自由的想像也沒有起什麼作用。《西東胡床集》裡的〈重逢〉那首詩就完全不同。這裡愛情完全是在想像中進行的，通過想像的活動，幸福和極樂而表現出來的。在這類作品裡我們一般見不出主體的希求，實際的鍾情或感官的欲念，所見到的只是對對象的純潔的喜悅，無窮無盡的想像的盡情恣肆，天眞的遊戲和笑謔，韻律等方面所表現出的自由，同時還有心靈在自己的自由活動中所感到的親切和歡樂，形象的爽朗把心靈提高到超越於有限現實苦痛的紛紜擾攘之上。

關於藝術理想在它的發展過程中所產生的特殊類型的研究到這裡可告結束了。我比較詳盡地討論了這些類型，目的在於說明這些類型所用的內容，這種內容本身產生了和它相應的表現形式。因爲在藝術裡像在一切人類工作裡一樣，起決定作用的總是內容意義。按照它的概念（本質），藝術沒有別的使命，它的使命只在於把內容充實的東西恰如其分地表現爲如在目前的感性形象。因此，藝術哲學的主要任務就在於憑思考去理解這種充實的內容和它的美的表現方式究竟是什麼。[37]

---

[35] 《西東胡床集》是歌德晚年摹仿波斯詩的作品。

[36] 呂克特（Rückert），十九世紀德國詩人和東方語言學者，他譯過一些波斯和印度的詩，他自己的詩也受到東方詩的影響。

[37] 在《浪漫型藝術的解體》這最後部分，黑格爾就象徵型、古典型和浪漫型的發展階段和基本差別作了概括的

總結，並指出浪漫型藝術的基本出發點是主體性原則，亦即精神集中到凝視它自己內心生活的原則，這就導致實體性內容的放棄，主體與客體的分裂和各自獨立，內容與形象的分裂，藝術家的創作能力和技巧成爲藝術中的主要因素，爲什麼運用某一種內容和採取某一種形式，都聽命於偶然和主體的任意幻想。這就是浪漫型藝術解體的根本原因。這其實反映出近代資本主義社會的開始瓦解。這個過程分兩個階段，一個是就偶然形狀對外在平凡事物進行主觀的描寫，一個是用幽默態度打碎打亂外在事物的必然聯繫，描寫自然事物在主體心情上的反映。十九世紀後期現實主義一方面轉變到自然主義，另一方面轉變到消極浪漫主義和頹廢主義，與黑格爾所說的大致吻合。

名詞索引

二畫

四畫

五畫

六畫

七畫

八畫

九畫

十畫

二十三畫

經典名著文庫035

美學 第二卷

Vorlesungen über die Ästhetik II

作　　者 — 【德】黑格爾（Hegel, G. W. F.）
譯　　者 — 朱光潛
發 行 人 — 楊榮川
總 經 理 — 楊士清
文庫策劃 — 楊榮川
主　　編 — 蘇美嬌
特約編輯 — 朗　慧
封面設計 — 姚孝慈
著者繪像 — 莊河源
出 版 者 — 五南圖書出版股份有限公司
地　　址：台北市大安區 106 和平東路二段 339 號 4 樓
電　　話：02-27055066（代表號）
傳　　眞：02-27066100
劃撥帳號：01068953
戶　　名：五南圖書出版股份有限公司
網　　址：http://www.wunan.com.tw
電子郵件：wunan@wunan.com.tw
法律顧問 — 林勝安律師事務所　林勝安律師
出版日期 — 2018 年 10 月初版一刷
定　　價 — 580 元

國家圖書館出版品預行編目資料

美學．第二卷 / 黑格爾著；朱光潛譯． -- 初版 -- 臺北市：五南，2018.10
面；公分
ISBN 978-957-11-9480-6（平裝）

1. 美學

180　　106020568